HSE 履职能力评估必备知识丛书

作业许可与
承包商安全管理

韩文成　主编

石油工业出版社

内容提要

本书针对石油石化企业作业许可与承包商安全管理，讲述了作业许可安全要求、特殊作业安全管理、能量隔离与 JSA 数据库，以及承包商安全监督管理等方面的内容。为便于读者学习使用本书，书后还附有一百余道练习题供读者学习使用。

本书可供石油石化企业领导干部和员工在 HSE 履职能力评估中进行相关 HSE 理念、知识和技能的查询、学习，有助于提升企业各级领导干部和管理人员的 HSE 履职能力。

图书在版编目（CIP）数据

作业许可与承包商安全管理 / 韩文成主编. -- 北京：石油工业出版社，2025.5. --（HSE 履职能力评估必备知识丛书）. -- ISBN 978-7-5183-7456-4

Ⅰ . F426.22

中国国家版本馆 CIP 数据核字第 2025P3Q166 号

出版发行：石油工业出版社

（北京安定门外安华里 2 区 1 号　100011）

网　　址：www.petropub.com

编辑部：（010）64523553　　图书营销中心：（010）64523633

经　　销：全国新华书店

印　　刷：北京中石油彩色印刷有限责任公司

2025 年 5 月第 1 版　2025 年 5 月第 1 次印刷
787×1092 毫米　开本：1/16　印张：14.75
字数：240 千字

定价：90.00 元
（如出现印装质量问题，我社图书营销中心负责调换）
版权所有，翻印必究

《HSE 履职能力评估必备知识丛书》
编委会

主　任：孙红荣

委　员：（按姓氏笔画为序）

马小勇　王　平　王立营　王亚臣　王光辉　王桂英　尹丽芳
田　青　刘　学　刘川都　孙军灵　李　坚　李　敏　李永宝
李惠卿　吴道凤　张冕峰　张翊峰　陈邦海　陈根林　欧　艳
赵永兵　胡鹏程　章东峰　彭彦彬

《作业许可与承包商安全管理》
编写组

主　编：韩文成
副主编：孙海军　陈　琳
委　员：熊　勇　魏成选　龙兴胜　温宇鹏　韦勇军　周灵宝　张　凯
　　　　贾健辉　任国庆　孙峻源　何沿江　王一飞　李志群　郑尚华

序

自20世纪90年代HSE管理体系进入中国以来，企业各级领导干部和员工的HSE理念、意识与风险管控能力得到了明显提升，但大部分领导干部和员工安全环保履职能力与企业实际需求相比还存在明显差距，这已成为制约企业HSE管理水平持续提升的瓶颈。尤其在当下面临安全发展、清洁发展、健康发展的新局面、新形势、新要求，领导干部和员工的知识结构、业务能力和安全素养还需要竿头日进。因此，为有效落实国家安全技能提升行动计划的部署要求，需坚持以安全知识培训为基础、以履职能力评估作手段，补齐干部员工安全素质短板，扎实推动全员岗位安全生产责任落实。

安全环保履职评估对象为领导人员和一般员工，领导人员是指按照管理层级由本级组织直接管理的干部，一般员工指各级一般管理人员、专业技术人员和操作服务人员。安全环保履职能力评估内容主要包括安全领导能力、风险管控能力、HSE基本技能和应急指挥能力，可通过现场访谈、绩效考核和知识测试几种方式结合，从具备的知识、意识、技能，以及应用和成效等几个方面进行评估。通过开展评估掌握全员安全环保履职能力的现状，明确员工安全环保履职能力普遍存在的短板，持续提升员工的HSE意识、知识和技能，确保全体员工的安全环保能力满足风险管控需求。评估结果将作为领导干部在职考核、提拔任用和个人HSE绩效考核的重要参考依据。领导人员调整或提拔到生产、安全等关键岗位，应及时进行安全环保履职能力评估；一般员工新入厂、转岗和重新上岗前，应依据新岗位的安全环保能力要求进行培训，并在入职前接受安全环保履职能力评估。

通过这些年的HSE履职能力评估实践发现，大多数领导干部和员工能够以能力评估为契机，在履职能力评估的准备与访谈过程中，对自身的HSE观念、知识和技能有了一次客观的认知的机会，通过评估都得到了一定程度的引导、启发和提升。但受时间等各类客观条件的限制，很难在短时间内有全面系统的提高，需找到一种系统、全面、权威的学习材料，以方便各级领导和员工在评估前后进行系统性、针对性的学习。虽然现在相关的各类书籍很多，但往往针对部分内容，对 HSE 管理理念、知识和技能的全面而系统的梳理一直还是空白。

为了方便各级领导和员工平时对 HSE 相关理念、知识和技能的学习，填补这方面学习书籍的空白，笔者总结了多年履职能力评估实践工作的经验，结合当前各级领导干部和员工理念、知识和技能的实际需求，对相关要求进行了全面、系统的梳理，形成了四个分册，分别从 HSE 管理理念与工具方法、HSE 管理知识与管理要求、风险管理与双重预防机制、作业许可与承包商安全管理等四个不同的方面进行叙述，针对不同的内容采用介绍、概括、提炼、精简、摘要、解析等方式进行编写，以方便各级领导和员工对相关内容知识的学习和查阅。

本丛书充分汇集和吸收了国内外最新的 HSE 理念、法规、标准、制度的先进思想与要求，充分收集和吸取了 HSE 工具、方法、知识、技能在实践运用中的成功经验，以及遇到的各类问题和解决方法，充分汇总和凝聚了业内各位 HSE 履职能力评估专家在多年实际工作中的体会与感悟，充分归纳和总结了第三方咨询机构在 HSE 履职能力工作中的经验教训与研究成果。

领导干部要"坚持学习、学习、再学习，坚持实践、实践、再实践"，学习是成长进步的阶梯，实践是提高本领的途径，工作水平提高的源泉是不断学习和实践。各级领导干部和员工要真正把学习作为一种追求、一种爱好、一种健康的生活方式；要善于挤时间，多一点学习、多一点思考；要沉下心来，持之以恒，重在学懂弄通，不能心浮气躁、浅尝辄止、不求甚解；要做到干中学、学中干，学以致用、用以促学、学用相长。相信本丛书的出版将为广大干部和员工学习 HSE 理念和知识，提升 HSE 履职能力提供极大的帮助！

前言

进入 21 世纪以来，随着各企业安全管理工作不断加强，生产工艺技术不断进步，设备本质安全化程度不断提高，在主要生产作业流程中常规作业时发生的事故越来越少，而在检维修作业、承包商作业等过程中发生的事故占比确却越来越多。如何抓好非常规作业、特殊作业和承包商的安全管理，已经成为搞好当前企业安全管理工作的关键环节，而建立和实施有效的作业许可系统是控制非常规作业、特殊作业和加强承包商管理的有效手段。

作业许可与承包商安全管理不同于其他内容，其实践性非常强，对 HSE 作业许可和承包商管理的知识学习不能仅了解书本上的概念，而是要做到干中学、学中干，要带着问题学，学以致用、用以促学、学用相长。学习的目的在于运用，要通过学习增强工作本领、提高解决实际问题的水平。古人讲"纸上得来终觉浅，绝知此事要躬行""耳闻之不如目见之，目见之不如足践之"，说的就是学以致用这个道理。读书是学习，使用也是学习，而且是更重要的学习，讲的也是同样的道理。

各级领导干部和员工要结合自身工作职责和业务特点，多维比较学、联系实际学，将安全理念作用于各项工作中。同时，还要开展作业许可和承包商管理方面知识性、专业性学习，注重构建与管理体系相适应的知识体系。通过加强学习，把安全理念贯穿生产活动全过程，落实到决策、执行、检查各项工作中，增强领导能力，提高管理水平，不断增强做决策、做工作、抓管控的原则性、系统性、预见性、创造性。

要狠抓作业许可管理与承包商管理制度执行，坚持制度面前人人平等、执行制度没有例外，不留"暗门"、不开"天窗"，坚决维护各项管理制度的严肃性和权威性，坚决纠正"有令不行、有禁不止"的行为，让"铁规"发力、让"禁令"生威，使各项管理制度真正成为"硬约束"而不是"橡皮筋"。

本书力求严格按照开展安全环保履职能力评估的能力要求，并结合多年能力评估的实践经验，通过深入浅出的语言，对作业许可安全要求、特殊作业安全管控、能量隔离与JSA数据库建设，以及承包商安全监督管理等方面进行系统阐述，力求简洁、易懂和实用，并附有案例和练习；为保持内容的连贯性，一些知识点以链接的形式穿插在书中，以强化本书的实用性和趣味性。

在本书编写过程中，编者参阅了大量国内外文献和有关资料，书中没能全部注明出处，在此对原著者深表感谢。东方诚信在组织本书的编写过程中，得到了长庆油田、西南油气田、大庆油田、青海油田、成品油销售公司、天然气销售公司等多家单位领导与专家的帮助和支持，在此深表谢意。由于编者水平有限，难免存在疏漏之处，敬请各位读者批评指正。

为方便大家适当检验对各章节知识的理解和掌握情况，本书编制了一百余道不定项选择题，供读者学习使用。

改变我们的观念和行为的一句话

◎ 总是在设计范围内、安全和受控的条件下作业。

◎ 要做工作就要安全地做好,否则就不要做。

◎ 每个人都应为自己和现场其他工作人员的安全负责。

◎ 员工所能达到的最佳表现,取决于你所设定的最低标准。

◎ 要像熟悉自己的手掌一样,熟悉你的承包商和员工。

◎ 你将达到的卓越安全水平,取决于你展示愿望的行动。

◎ 承包商应执行统一 HSE 标准、统一 HSE 要求、统一 HSE 管理。

◎ 承包商是项目成功的关键伙伴,而非简单的服务提供者。

◎ 经验深厚的承包商,是品质与效率的双重保障。

◎ 以匠心致初心,让每一个项目都闪耀智慧的光芒。

◎ 居安思危,思则有备,有备无患。

◎ 凡大事皆起于小事,小事不论,大事又将不可救。

◎ 明者远见于未萌,而智者避危于未形,祸固多藏于隐微,而发于之人所忽。

◎ 安不忘危,盛必虑衰,安危相易,祸福相生,缓急相摩,聚散以成。

目 录

第一章 作业许可安全要求 ……………………………………… 1

第一节 作业许可管理概述 …………………………………… 1
一、作业许可范围 …………………………………………… 1
二、作业人员资质 …………………………………………… 3
三、禁止各类违章行为 ……………………………………… 5

第二节 作业许可安全职责 …………………………………… 6
一、作业区域所在单位职责 ………………………………… 7
二、作业单位（承包商）职责 ……………………………… 8
三、特殊作业挂牌和区长制 ………………………………… 10

第三节 作业许可实施流程 …………………………………… 12
一、作业许可申请 …………………………………………… 13
二、作业许可批准 …………………………………………… 15
三、作业许可实施 …………………………………………… 18
四、作业期限与票证 ………………………………………… 23
相关链接：爆炸下限"%LEL" ……………………………… 25

第四节 作业许可要求与对策 ………………………………… 27
一、从严监管保证力度不减 ………………………………… 28
二、优化审批程序提升效率 ………………………………… 28
三、强化过程监督确保安全 ………………………………… 29
四、完善管理制度保障措施 ………………………………… 30
相关链接：工贸企业有限空间重点监管目录 …………… 31

第二章 特殊作业安全管理 ……………………………………… 33

第一节 动火作业安全管理 …………………………………… 33

一、动火作业的类型 …………………………………………………… 34
　　二、作业分级与升级 …………………………………………………… 35
　　三、作业前的准备 ……………………………………………………… 37
　　四、动火作业安全要求 ………………………………………………… 39
　　五、焊接与切割作业 …………………………………………………… 41
　　相关链接：乙炔气瓶的"四个为什么" ………………………………… 44
　第二节　受限空间安全管理 …………………………………………… 47
　　一、受限空间的概念 …………………………………………………… 47
　　二、受限空间常见危害 ………………………………………………… 50
　　三、进入受限空间的准备 ……………………………………………… 57
　　四、受限空间安全要求 ………………………………………………… 59
　　五、应急救援准备 ……………………………………………………… 63
　　相关链接：隔绝式呼吸器 ……………………………………………… 68
　第三节　临时用电安全管理 …………………………………………… 76
　　一、临时用电基本要求 ………………………………………………… 76
　　二、配电线路安全要求 ………………………………………………… 82
　　三、用电线路设备要求 ………………………………………………… 84
　　四、特殊环境安全要求 ………………………………………………… 88
　　相关链接：跨步电压 …………………………………………………… 90
　第四节　高处作业安全管理 …………………………………………… 91
　　一、高处作业分级 ……………………………………………………… 91
　　二、高处作业安全要求 ………………………………………………… 93
　　三、坠落的消除、预防与控制 ………………………………………… 97
　　四、常见登高设备 ……………………………………………………… 101
　　五、个人坠落保护系统 ………………………………………………… 108
　　相关链接：脚手架作业安全要求 ……………………………………… 113
　第五节　管线打开（盲板抽堵）安全管理 …………………………… 117
　　一、作业概述 …………………………………………………………… 118
　　二、盲板的管理 ………………………………………………………… 121
　　三、作业前准备 ………………………………………………………… 124

四、系统隔离要求 ………………………………………………… 125

　　五、管线打开（盲板抽堵）……………………………………… 126

　　　相关链接：爆炸危险环境 ……………………………………… 129

第六节　吊装作业安全管理 ………………………………………… 132

　　一、吊装作业常识 ………………………………………………… 132

　　二、吊装作业概述 ………………………………………………… 138

　　三、作业人员要求 ………………………………………………… 139

　　四、吊装作业要求 ………………………………………………… 141

　　　相关链接：起重机手势信号 …………………………………… 146

第七节　动土作业安全管理 ………………………………………… 151

　　一、危害与事故 …………………………………………………… 151

　　二、隐蔽设施交底 ………………………………………………… 153

　　三、安全作业要求 ………………………………………………… 153

　　四、动土作业要求 ………………………………………………… 155

第八节　断路作业和射线作业管理 ………………………………… 156

　　一、断路作业 ……………………………………………………… 156

　　二、射线作业 ……………………………………………………… 158

第三章　能量隔离与JSA数据库 ………………………… 161

第一节　能量隔离 …………………………………………………… 161

　　一、能量隔离概述 ………………………………………………… 161

　　二、能量隔离要求 ………………………………………………… 163

　　三、工艺隔离要求 ………………………………………………… 166

第二节　上锁挂牌 …………………………………………………… 169

　　一、概述 …………………………………………………………… 169

　　二、管理流程 ……………………………………………………… 172

　　三、上锁方式 ……………………………………………………… 173

　　四、解锁方式 ……………………………………………………… 175

第三节　JSA数据库 ………………………………………………… 176

　　一、JSA数据库的建设 …………………………………………… 176

二、问题的反馈和改进 …………………………………………… 180

第四章　承包商安全监督管理 …………………………………… 182

第一节　承包商的选用 …………………………………………… 182
　　一、企业主要责任 ………………………………………………… 182
　　二、安全资格审查 ………………………………………………… 183
　　三、分包管理要求 ………………………………………………… 184

第二节　承包商合同签订 ………………………………………… 185
　　一、合同的内容 …………………………………………………… 185
　　二、合同的签订 …………………………………………………… 185
　　三、合同的履行 …………………………………………………… 186

第三节　建设（总包）单位项目管理 …………………………… 186
　　一、提供安全条件 ………………………………………………… 186
　　二、施工过程管理 ………………………………………………… 187
　　三、施工现场管理 ………………………………………………… 187
　　四、其他管理要求 ………………………………………………… 188

第四节　承包商安全培训教育 …………………………………… 189
　　一、关键岗位人员培训 …………………………………………… 189
　　二、入厂（场）安全培训 ………………………………………… 190
　　三、属地现场安全教育 …………………………………………… 190

第五节　队伍与人员评估 ………………………………………… 192
　　一、作业安全能力评估 …………………………………………… 192
　　二、作业人员上岗评估 …………………………………………… 192
　　三、发放两类许可证书 …………………………………………… 193

第六节　监督检查与考核 ………………………………………… 194
　　一、旁站监督 ……………………………………………………… 194
　　二、过程监督 ……………………………………………………… 194
　　三、考核机制 ……………………………………………………… 195
　　四、绩效评估 ……………………………………………………… 195
　　相关链接：特殊作业岗位健康负面清单 ……………………… 197

随堂练习 …………………………………………………………… 198

第一章　作业许可安全要求

作业许可（permit to work，PTW）指在从事非常规作业和特殊作业前，为保证作业安全，必须取得授权许可方可实施作业的一种管理制度。它是通过事前开展危害因素辨识，制订和落实风险管控措施，提出作业申请，并最终获得作业批准的一个过程。作业许可管理包括作业许可的范围界定、申请、批准、实施、取消和关闭，以及作业许可证管理。

第一节　作业许可管理概述

作业许可安全管理应当落实安全生产"三管三必须"（管行业必须管安全，管业务必须管安全，管生产经营必须管安全）的要求，遵循"谁主管谁负责，谁批准谁负责，谁作业谁负责，谁的属地谁负责"的原则，做到依法合规、严格管理、风险受控、持续改进。

只有在没有任何其他更加安全、合理和切实可行的替代方法完成工作任务时，才考虑进行特殊作业，实施作业许可管理，未办理作业许可禁止作业。企业应根据管理层级设置，针对作业分级和作业风险，实行分级审批、分级管理，落实安全措施，确保作业安全。

一、作业许可范围

生产过程中或者生产区域内的施工作业通常包括常规作业、非常规作业和应急状态下的抢险作业。常规作业依靠操作规程、检修规程和开停车方案等控制作业过程中的风险，而非常规作业和特殊作业依靠作业许可来控制作业过程中的风险。紧急情况下应急抢险所涉及的特殊和非常规作业，应依靠预先制订应急预案和应急处置程序，控制作业过程中的风险，见图1-1。

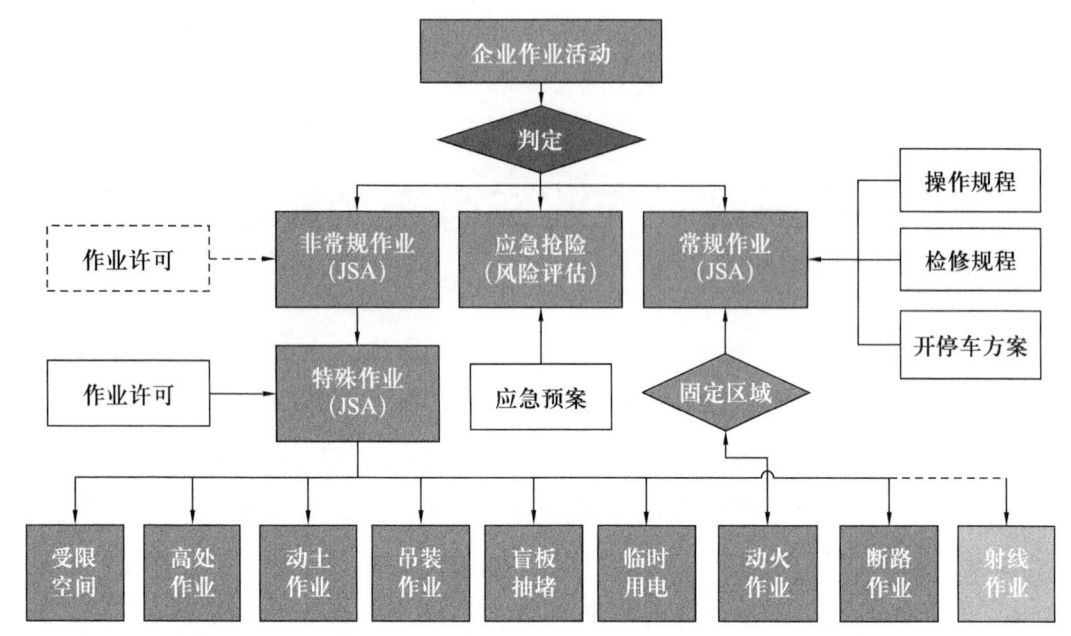

图 1-1 施工作业和作业许可分类与风险控制措施示意图

企业应持续不断地优化工艺流程、改善设备设施，不断补充完善各项非常规作业操作规程，尽可能减少特殊、非常规作业种类和数量。这是一种基本原则，一定要防止一些领导和安全监督人员层层加码，随意扩大作业许可范围，整得作业许可票证满天飞，但实际风险控制能力不增反降！

非常规作业是指临时性的，缺乏作业程序规定的，无规律、无固定频次的作业，如装卸催化剂类作业、临近高压带电体类作业、设备（管线）试压类作业、含物料排凝（放空）类作业及酸（碱）洗类作业等。

特殊作业是指从事高空、高压、易燃、易爆、有毒有害、窒息、放射性等可能对作业者本人、他人及周围建（构）筑物、设备设施造成危害或者损毁的作业，包括动火作业、受限空间作业、管线打开（盲板抽堵）作业、高处作业、吊装作业、临时用电作业、动土作业、断路作业、射线作业等。

企业应当结合施工作业活动特点、风险性质，确定需要实行作业许可管理的范围、作业类型，建立特殊作业和非常规作业清单，按清单中的作业活动办理作业许可，防止随意扩大作业许可范围。清单中可进一步明确各类作业许可的等级，以及与之对应的审批人，形成审批权限矩阵。

独立于企业生产区域或系统外的新、改、扩建作业项目，可由相应项目主管部门按建设单位作业许可管理要求签发作业许可证，或由项目主管部门委托具备能力的承包商自行进行作业许可管理，并在项目安全合同中明确，但建设单位（委托方）应定期对承包商作业许可管理执行情况进行监督、审核。

二、作业人员资质

现场作业人员涉及的"特种作业操作证""特种设备作业人员证"，以及"建筑施工特种作业人员资格证"是不同的证件，"特种作业操作证"由应急管理部门颁发，"特种设备作业人员证"由质量技术监督部门颁发，"建筑施工特种作业人员资格证"由住房和城乡建设部门颁发，证书全国有效。《职业禁忌证界定导则》（GBZ/T 260）规定的职业禁忌证者不应参与相应作业。

（一）特种作业操作证

为方便确认特种作业人员资质证书的有效性，应急管理部政府网站专门设立"特种作业操作证及安全生产知识和管理能力考核合格信息查询平台"，官网网址为：http://cx.mem.gov.cn/，提供取得相应资格的特种作业人员操作证信息查询。依据《特种作业人员安全技术培训考核管理规定》（国家安全生产监督管理总局令2015年第80号），特殊作业管理过程中涉及的主要特种作业有：电工作业、焊接与热切割作业、登高架设作业、高处安装、维护、拆除作业、制冷与空调作业、司钻作业、危险化学品安全作业等。

（二）特种设备作业人员证

为方便确认特种设备作业人员资质证书的有效性，可登录"全国特种设备公示查询平台"，网址为：http://cnse.samr.gov.cn/，在人员公示查询栏查询特种设备作业人员信息。依据《特种设备作业人员监督管理办法》（2010年11月23日国家质量监督检验检疫总局令第140号），最常见的是起重机作业中的起重机指挥（Q1）和起重机司机（Q2），以及特种设备焊接作业金属焊接操作证，见表1-1。

（三）建筑施工特种作业人员资格证

为方便确认建筑特种作业人员资质证书的有效性，住房和城乡建设部专门设立"全国工程质量安全监管信息平台"网址为：https://zlaq.mohurd.gov.cn/，在"特种作业人员资格信息"栏中进行查询。依据2008年6月1日住房和城乡建设部颁布的《建筑施工特种作业人员管理规定》(建质〔2008〕75号)，建筑施工特种作业包括：建筑电工、建筑架子工、建筑起重信号司索工、建筑起重机械司机、建筑起重机械安装拆卸工、高处作业吊篮安装拆卸工。建筑施工特种作业人员必须经建设主管部门考核合格，取得建筑施工特种作业人员操作资格证书，方可上岗从事相应作业。

表1-1 特种设备作业人员资格认定分类与项目

序号	种类	作业项目	项目代号
1	特种设备安全管理	特种设备安全管理	A
2	锅炉作业	工业锅炉司炉	G1
		电站锅炉司炉	G2
		锅炉水处理	G3
3	压力容器作业	快开门式压力容器操作	R1
		移动式压力容器充装	R2
		氧舱维护保养	R3
4	气瓶作业	气瓶充装	P
5	电梯作业	电梯修理	T
6	起重机作业	起重机指挥	Q1
		起重机司机	Q2
7	客运索道作业	客运索道修理	S1
		客运索道司机	S2
8	大型游乐设施作业	大型游乐设施修理	Y1
		大型游乐设施操作	Y2
9	场（厂）内专用机动车辆作业	叉车司机	N1
		观光车和观光列车司机	N2
10	安全附件维修作业	安全阀校验	F
11	特种设备焊接作业	金属焊接操作	—
		非金属焊接操作	—

注：特种设备焊接作业人员代号按照《特种设备焊接操作人员考核细则》(TSG 26002)的规定执行。

上述这些政府部门发放的特种作业人员证书在全国范围内都是合法有效的，但是不能互相代替。作业人员的资质确认后，应采用如下方式进行人员资质与身份的标识，并注明作业期限，粘贴在对应人员所戴安全帽的同一侧（图1-2）。

图 1-2 作业人员资质标识方法示例

三、禁止各类违章行为

为进一步规范员工安全行为，防止和杜绝"三违"现象，保障员工生命安全和企业生产经营的顺利进行，中国石油天然气集团有限公司先后制定实施了反违章禁令、保命条款、八不准作业等各项管理要求，其中有关作业许可管理的内容要求如下：

（一）反违章禁令

——严禁特种作业无有效操作证人员上岗操作；

——严禁无票证从事危险作业；

——严禁脱岗、睡岗和酒后上岗；

——严禁违章指挥、强令他人违章作业。

（二）保命条款

——动火作业前必须现场确认安全措施；

——进入受限空间作业必须进行气体检测；

——高处作业必须正确佩戴安全带；

——吊装作业时人员必须离开吊装半径范围；

——管线打开前必须保证能量有效隔离；
——电气设备检维修必须停验电并上锁挂牌；
——员工应急施救前应做好自身安全防护。

（三）八不准要求

——工作安全分析未开展不准作业；
——界面交接、安全技术交底未进行不准作业；
——作业人员无有效资格不准作业；
——作业许可未在现场审批不准作业；
——现场安全措施和应急措施未落实不准作业；
——监护人未在现场不准作业；
——作业现场出现异常情况不准作业；
——升级管理要求未落实不准作业。

（四）五想五不干

——一想安全风险，不清楚不干；
——二想安全措施，不完善不干；
——三想安全环境，不合格不干；
——四想安全工具，不配备不干；
——五想安全技能，不具备不干。

上述安全措施未落实，作业人员有权拒绝作业；作业中出现异常情况，立即停止作业，并及时向作业项目负责人报告；可能危及作业人员安全时，应当迅速撤离。

第二节 作业许可安全职责

作业许可不是作业区域所在单位的行政许可，而是一种落实各方风险管控职责与措施的方法；作业许可也不是作业单位的开工许可，而是一个作业危害因素辨识和风险控制措施落实的过程，施工作业的人员应参与作业危害因素辨识和风险控制的全过程。作业单位、作业区域所在单位和作业许可相关人员应严格落实各自职责，控制作业风险，如图1-3所示。

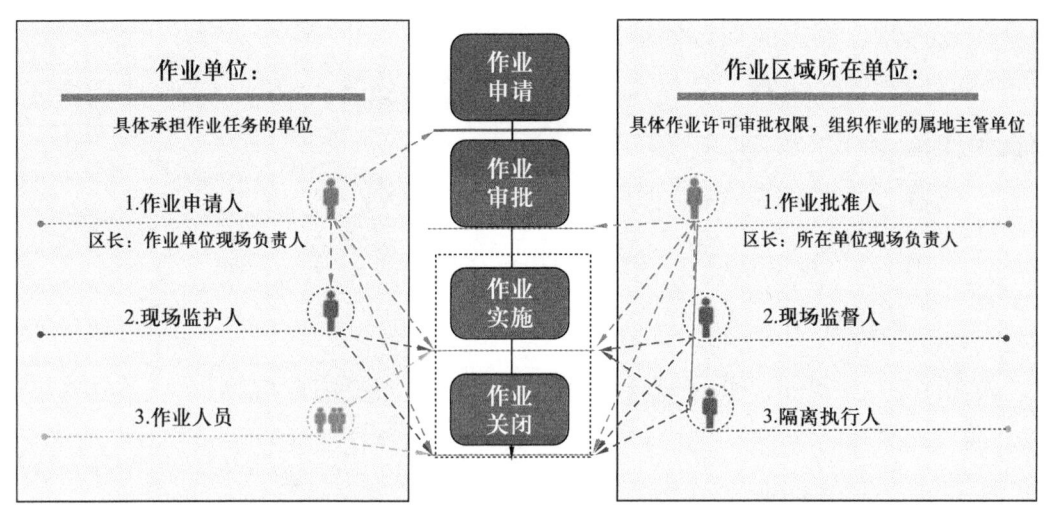

图 1-3　作业单位、作业区域所在单位和作业许可相关人员

一、作业区域所在单位职责

建设单位（属地单位）安全职责落实应当遵循以下基本原则："谁主管谁负责，管业务管安全；谁批准谁负责，谁的属地谁负责"。

（一）作业区域所在单位

是指按照分级审批原则具备作业许可审批权限的单位，负责作业全过程管理，安全职责主要包括：

——组织作业单位、相关方开展风险评估，制订相应的安全措施或者作业方案；

——提供现场作业安全条件，向作业单位进行安全技术交底；

——审核并监督安全措施或者作业方案的落实；

——负责作业相关单位的协调工作；

——监督现场作业，发现违章或者异常情况应当立即停止作业，必要时迅速组织撤离。

（二）作业批准人

作业批准人应当是作业区域所在单位相关负责人，他对作业安全负责。作业批准人安全职责主要包括：

——组织对作业申请进行书面审查，并核查作业许可审批级别和审批环节与企业管理制度要求的一致性情况；

——组织现场核查，核验风险识别及安全措施落实情况，在作业现场完成审批工作；

——负责签发、取消和关闭作业许可证；

——指定属地监督，明确监督工作要求。

（三）属地监督

是指作业批准人指派的现场监督人员，安全职责主要包括：

——熟悉作业区域、部位状况、工作任务和存在风险；

——监督检查作业许可相关手续符合性；

——监督安全措施落实到位；

——核查现场作业设备设施完整性和符合性；

——核查作业人员资格的符合性；

——在作业过程中，按要求实施现场监督；

——及时纠正或者制止违章行为，发现异常情况时，要求停止作业并立即报告，危及人员安全时，迅速组织撤离。

（四）隔离执行人

隔离执行人由作业区域所在单位负责人指派，其主要职责包括：

——按方案组织实施能量隔离；

——组织作业人员、属地监督进行隔离有效性检测；

——按方案组织解除能量隔离；

——隔离完毕后由作业人员上锁，必要时属地人员同时上锁。

二、作业单位（承包商）职责

作业单位安全职责的落实，应当遵循以下基本原则："谁主管谁负责，谁申请谁负责，谁作业谁负责"。

（一）作业单位

是指具体承担作业任务的单位，它对作业活动具体负责。作业单位安全职责主要包括：

——参加作业区域所在单位组织的作业风险评估；

——制订并落实作业安全措施或作业方案；

——开展作业前安全培训和工作安全分析；

——检查作业现场安全状况，及时纠正违章行为；

——当现场不具备安全作业条件时，立即停止作业，并及时报告作业区域所在单位。

（二）作业申请人

是指作业单位的现场作业负责人，对作业活动负管理责任，安全职责主要包括：

——提出申请并办理作业许可证；

——参加作业风险评估，组织落实安全措施或作业方案；

——对作业人员进行作业前安全培训和安全交底；

——指定作业单位监护人，明确监护工作要求；

——参与书面审查和现场核查；

——参与现场验收、取消和关闭作业许可证。

（三）作业监护人

是指在作业现场实施安全监护的人员，由具有生产（作业）实践经验的人员担任，安全职责主要包括：

——熟悉作业区域、部位状况、工作任务和存在风险；

——对作业实施全过程现场监护；

——作业前检查作业许可证，核查作业内容和有效期，确认各项安全措施已得到落实；

——确认相关作业人员持有效资格证书上岗，检查现场设备完整性和符合性；

——核查作业人员配备和使用的个体防护装备；

——检查、监督作业人员的行为和现场安全作业条件，负责作业现场的安全协调与联系；

——作业现场不具备安全条件或者出现异常情况，应当及时中止作业，并采取应急处置措施；

——及时制止作业人员违章行为，情节严重时，应当收回作业许可证，中止作业；

——作业期间，不擅自离开作业现场，不从事与监护无关的事。确需离开，应当收回作业许可证，中止作业。

（四）作业人员

是指作业的具体实施者，对作业安全负直接责任，安全职责主要包括：

——在作业前确认作业区域、位置、内容和时间；

——参加安全培训、工作安全分析和安全技术交底，清楚作业安全风险、安全措施或者作业方案；

——执行作业许可证、作业方案及操作规程的相关要求；

——安全措施未落实，作业人员有权拒绝作业；

——服从作业监护人和属地监督的监管，作业监护人不在现场时，不得作业；

——作业结束后，负责清理作业现场，确保现场无安全隐患。

作业申请人、作业批准人、作业监护人、属地监督、作业人员等人员，应进行专项培训并考核合格后方可承担工作。作业监护人、属地监督应当佩戴明显标志（如安全背心和袖标，图1-4），持培训合格证上岗。

注：现场发现异常情况时，任何作业人员都有权紧急避险、停止作业，都有权拒绝违章指挥和强令冒险作业。

图1-4 属地监督和现场监护佩戴安全背心和袖标

三、特殊作业挂牌和区长制

为强化特殊作业区域安全生产责任落实，保障特殊作业区域安全风险受控，预防和遏制生产安全事故，推行特殊作业安全生产挂牌制，为特殊作业区域提供安全生产条件，保障特殊作业区域安全生产职责清楚和责任落实。

（一）挂牌制范围

作业区域所在单位将评估为高风险的动火作业、试压及吹扫、临时用电及带电作业、吊装作业、机械挖掘、高处及临边作业、管线打开、受限空间（含坑沟内）作业、高压油气充装及装卸、特殊敏感时段施工作业等，以及需办理作业许可的特殊作业纳入特殊作业范围，建立特殊作业项目清单，并对每项特殊作业制定规范化、标准化的安全管理及作业要求。对存在特殊作业的场所纳入特殊作业区域管理，并划定可识别的特殊作业区域范围。

（二）区长主要职责

建立特殊作业区域安全生产区长制。在特殊作业区域现场挂牌，标明区域范围、"区长"姓名、职务和有效的联系方式。在现场挂牌的安全生产区长，原则上由属地单位负责人或者项目负责人，以及作业单位项目负责人分别担任，形成双区长制。

特殊作业区域安全生产区长对本作业区域内的安全生产总负责，但特殊作业区域安全生产区长的安全生产职责不代替企业有关单位和职能部门的安全生产责任。区长主要职责如下：

——组织开展安全风险识别，掌握作业区域内相关设备设施、场所环境和作业过程的风险状况、作业队伍和人员资质，以及特殊作业实施计划；

——组织开展作业区域内的隐患排查，及时消除事故隐患；

——组织开展作业许可票证查验，现场督促并检查特殊作业安全措施落实情况；

——组织召开安全分析会议，督促检查作业人员现场安全培训、作业前安全风险分析和安全技术交底；

——跟踪区域内作业进展，跟踪检查作业方案执行和安全要求落实情况，组织开展特殊作业和关键环节现场安全监督监护；

——及时协调并处置作业区域内影响安全生产的问题，及时、如实报告作业区域内发生的事故事件和险情；

对特殊作业区域不满足安全生产条件的人员、场所和设备设施，特殊作业区域安全生产区长应当立即组织整改，超出本人权限范围无法整改的，应当及时向企业有关部门或者负责人报告,对特殊作业区域内不具备安全生产条件或者安全风险无法保证受控的,应当及时进行停工处理。

第三节 作业许可实施流程

作业许可管理以危害识别和风险评估为基础,以落实安全措施,保证持续安全作业为条件。应将作业许可看成是作业活动的一部分,不是作业活动的负担。作业许可证本身不能保证安全,只有按照作业许可流程和要求,严格监督落实各项安全措施才能保证作业的安全。作业许可管理流程主要包括作业申请、作业批准、作业实施和作业关闭等四个主要作业环节,详见图1-5。

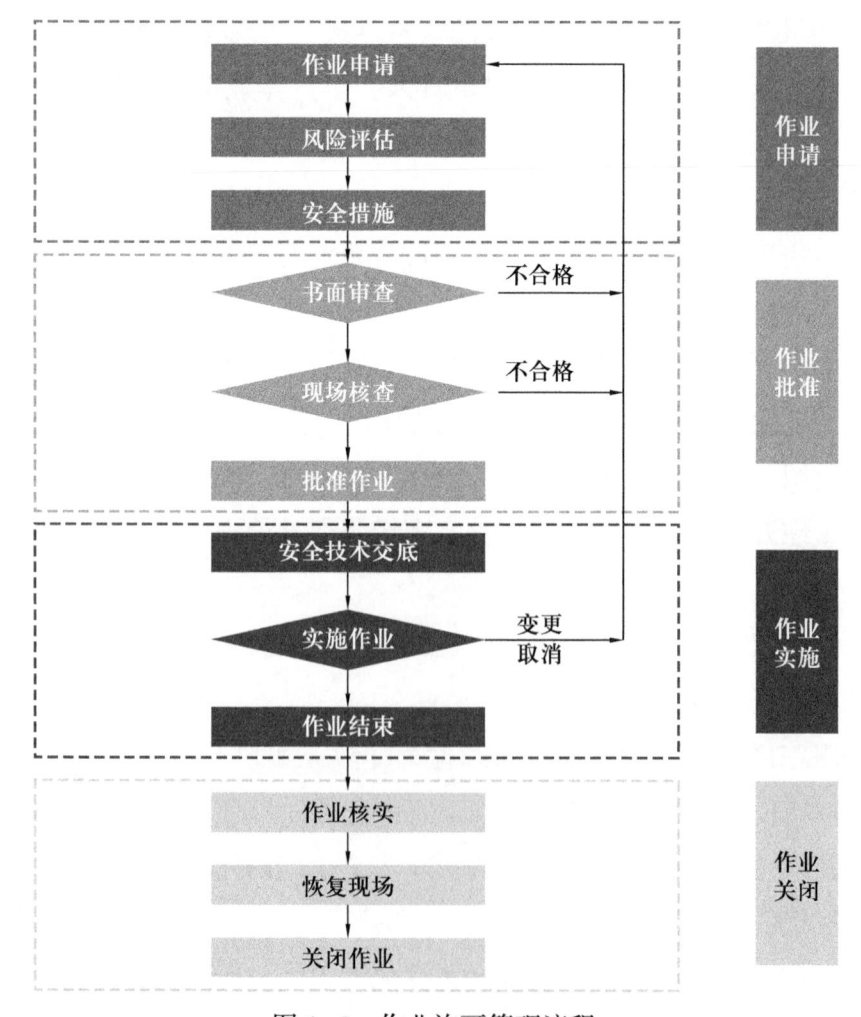

图1-5 作业许可管理流程

一、作业许可申请

作业许可申请遵循"谁作业，谁申请"的原则，作业申请人作为现场作业负责人应参与作业许可所涉及的相关工作。同一作业涉及两种或两种以上特殊或者非常规作业时，应同时执行各自作业要求，办理相应的作业审批手续。

（一）提出作业申请

作业申请由作业单位的现场作业负责人提出，作业申请人应当组织开展工作安全分析、制订作业安全措施，与作业区域所在单位进行沟通，填写作业许可证，提出作业申请，提供以下相关作业许可申请资料：

——非常规作业许可证和（或）相关特殊作业许可证；
——风险评估结果，如工作前安全（JSA）分析表；
——安全措施或作业方案；
——必要时，提交施工设计和相关附图等资料，如工艺流程示意图、平面布置示意图等。

各种特殊作业在作业许可申请时，可能涉及的主要文件资料见表1-2。

表1-2 作业许可办理涉及主要资料

作业类型	办理票证	JSA分析	检查记录气体检测	常见能量隔离类型	作业人员持证要求	控制/应急措施或工作方案
动火作业	动火作业许可证	任何特殊作业活动必须进行JSA分析，但不强求每一项特殊作业都分别做一份JSA，而是可以针对一项工作任务涉及所有特殊作业统一做JSA分析	气体检测	工艺隔离	焊工	可以是一体化的，但有些情况下须制订专项方案。如针对风险较高的受限空间作业，往往需要制订专门的应急救援计划
受限空间	受限空间许可证		气体检测	工艺隔离		
临时用电	临时用电许可证			电气隔离	电工	
高处作业	高处作业许可证		脚手架检查	区域隔离	架子工	
吊装作业	吊装作业许可证		吊车索具检查	区域隔离	起重指挥和司机	
动土作业	动土作业许可证			区域隔离		
断路作业	断路作业许可证			区域隔离		
盲板抽堵	盲板抽堵许可证			工艺隔离		

企业应当推行特殊、非常规作业预约管理。作业区域所在单位应当至少提前一天向上一级业务部门和安全管理部门报告拟实施的作业项目，包括作业风险和应当采取的安全措施或者作业方案。上一级业务部门和安全管理部门应当评估当日作业量和作业风险，对作业项目的实施做出统筹安排。未获得预约批准的项目不准擅自作业。

（二）开展风险评估

风险评估是作业许可审批的基本条件，作业前应针对作业项目和内容，由作业区域所在单位组织作业单位及相关方，开展作业风险评估，制订安全措施，必要时编制作业方案。

——作业区域所在单位应针对作业内容、作业环境与作业单位相关人员共同进行风险分析，明确作业活动的工作步骤、存在的风险及危害程度，根据风险分析结果制订相应的控制措施等。

——必要时，作业单位应根据风险评估的结果编制作业方案，针对作业过程中评估出的风险，提出针对性的风险控制措施。

——同一作业活动涉及两种或两种以上特殊或者非常规作业时，可统筹考虑作业类型、作业内容、交叉作业界面、工作时间等各方面因素，统一进行风险评估，应同时执行各自作业要求，办理相应的作业审批手续。

这样既有利于提高工作效率，又有利于统筹考虑各项特殊作业和交叉作业的相互影响，统筹策划、制订和落实风险防控措施。

（三）落实安全措施

——警戒隔离措施。作业区域所在单位应当尽量减少特殊、非常规作业现场人员，并设置警戒线，无关人员严禁进入。交叉作业时，需考虑区域隔离。进入作业现场的人员应当正确佩戴满足相关标准要求的个体防护装备。

——设施管线清理。作业前，作业相关单位应当采取措施对拟作业的设备设施、管线进行处理，确保满足相应作业安全要求。对设备、管线内介质有安全要求的作业，应采用倒空、隔绝、清洗、置换等方式进行处理。

——能量隔离措施。对具有能量的设备设施、环境应采取可靠的能量隔离措施，包括机械隔离、工艺隔离、电气隔离等，对放射源采取相应的安全处置措施。

（四）气体检测措施

作业前，凡是可能存在缺氧、富氧、有毒有害气体、易燃易爆气体和粉尘的作业，都应进行气体或者粉尘浓度检测，并确认检测结果合格。同时，在作业许可证或者作业方案中注明作业期间检测方式、检测时间和频次。动火作业、受限空间作业气体取样和检测应满足以下要求：

——取样应当有代表性，在较大的设备内（受限空间内），应当对上、中、下（左、中、右）各部位和相对独立的空间进行检测分析；

——气体分析取样时间与作业开始时间间隔超过 30min 或者作业中断时间超过 30min，应当重新进行检测；

——作业过程中，应当根据作业许可证或者作业方案中规定的气体检测时间、位置和频次进行检测，检测最长间隔不应超过 2h；

——使用移动式或者便携式气体检测仪进行分析时，应当使用两台检测仪进行对比检测，检测数据不一致时，应当解决偏差后重新进行检测分析。

（五）交叉作业管理

作业区域所在单位应当加强作业活动之间的沟通和协调，同一作业区域应当尽量减少交叉作业。如发生交叉作业，应当采取如下措施：

——由作业区域所在单位组织风险辨识，采取可靠保护措施，并指定专人统一协调管理，保持信息畅通；

——同一作业区域要严格减少、控制多工种、多层次交叉作业，最大限度避免交叉作业；

——如存在交叉作业，开始前需确保各相关方了解发生交叉状态的工序、相对位置、风险情况、安全措施等内容；

——交叉作业应由作业区域所在单位指定总协调人，统一管理、协调交叉作业；

——交叉作业要采取可靠的隔离措施，确保作业安全；交叉作业要确保各作业人员之间信息畅通。

二、作业许可批准

作业批准人应由熟悉作业现场情况，能够提供或者调配风险控制资源的作业区域所在单位负责人或者上级单位、部门负责人担任。原则上，审批人不准授权，特殊情况下确需授权，应当由具备相应风险管控能力的被授权人审批，但授权不授责。审批人授权思维导图见图1-6。

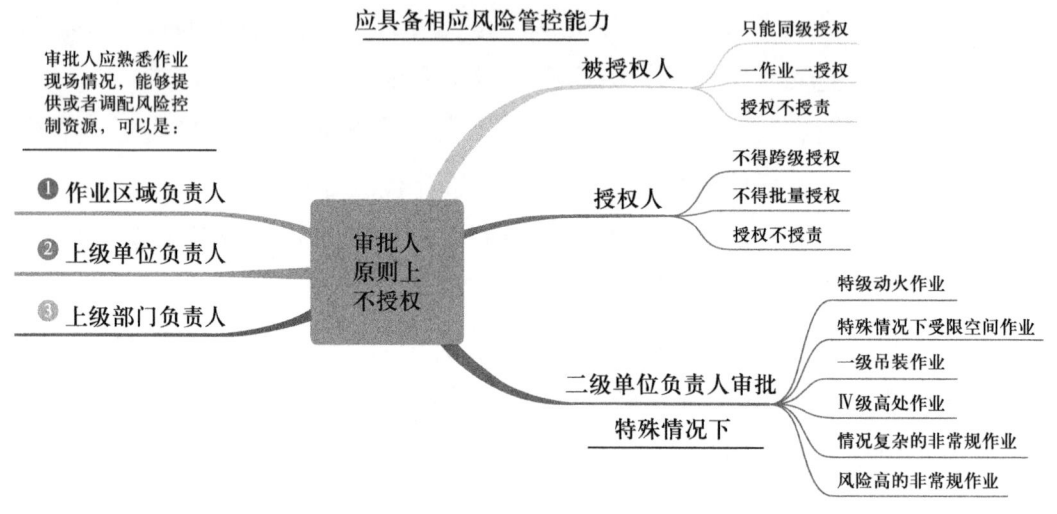

图 1-6　审批人授权思维导图

作业批准人应组织作业申请人和相关方，必要时可组织相关专业人员，共同对作业申请进行书面审查和现场核查。

（一）进行书面审查

在收到申请人的作业许可申请后，批准人应组织申请人和相关方及有关人员，集中对许可证中提出的安全措施、工作方法进行书面审查，书面审查内容主要包括：

——确认作业的详细内容；

——人员资质证书等相关文件；

——确认作业前后应采取的安全措施，包括应急措施；

——确认相关支持文件，包括风险评估、作业方案、作业区域相关示意图等；

——分析评估周围环境或相邻工作区域间的相互影响，并确认安全措施；

——确认许可证期限等。

（二）开展现场核查

书面审查通过后，批准人应到作业许可证上所涉及的工作区域实地检查，确认各项安全措施的落实情况。现场检查内容包括但不限于：

——与作业有关的设备、工具、材料等符合情况；

——现场作业人员资质及能力符合情况；

——系统倒空、隔离、清洗、置换、吹扫、检测措施落实情况；

——个人防护装备的配备情况；

——安全消防设施的配备，应急措施的落实情况；

——作业人员、监护人员等各类人员培训、沟通、交底情况；

——作业方案中提出的其他安全措施落实情况，如照明装备和警示标识的设置；

——确认安全设施的完好性。

组织作业人员在作业现场了解和熟悉现场环境，进一步核实安全措施的可靠性，熟悉应急救援器材的位置及分布，掌握正确的使用方法。

（三）审批作业许可

——现场核查通过之后，作业批准人、申请人和相关各方在作业许可证上签字，作业许可生效，现场可以开始作业；未通过，应当重新办理。

——特级动火作业、特殊情况受限空间作业、一级吊装作业、Ⅳ级高处作业，以及情况复杂、风险高的非常规作业至少应当由企业二级单位负责人审批。

——作业内容、作业方案、作业关键人员或环境条件变化，作业范围扩大、作业地点转移或者超过作业许可证有效期限时，应当重新办理作业许可证。

——如书面审查或现场核查未通过，对查出的问题应记录在案，作业许可申请人应重新申请，重新提交一份带有对该问题解决方案的作业许可申请。

作业许可不仅仅是简单地授权，作业许可得到批准本身也不能保证安全地作业，只有通过接受过相关培训的人员对作业风险进行辨识和控制，并经过现场验收和过程监督后才能确保作业的安全。

（四）作业升级管理

节假日、公休日、夜间及其他特殊敏感时期或者特殊情况，应当尽量减少作业数量，确需作业，应当实行升级管理。可采取审批升级、监护升级、监督升级及措施升级等一种或多种方式。

——审批升级：是指作业许可审批人层级提升，比原始作业许可审批升高一个层次，如原来由二级动火升为一级动火，一级动火升为特级动火。已经是最高审批等级时，就不能再使用审批升级的方式了，可采用监护、监督或措施升级的方式。

——监护升级：是指增加作业监护人员或强化作业监护手段，比如在原来作业单位派出作业监护人员的基础上，由作业区域所在单位和作业单位实施作业现场"双监护"，或实施视频监控等监护手段。

——监督升级：是指增加监督人员的数量或级别，除增加属地监督人员数量外，还可以让作业申请人、作业批准人、上级安全监督人员或安全管理人员进行作业现场监督。

——措施升级：是指增强和加大风险控制措施的力度。比如采取多重能源隔离措施、持续主动通风、连续气体检测、领导人员现场带班等。其中特级动火作业、一级吊装作业、Ⅳ级高处作业、特殊情况受限空间作业，以及情况复杂、风险高的非常规作业，作业区域所在单位应当有领导人员现场带班。

注：缺氧、富氧、有毒、易燃易爆、经清洗或者置换仍不能满足相关要求的特殊情况受限空间作业，应当编制专项作业方案，实行升级管理；遇五级风以上（含五级风）天气生产确需动火，动火作业应当升级管理；高处作业存在一种或者一种以上可引起坠落的危险因素时升级管理，详见第二章第四节。

三、作业许可实施

作业许可应按规定进行预约、获得批准并公示。作业许可批准人负责核实现场安全措施，并监督管理现场作业安全。作业人员应当按照作业许可证、安全措施、作业方案的要求进行作业，监护人员按规定实施现场监护。作业监护人应当核查现场作业相关要求及安全措施落实情况等，实施全过程现场监护。

（一）安全技术交底

作业前，作业区域所在单位应当会同作业单位对参加作业的人员（包括作业人员、监护人员、监督人员等）进行安全技术交底，包括但不限于：

——作业现场和作业过程中可能存在的危害因素及采取的具体安全措施与

应急措施；

——组织作业人员到作业现场，熟悉现场环境、应急救援器材的位置及分布，核实安全措施的可靠性；

——涉及断路、动土作业时，应当对作业现场的地下隐蔽工程进行交底；

——作业过程中所需要的个体防护用品的使用方法及使用注意事项；

——事故的预防、避险、逃生、自救、互救等知识。

注：属地监督人员还应进行能量隔离有效性验证和上锁挂牌等措施，属地监督与作业申请人进行工作界面现场交接。

为保护作业安全，防止无关人员进入危险区域，并限制作业人数，需按照作业类型，对作业现场设置警示标志、警戒区，对施工作业现场进行有效隔离，通常分为警示性隔离和保护性隔离两种。

（二）作业现场检查

作业前，作业区域所在单位应当组织作业单位对作业现场及作业涉及的设备、设施、工器具进行检查，并满足以下要求：

——作业现场消防通道、行车通道应当保持畅通，影响作业安全的杂物应当清理干净；

——作业现场的梯子、栏杆、平台、箅子板、盖板等设施应当完整、牢固，采用的临时设施应当确保安全；

——作业现场可能危及安全的坑、井、沟、孔洞等应当采取有效防护措施，并设警示标志；

——需要检修的设备上的电气电源应当可靠断电，在电源开关处加锁并加挂安全警示牌；

——作业使用的个体防护器具、消防器材、通信设备、照明设备等应当完好；

——作业时使用的脚手架、起重机械、电气焊（割）用具、手持电动工具等各种工器具符合作业安全要求，超过安全电压的手持式、移动式电动工器具应逐个配置漏电保护器和电源开关；

——设置符合《安全标志及其使用导则》（GB 2894—2008）的安全警示标志；

——应急设施配备符合《危险化学品单位应急救援物资配备要求》（GB 30077—2023）要求；

——腐蚀性介质的作业场所应在现场就近（30m内）配备人员应急用冲洗水源。

（三）现场照明要求

工作场所和通道照明应满足所在区域安全作业亮度、防爆、防水等要求，根据施工现场环境条件设计并应选用防水型、防尘型、防爆型灯具。在有爆炸危险环境，应使用防爆灯具；在有粉尘的场所，应采用防尘型照明器；在潮湿环境，应采用封闭型或防潮型照明器，必要时应备应急照明，见图1-7。

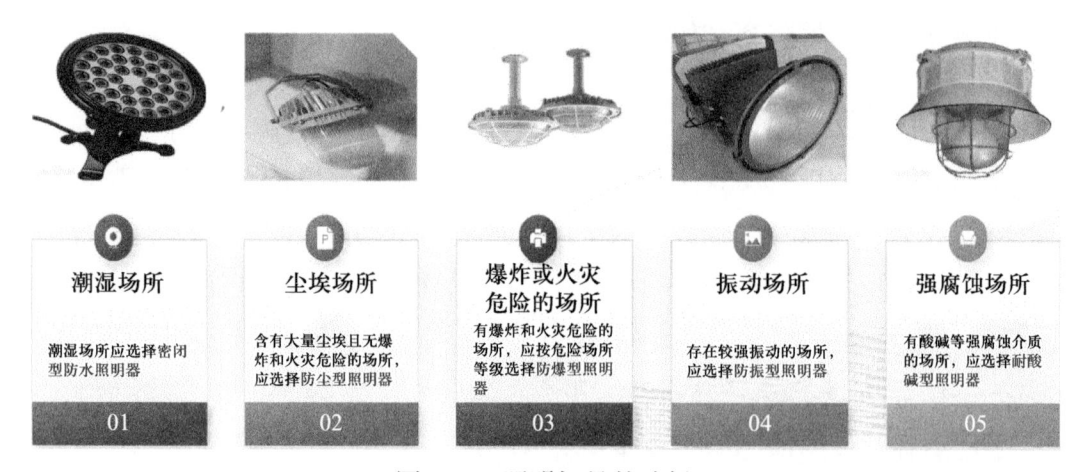

潮湿场所	尘埃场所	爆炸或火灾危险的场所	振动场所	强腐蚀场所
潮湿场所应选择密闭型防水照明器	含有大量尘埃且无爆炸和火灾危险的场所，应选择防尘型照明器	有爆炸和火灾危险的场所，应按危险场所等级选用防爆型照明器	存在较强振动的场所，应选择防振型照明器	有酸碱等强腐蚀介质的场所，应选择耐酸碱型照明器
01	02	03	04	05

图1-7 照明灯具的选择

——使用合适灯具和带护罩的灯座，防止意外接触或破裂，使用不导电材料悬挂导线。行灯灯泡外部有金属保护罩。

——手持式灯（行灯）应采用Ⅲ类灯具和不超过36V安全特低电压系统（SELV）。照明变压器应使用双绕组型安全隔离变压器（图1-8），严禁采用普通变压器和自耦变压器；安全隔离变压器严禁带入金属容器或金属管道内使用。

——在潮湿和易触及带电体场所、受限空间作业的照明电源电压不得大于24V，在特别潮湿场所、导电良好的地面、锅炉或金属容器内的照明电源电压不得大于12V（图1-9）。

——安全隔离变压器的外露可导电部分应与PE线相连做保护接零，二次绕组不得接地或接零。行灯的外露可导电部分不得直接接地或接零。安全隔离变压器应有防水措施，并不得带入受限空间内使用。

图 1-8　双绕组型安全隔离变压器

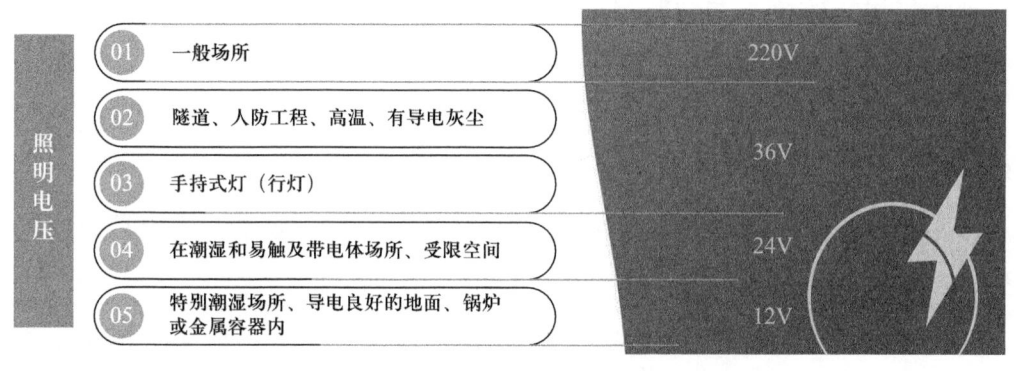

图 1-9　不同作业场所照明安全电压的要求

——行灯灯体及手柄绝缘应良好、坚固、耐热、耐潮湿，灯头与灯体应结合紧固，灯泡外部应有金属保护网、反光罩及悬吊挂钩，挂钩应固定在灯具的绝缘手柄上。

——动力和照明线路应分路设置。严禁利用额定电压 220V 的临时照明灯具作为行灯使用。大型工业炉辐射室、大型储罐内的工作照明可采用 1∶1 隔离变压器供电。

——作业现场可能危及安全的坑、井、沟、孔洞等周围，夜间应当设警示红灯；夜间影响车辆、人员等安全通行的施工部位或设施、设备，应设置红色警戒标志灯。

（四）作业监护与监督

1. 作业监护

监护人负责对作业人员进行安全监护，及时纠正作业人员的不安全行为，发现安全措施不完善或其他异常情况，可能危及作业人员安全时，应立即制止作业，迅速撤离，作业单位应立即通知作业区域所在单位。

——特殊、非常规作业应当设专人监护，作业现场监护人员由作业单位指派；

——特级动火作业、特殊情况受限空间作业、一级吊装作业、Ⅳ级高处作业，以及情况复杂、风险高的非常规作业，由作业区域所在单位和作业单位实施作业现场"双监护"和视频监控。

2. 属地监督

作业批准人应当组织属地监督、作业申请人、作业监护人，按照职责分工对作业现场进行监督检查。监督检查中发现的问题，应当立即整改，达到安全作业条件后，方可继续作业。监督检查包括但不限于以下内容：

——作业方案、作业许可是否经过批准并在有效期内，是否与现场实际相符；

——相关人员是否坚守现场并履责，资格是否符合要求，劳保护具是否符合要求；

——能量隔离、防护、通风、气体检测、警戒、消防、应急等措施是否落实，相邻设施防护与临近作业控制措施是否落实；

——施工设备、机具是否符合要求；

——涉及其他特殊作业是否办理作业许可，管控措施是否落实；

——是否按作业方案作业，作业过程是否有违章行为；

——作业许可关闭前作业现场是否清理和恢复，是否经过相关人员确认。

3. 视频监控

各企业应当完善现有的固定式视频监控设施，配备满足需要的移动式视频监控设施。对所有的特殊、非常规作业场所推广使用视频监控和违章行为智能分析技术，实现作业全过程智能化监控。

四、作业期限与票证

(一) 作业许可时限

作业区域所在单位或者作业单位应当根据不同作业类型、风险大小、工作量等综合因素确定作业许可时限（表 1-3），并符合以下要求：

——特级、一级动火作业不超过 8h，二级动火作业不超过 72h；

——受限空间作业不超过 24h；

——高处作业不超过 7d；

——临时用电作业不超过 15d，特殊情况不应超过 30d，用于动火、受限空间作业的临时用电时间应和相应作业时间一致；

——管线打开（盲板抽堵）、吊装作业原则上不超过 24h，生产装置停工大检修等情况下，不超过 72h；

——射线作业不超过 24h。

注：当作业中断，再次作业前，应重新对环境条件和安全措施进行确认。动火作业和受限空间作业中断时间超过 30min，作业人员、作业监护人应当重新确认安全条件。

表 1-3 各类特殊作业的作业时限

序号	作业类型	作业期限	特殊情况下	备注
1	特级动火作业	不超过 8h	/	/
2	一级动火作业			
3	受限空间作业	不超过 24h	/	/
4	射线作业			
5	管线打开		不超过 72h	停工大检修期间
6	吊装作业			
7	二级动火作业	不超过 72h	/	/
8	高处作业	不超过 7d	/	/
9	临时用电	不超过 15d	不超过 30d	最长可放宽
		/	不超过 8h	用于特/一级动火作业时
			不超过 24h	用于受限空间作业时
			不超过 72h	用于二级动火作业时

（二）作业许可取消

发生下列任何一种情况，作业区域所在单位和作业单位都有责任立即中止作业，报告批准人，并取消作业许可证。

——作业环境、作业条件或者工艺条件发生变化；

——作业内容、作业方式发生改变；

——作业或者监护等现场关键人员未经批准发生变更；

——实际作业与作业计划发生偏离；

——安全措施或者作业方案发生变更或者无法实施；

——发现重大安全隐患；

——紧急情况或者事故状态。

作业批准人和申请人在作业许可证上签字后，方可取消作业许可。需要继续作业的，应当重新办理作业许可证。

> 注：当正在进行的工作出现紧急情况或已发出紧急撤离信号时，所有的许可证立即失效。许可证一旦被取消即作废，重新作业应办理新的作业许可证。

（三）作业许可关闭

作业完毕，作业单位应当清理现场，恢复原状。作业申请人、批准人和相关方应当及时进行现场验收，确认无隐患，并清除所贴挂标识。验收合格并签字后，方可关闭作业许可。

——作业许可证关闭前，确认工完、料净、场地清；

——隔离执行人组织锁定人员进行隔离解除并签字确认；

——作业审批人签字确认作业质量合格，具备投、复运条件；

——作业结束后，作业人员应当恢复作业时拆移设施的使用功能，如盖板、栏杆、防护罩，解除相关隔离设施；

——将作业用的工器具、脚手架、临时用电设施等撤离现场，将废弃物、油污等清理干净。

> 注：作业许可证关闭，确认工作完成、废料清理、工具撤出作业区域，是文明施工和质量控制的最终控制点。但很多单位没有将完工验收的内容真正落实到作业许可关闭环节中，只是在作业许可证上签字，甚至不签字、不关闭。这种虎头蛇尾的做法，可能会使现场遗留问题造成新的安全隐患。

（四）许可票证管理

1. 许可证内容

作业许可证应当包含作业活动的基本信息，各企业可根据自身实际情况，对许可证的内容进行调整和完善。基本内容应当包括但不限于：

——作业单位、作业时限、作业地点和作业内容；

——风险辨识结果和安全措施；

——作业人员及资格信息；

——有关检测分析记录和结果；

——作业监护人员、作业申请人、作业批准人签名；

——其他需要明确的要求。

2. 许可证存放

——作业许可证应当编号，一式三联，第一联由监护人持有；第二联由作业人员持有；第三联保留在作业批准人处；

——作业许可证应当规范填写，不得涂改，不得代签。作业完成后，作业许可证由申请人和批准人签字关闭，并交批准方存档（或者电子存档），至少保存一年；

——当同一工作有多个作业单位参与时，每个作业单位都应有一份作业许可证（或复印件）。

各企业应当推广使用电子作业许可证，建设电子许可证审批系统，具备作业预约报备、风险数据库、线上会签、电子定位（确保现场审批）、数智分析及归档等功能，提升特殊、非常规作业风险管控效率和水平。

相关链接：爆炸下限"%LEL"

爆炸下限是指可燃气体在空气中遇明火种爆炸的最低浓度，简称%LEL。英文为 lower explosion limited。爆炸上限是指可燃气体在空气中遇明火种爆炸的最高浓度，简称%UEL。英文为 upper explosion limited。常见可燃气体在空气中的爆炸极限见表1-4。

表 1-4　可燃气体在空气中的爆炸极限（大气压力，25℃）

气体或蒸发气	爆炸极限（体积分数），%	
	爆炸/燃烧下限（LEL/LFL）	爆炸/燃烧上限（UEL/UFL）
乙炔	2.1	80
氯乙烯	3.6	31
乙二醇	3.2	15.3
氨	15	28
苯	1.2	7.8
丁二烯	2	12
丁烷	1.9	8.5
二硫化碳	1.3	50
一氧化碳	12.5	74
环己烷	1.3	8
二氯乙烷	5.6	16
乙烷	3	12.5
乙烯	2.7	36
汽油-92辛烷值	1.4	7.6
己烷	1.1	7.5
氢气	4	75
硫化氢	4	44
异丁烷	1.8	8.4
异戊烷	1.4	7.6
甲烷	5	15
石脑油（石油醚）	1.1	5.9
天然气	3.8	17
正庚烷	1.1	6.7
戊烷	1.5	7.8
丙烷	2.1	9.5
丙烯	2	11.1
甲苯	1.1	7.1

可燃性气体的浓度过低或过高是没有危险的，只有当它与空气混合形成混合气或更确切地说遇到氧气并形成一定比例的混合气时，才会发生燃烧或爆炸。低于爆炸下限，混合气中可燃气含量不足，不能引起燃烧或爆炸；高于爆炸上限，混合气中氧气含量不足，也不能引起燃烧或爆炸。另外，可燃气的燃烧与爆炸还与气体的压力、温度、点火能量等因素有关。爆炸极限一般用体积分数（%）表示。

各种可燃气体检测仪的测量范围为 0~100%LEL。举例说明，甲烷的爆炸下限为体积分数 5%，也就是说，将这个 5% 的体积分数，一百等分，即让 5% 体积分数对应 100%LEL，当检测仪数值到达 10%LEL 点时，相当于此时甲烷的含量为体积分数 0.5%，当检测仪数值到达 25%LEL 点时，相当于此时甲烷的含量为体积分数 1.25%。

固定式可燃气体检测仪通常设有两个报警点：20%LEL 为一级报警，40%LEL 为二级报警。便携式可燃气体检测仪通常设有一个报警点：25%LEL 为报警点。所以不必担心报警后是不是随时有危险，此时是在提示要马上采取相应的措施。比如开启排气扇或是切断一些阀门等。此时离真正有可能出现危险的爆炸下限还有很大一段差距，也只有这样才能起到报警提示的作用。

第四节　作业许可要求与对策

《危险化学品企业特殊作业安全规范》（GB 30871—2022）发布实施以来，各企业认真贯彻，积极完善作业许可制度，在防控作业风险、保障作业安全方面取得明显成效，但作业许可制度执行过程中仍出现了"以批代管、批而不管""责任不清、重复监管""层层加码、效率低下"等问题。应正确处理好从严监管与简洁高效之间的关系，既不片面地为了从严监管而层层加码、扎堆监管，也不片面地为了简洁高效而降低标准、放松要求。既要从严压实主体责任、从严执行标准规范、从严审批办结，也要明确审批层级，优化监督方式、提高监管效能。

一、从严监管保证力度不减

（一）从严压实主体责任

作业许可管理严格遵循"谁主管谁负责，谁批准谁负责，谁作业谁负责，谁的属地谁负责"的原则，特殊及非常规作业许可批准人应是作业区域所在单位相关负责人，熟悉作业现场情况，能够提供或者调配风险控制资源，对作业安全全面负责，作业批准人必须在作业现场完成审批工作。各单位生产、技术、工程、设备等业务部门应按照"管业务必须管安全"的原则，负责对本业务范围内作业许可管理要求的执行情况进行监督、指导和考核。

（二）从严执行标准规范

各单位应严格执行国家行业政策和相关制度和标准要求，结合实际完成本单位的特殊作业及非常规作业制度的修订完善、宣贯培训等工作。针对特殊作业及非常规作业过程中涉及的各类标准，对于同一风险的不同管控措施要求，应以最严格的管控措施为准。

（三）从严进行升级管理

在节假日、公休日、夜间及其他特殊敏感时期或者特殊情况，应严格执行升级管理要求，采取监护升级、监督升级、审批升级及措施升级等多种方式，强化作业过程中关键节点风险管控措施落实，不得仅片面进行"审批升级"。

（四）从严控制人数和时限

各单位应按照最小化原则控制人员数量，同一时间段内同一危险作业面或聚集场所的总人数原则上不得超过6人。各单位要结合实际，明确各类特殊及非常规作业审批时限，定期通报审批超时单位，倒逼审批效率提升。

二、优化审批程序提升效率

（一）控制特殊作业数量

各单位应建立特殊及非常规作业清单，对于风险固定、内容固定、频次较高的作业，不断补充完善操作规程、作业程序，尽可能减少特殊及非常规作业种类和数量。各单位应建立健全设备完整性管理体系，做好生产装置的预防性检维修，严把设备设施检维修质量关，减少正常生产状态下应急抢修和异常工况处置，可以在安全区域提前预制代替生产装置现场检修作业，尽可能减少生产装置区的特殊作业数量。

（二）优化简化审批程序

各单位应结合作业内容、自身管控能力，梳理细分作业风险等级，形成分级清单，并明确编制作业方案的情形，避免"一刀切"，杜绝出现所有特殊作业均编制作业方案的情况。各单位应明确作业申请书面审查主要内容，原则上包括安全措施或作业方案、相关图纸、人员资质证书等必要的支持文件，减少不必要的资料审查，避免"层层加码"，将工作重点放在作业风险辨识及管控措施落实上。

（三）推行许可预约制度

各单位应坚持特殊及非常规作业预约工作机制，作业区域所在单位应当至少提前一天向上一级业务部门和安全管理部门报告拟实施的作业项目，包括作业风险和应当采取的安全措施或者作业方案，严肃考核"约而不干"，坚决杜绝"干而不约"。各业务主管部门应系统性分析预约的作业内容，研判风险，将作业总量控制在能力范围内，压减不必要的作业。

（四）推广作业许可系统

各单位应推广使用电子作业许可证，具备作业许可预约报备、JSA 风险数据库、线上会签、在线视频、电子定位（确保现场审批）数智分析及归档等功能，追踪审批过程，提升特殊及非常规作业风险管控效率和水平。

三、强化过程监督确保安全

（一）优化分级监督管理流程

企业应评估特殊及非常规作业风险，企业级专职监督聚焦重大风险，结合所属单位突出问题、管理短板和薄弱项有针对性地制订阶段性监督检查计划；所属单位聚焦特殊及非常规作业责任落实、人员配置、工作前安全分析（JSA）

或工作危害分析（JHA）、安全技术交底及措施落实，以及作业过程中规章制度与操作规程执行情况；属地监督对属地范围内特殊及非常规作业履行属地监督管理的责任，对业务范围内的特殊及非常规作业实施现场监督。

（二）高风险作业实施双监护

对于高风险特殊作业由作业区域所在单位和作业单位实施作业现场"双监护"，作业区域所在单位相关领导人员现场带班。风险较低的作业由作业申请人指派具有生产实践经验的"明白人"担任作业监护，全过程监护。

（三）特殊作业过程视频监控

各单位应采用视频巡检、远程监督等方式对特殊及非常规作业现场进行监督，持续提升安全生产监督工作效率。运用视频监控和违章行为智能分析技术覆盖所有特殊及非常规作业场所，强化高风险作业风险提示、预警干预和作业程序提示，做到"无视频不作业"，以技术手段防控作业风险。

四、完善管理制度保障措施

（一）加强组织领导

各单位要高度重视特殊及非常规作业管理工作，结合本单位实际，健全完善特殊及非常规作业审批、过程监督管理相关制度，确保实用、好用、管用，各相关部门要明确任务分工，层层压实工作责任，强化协同合作。

（二）强化培训引导

加强关于作业许可管理制度的培训，提高涉及特殊及非常规作业审批人员、监督人员的业务水平，增强业务主管部门、属地管理人员对特殊及非常规作业管理的责任意识，引导形成严格监管、简洁高效的管理氛围。

（三）抓好工作落实

各单位要严格执行作业许可管理制度，梳理特殊及非常规作业管理、过程监督中存在的问题、薄弱环节，制订并严格落实对策措施。业务主管部门针对特殊及非常规作业预约、作业现场确认审批、设备及人员资质查验、作业方案执行及变更审批、作业过程监护等关键环节开展督导检查。

（四）加强考核问责

严格遵循"谁主管谁负责，谁批准谁负责，谁作业谁负责，谁的属地谁负责"的原则，对无证上岗、许可制度不落实、流程走捷径、特殊敏感时段升级管控不到位等导致事故的，严肃倒查追责。

相关链接：工贸企业有限空间重点监管目录

中华人民共和国应急管理部办公厅《关于印发工贸企业有限空间重点监管目录的通知》（应急厅〔2023〕37号）中明确了工贸企业有限空间重点监管目录：

一、冶金行业

（1）工艺炉窑：使用煤气的均热炉、预热炉、热风炉、加热炉、混铁炉、连续退火炉、常化炉、干燥炉、回转窑、竖炉、烟气炉。

（2）煤气相关设备设施：有人孔管道，煤气柜、布袋除尘器、电捕焦油器、电除尘器。

（3）惰性气体相关设备设施：煤粉制备系统布袋收粉器、煤粉仓；使用氮（氩）气底吹的炼钢转炉、VD炉真空室、VOD炉真空室；炼钢厂设置有氮（氩）气阀门的地下井（坑）。

（4）公辅设备设施：煤气洗涤（冷凝）水处理池（井）、污水收集处理池（井、罐）。

二、有色行业

（1）工艺炉窑：使用煤气的熔炼炉、精炼炉、保温炉、熔保炉、均热炉、热处理炉、煅烧炉、焙烧炉、干燥炉（窑）、回转窑、竖炉、熔盐炉。

（2）煤气相关设备设施：有人孔管道，煤气柜、布袋除尘器、电气滤清器。

（3）公辅设备设施：煤气洗涤（冷凝）水处理池（井）、污水收集处理池（井、罐）。

三、建材行业

（1）工艺设备：立式炉窑，涉及热风的立式磨、球磨机、选粉机。

（2）槽罐：减水剂储罐。

（3）公辅设备设施：污水收集处理池（井、罐）。

四、机械行业

（1）工艺设备：石灰式干式喷房漆雾收集系统。

（2）槽罐：电镀（氧化）槽、酸碱槽、电泳槽、浸漆槽。

（3）公辅设备设施：污水收集处理池（井、罐）。

五、轻工行业

（1）工艺设备设施：发酵池（发酵物储存、周转池）、腌制池、纸浆池（储浆池、废浆池）、皮浆池、转鼓。

（2）槽罐：发酵罐（槽）、浸出罐、贮糖罐（糖浆箱）、酸碱罐（槽）、电镀（氧化）槽、酸碱槽、电泳槽、浸漆槽，干酪素的溶解罐、点酸罐、缓存罐，超纯水氮封水箱，加入含硫添加剂的物料罐。

（3）公辅设备设施：污水收集处理池（井、罐）。

六、纺织行业

（1）槽罐：酸碱罐。

（2）公辅设备设施：污水收集处理池（井、罐）。

七、烟草行业

公辅设备设施：污水收集处理池（井、罐）。

说明：本目录中列出的有限空间，易发生中毒和窒息事故，作为工贸安全监管部门监督检查和企业日常安全管理的重点。本目录未列出的有限空间，企业也应当按规定落实相应的安全风险管控措施。经辨识分析存在硫化氢、一氧化碳、二氧化碳等中毒和窒息风险的其他有限空间，应当纳入重点范围。

第二章　特殊作业安全管理

特殊作业是指从事高空、高压、易燃、易爆、有毒有害、窒息、放射性等可能对作业者本人、他人及周围建（构）筑物、设备设施造成危害或者损毁的作业，包括动火作业、受限空间作业、盲板抽堵（管线打开）、高处作业、吊装作业、临时用电作业、动土作业、断路作业、射线作业等。特殊作业过程中可能存在的典型事故类型见表2-1。

表2-1　特殊作业过程中可能存在的典型事故类型

作业类型	可能存在的典型事故及风险类型（GB/T 6441）
动火作业	火灾、爆炸、触电、灼烫、中毒和窒息、物体打击、其他伤害
受限空间	中毒和窒息、火灾、爆炸、物体打击、机械伤害、触电、坍塌、灼烫、其他伤害
临时用电	触电、火灾、灼烫、其他爆炸、其他伤害
高处作业	高处坠落、坍塌、物体打击、机械伤害、火灾、中毒和窒息、触电、灼烫、其他伤害
吊装作业	起重伤害、物体打击、机械伤害、高处坠落、车辆伤害、其他伤害
动土作业	坍塌、淹溺、车辆伤害、物体打击、机械伤害、中毒和窒息、灼烫、爆炸、其他伤害
盲板抽堵	中毒和窒息、火灾、爆炸、灼烫、容器爆炸、物体打击、机械伤害、起重伤害、其他伤害
射线作业	辐射伤害（外照射急性放射病）、高处坠落、触电和其他伤害等

第一节　动火作业安全管理

动火作业是指在直接或者间接产生明火的工艺设施以外的禁火区内，从事可能产生火焰、火花或者炽热表面的作业。在正常生产运行的禁火区内，凡是可不动火的，一律不动火；凡是能拆移下来的动火部件，应当拆移到安全场所动火。确实无法拆移的，且必须在正常生产的装置和罐区内动火，应按要求办理动火作业许可证。

一、动火作业的类型

各企业应结合实际，严格控制动火作业的数量和频次。在动火作业过程中，作业单位应与项目所在区域单位密切配合，进行风险识别、制订动火方案，落实风险控制和应急预案要求，配备消防等应急设备，确保动火作业安全。

（一）动火作业方式

动火作业包括但不限于以下能直接或间接产生明火的活动方式：

——各种气焊、电焊、铅焊、锡焊、塑料焊等焊接作业及气割、等离子切割机、砂轮机等各种金属切割作业；

——使用喷灯、液化气炉、火炉、电炉等明火作业；

——烧、烤、煨管线、熬沥青、炒砂子、铁锤击打（产生火花）物件、喷砂和产生火花的其他作业；

——生产装置区、油气装卸作业区和罐区、加油（气）站，连接临时电源、使用非防爆电气设备和电动工具。

（二）固定区域动火

企业在相对独立区域可划出固定动火区，固定动火作业有效期最长为6个月。固定动火区应当符合以下要求：

——固定动火区的设定应当由区域所在单位审批后确定，设置明显标志、警戒线；作业区域所在单位应当每半年至少对固定动火区进行一次风险辨识，周围环境发生变化时，应当及时辨识、重新划定；

——不应设置在火灾爆炸危险场所；

——应当设置在火灾爆炸危险场所全年最小频率风向的下风方向，与相邻企业火灾爆炸危险场所防火间距满足相关要求；

——距火灾爆炸危险场所的厂房、库房、罐区、设备、装置、窨井、排水沟、水封设施等不应小于30m；

——室内固定动火区应以实体防火墙与其他部分隔开，门窗外开，室外道路畅通；

——位于生产装置区的固定动火区应当设置带有声光报警功能的固定式可燃气体检测报警器；

——固定动火区内不应存放可燃物及其他杂物；

——应当制定固定动火区域管理制度，指定防火负责人，配备消防器材，建立应急联络方式和应急措施。

注：为常规动火作业设置的化验室、专门的维修场所、锅炉房等固定场所内的动火作业，不办理动火作业许可票证。

（三）集中动火日

企业应根据实际严格控制动火的数量和频次，除设定固定动火区实行区域集中动火外，对日常检维修作业实行"集中动火日"管理，即将动火作业集中在一周内固定的某一时间段进行，当日安排的动火作业数量不得超过作业区域所在单位风险管控能力。这样在区域和时间上进行集中，对动火作业实施统一管理，可避免出现动火作业遍地开花的现象，使动火作业处于严格的受控状态。

二、作业分级与升级

（一）动火作业分级

根据动火场所、部位的危险程度，结合动火作业风险发生的可能性、后果严重程度，以及组织管理层级等情况，对动火作业实行分级管理。动火作业划分为三级：特级、一级、二级。

1. 特级动火作业

——在火灾爆炸危险场所处于运行状态下的生产装置设备、管道、储罐、容器等部位（本体及其附件）上进行的动火作业（包括带压不置换动火作业）；

——存有易燃易爆介质的重大危险源罐区防火堤内的动火作业。

2. 一级动火作业

——在易燃易爆场所进行的除特级动火作业以外的动火作业，管廊上的动火作业按一级动火作业管理。

3. 二级动火作业

——除特级动火作业和一级动火作业以外的动火作业；

——凡生产装置或系统全部停车，装置经清洗、置换、分析合格并采取安全隔离措施后,可根据其火灾、爆炸危险性大小,经所在单位安全管理负责人批准,动火作业可按二级动火作业管理。

> 注:易燃易爆场所是指《建筑设计防火规范》(GB 50016—2014)、《石油化工企业设计防火标准》(GB 50160—2018)、《石油库设计规范》(GB 50074—2014)中火灾危险性分类为甲、乙类区域的场所。

(二)动火升级管理

满足以下条件之一的动火作业应按要求实施升级管理,落实各项安全措施,保证动火作业安全。

——在盛有或者盛装过危险化学品的设备、管道等生产、储存设施及处于甲、乙类火灾危险区域的生产设备上动火作业,因条件限制无法清洗、置换而确需动火作业时,按特级动火执行。

——遇有五级风以上(含五级风)天气应当停止一切露天动火作业,因生产确需动火,动火作业应当升级管理。

——在夜晚、节假日、公休日和敏感时段,以及异常天气露天情况下原则上不允许动火;确需进行的动火作业应当升级管理。企业应当根据作业所在区域日出日落时间,对夜晚的起止时间进行具体界定。

> 注:夜晚起止时间判定原则,以自然光是否影响作业光照需求为准,一般可按夏冬两种时间制式进行界定。以西安地区为例,5月1日至9月30日,夜晚时间为当日19:00至次日7:00,10月1日至来年4月30日,夜晚时间为当日17:00至次日9:00。

(三)特级动火要求

特级动火作业在符合动火基本和通用要求的同时,还应符合以下规定:

——应预先制订作业方案,落实安全防火防爆及应急措施,必要时可请专职消防队在现场监护。

——应在设备或管道操作微正压条件下进行作业,保持作业现场通排风良好。

——应采集全过程作业影像,且作业现场使用的摄录设备应为防爆型。

——动火现场应配置便携式或移动式可燃气体检测报警仪,连续监测动火作业点周围可燃气体浓度,发现可燃气体浓度超限报警,须立即停止作业。

——动火点所在的区域应预先通知所在单位生产协调、组织部门及其他相关部门，使之在异常情况下，能及时采取相应的应急措施。

特级动火作业现场应使用防爆型摄录设备采集全过程作业影像，拍摄范围至少应覆盖动火作业区域，影像清晰可见。从动火作业许可证批准之前开始，至动火作业许可证关闭之后结束，完整记录整个动火作业过程，作业过程影像记录至少保存1个月。

三、作业前的准备

作业申请由现场作业负责人提出，作业申请人负责与作业区域所在单位进行沟通，参加作业区域所在单位组织的风险分析，根据提出的风险管控要求制订落实安全措施，并准备动火作业许可证等相关资料。

（一）动火点周围要求

动火作业前，动火点周围应当满足以下安全要求：

——应当清除距动火点周围5m之内的可燃物；

——距离动火点15m范围内的漏斗、排水口、各类井口、排气管、地沟等应当封盖严密，对于有可能泄漏易燃、可燃物料的设备设施，应当采取隔离措施，见图2-1；

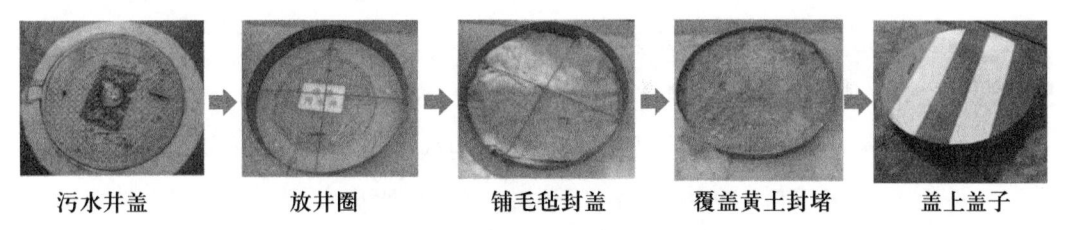

污水井盖　　放井圈　　铺毛毡封盖　　覆盖黄土封堵　　盖上盖子

图2-1　污水井口封堵方法示例

——动火点周围或者其下方的电缆桥架、孔洞、窨井、地沟、水封设施、污水井等，应当检查分析并采取清理或者封盖等措施；

——对于受热分解可产生易燃易爆、有毒有害物质的场所，应当进行风险分析并采取清理或者封盖等防护措施。因条件限制无法满足安全要求时，应当用阻燃物品隔离；

——涉及海上石油设施，应当使用防火材料封堵动火区域，以及附近甲板的泄水孔、开口及开式排放口。

（二）设备设施隔离

凡在盛有或者盛装过助燃或者易燃易爆危险化学品的设备、容器、管道等生产、储存设施，以及在火灾爆炸危险场所中生产设备上的动火作业，应当将上述设备设施与生产系统彻底断开或者隔离，不应以水封或者仅关闭阀门代替盲板作为隔断措施。

（三）气体检测要求

气体检测设备应当由具备检测资质的单位检定合格且在有效期内，使用便携式可燃气体检测仪或者其他类似手段进行分析时，气体检测报警仪应按照有关规定检测合格方可使用，特殊情况应当经标准气体样品标定合格，并确保其处于正常工作状态。

1. 取样和分析要求

气体取样和检测分析应当由培训合格的人员进行，取样或检测点应当有代表性，必要时分析样品（采样分析）应保留到动火结束。气体取样和检测分析至少满足以下要求：

——在较大的设备内动火，应当对上、中、下（左、中、右）各部位和相对独立的空间进行监测分析；

——在较长的物料管线上动火，应当在彻底隔绝区域内分段取样分析；

——在管道、储罐、塔器等设备外壁上动火，应当在动火点10m范围内进行气体分析，同时还应检测管道、设备内气体含量；

——在设备、管道外环境动火，应当在动火点10m范围内进行气体分析；

——每日动火前均应进行气体分析；特级动火作业期间应当进行连续检测。

注：需要动火的塔、罐、容器、槽车等设备和管线，在清洗、置换和通风后，要进行内部和周围环境气体分析，检测氧气、可燃气体、有毒有害气体浓度，达到许可作业浓度才能进行动火作业。

2. 检测时间要求

安全措施或作业方案中应规定动火过程中的气体检测时间和频次。若采取强制通风措施，其风向应与自然风向一致，室内动火应将门窗打开通风。

——动火作业开始前30min内，作业区域所在单位应当对作业区域或者动火点可燃气体浓度进行检测分析，合格后方可动火。超过30min仍未开始动火作业的，应当重新进行检测分析。

——动火作业过程中，应当根据动火作业许可证或者作业方案中规定的气体检测时间、位置和频次进行检测，间隔不应当超过2h，记录检测时间和检测结果，结果不合格时应当立即停止作业。

——动火作业中断时间超过30min，继续动火作业前，作业人员、作业监护人应当重新确认安全条件。每日动火前，均应当进行检测分析。

——在生产运行状态下易燃易爆场所进行的特级动火作业和存在有毒有害气体场所进行的动火作业，以及有可燃气体产生或者溢出可能性的场所进行的动火作业，应当进行连续气体监测。

3. 检测合格标准

——采用移动式或者便携式气体检测仪进行检测时，被测可燃气体或可燃液体蒸气浓度应当不大于其爆炸下限的10%LEL。应当使用两台设备进行对比检测，如两台设备对比检测数据不一致时，应当更换设备或解决偏差后重新进行检测分析。

——采用色谱分析等化验分析方法进行检测时，被测的可燃气体或可燃液体蒸气的爆炸下限大于或等于4%（体积分数）时，其被测浓度应小于0.5%（体积分数）；当被测的可燃气体或可燃液体蒸气的爆炸下限小于4%（体积分数）时，其被测浓度应小于0.2%（体积分数）。

四、动火作业安全要求

当按要求办理了动火作业许可证、创建了临时的动火安全区域、转移了可燃物和易燃物、落实了隔离措施、做好作业时间计划和预约，避开了危险时段后，作业人员可按照动火作业许可证与作业方案的要求，实施动火作业，监护人员按规定实施现场监护。

（一）现场安全要求

——在油气罐区防火堤内进行动火作业时，不应同时进行切水、取样、排污作业。严禁在装置停车倒空置换期间及投料开车过程中进行动火作业。

——动火期间，在动火点10m范围内、动火点上方及下方不应同时进行可燃溶剂清洗或者喷漆作业,不应进行可燃性粉尘清扫作业。

——距动火点 15m 范围内不应排放可燃液体;距动火点 30m 范围内不应排放可燃气体或者存在液态烃、低闪点油品泄漏的情况。

——铁路沿线 25m 范围内的动火作业,如遇装有危险化学品的火车通过或者停留时,应当立即停止。

——使用电焊时,电焊工具应当完好,焊把线和二次回路线到位,电焊机外壳应当接地,与动火点间距不应超过 10m。不能满足要求时应当将电焊机作为动火点进行管理。

——使用气焊、气割动火作业时,乙炔瓶应当直立放置,不应卧放使用;与氧气瓶之间的距离不应当小于 5m,两者与作业地点间距不应当小于 10m,并应当设置防晒和防倾倒设施,乙炔瓶应安装回火装置。

——动火作业人员应当在动火点的上风向作业,并采取隔离措施控制火花飞溅。

——动火作业过程中,作业监护人应当对动火作业实施全过程现场监护,一处动火点至少有一人进行监护,严禁无监护人动火。

——使用电动工具要加装漏电保护器,按照规定穿戴绝缘手套和绝缘鞋,防止发生触电事故。使用砂轮机时,作业人员要戴防护眼镜,身体要站在砂轮片侧面。

——在有毒的环境中作业时,应备有空气呼吸器、安全带等救生器材,在酸碱等腐蚀性较强的环境中作业时,要备有大量清水。

——在易燃易爆的环境中作业时,应备有灭火器、水带、蒸汽带等消防器材及物资,必要时,消防车和专业消防人员在现场待命。

——动火场所应通风良好,最好的办法是安装通风设施。当空气中存在有害气体和含有铅、锌等毒性较大的烟尘时,应佩戴防毒口罩。

(二)高处动火作业

高处动火作业,除严格执行高处作业安全管理要求外,还应满足如下相关安全要求:

——高处动火作业应首选具有围栏和扶手的固定作业平台,并经专业人员确认。

——高处动火作业使用的安全帽和全身安全带、救生索等防护装备应当采用防火阻燃材料，需要时使用自动锁定连接，并采取防止火花溅落措施。

——高处动火作业时，应对周围存在的易燃物进行处理，并对其下方可燃物、机械设备、电缆、气瓶等进行清理或采取可靠的防护措施。

——遇有五级以上（含五级）天气，不应进行高处动火作业；遇有六级以上（含六级）风不应进行地面动火作业。

（三）受限空间动火

进入受限空间动火作业，除严格执行受限空间作业安全管理要求外，还应满足如下相关安全要求：

——作业前应当检测氧含量、易燃易爆气体和有毒有害气体浓度，合格后方可进行动火作业。

——作业人员带便携式可燃气体报警仪，随时进行监测，当可燃气体报警仪报警时，必须立即组织作业人员撤离。

——进入受限空间的动火作业应当将内部物料除净，易燃易爆、有毒有害物料应当进行吹扫和置换，打开通风口或者人孔，并采取空气对流或者采用机械强制通风换气，所有可能影响该受限空间的物料来源都应被切断。

——在受限空间内实施焊割作业时，气瓶应当放置在受限空间外面；使用电焊时，电焊工具应当完好，电焊机外壳应当接地。采用电焊进行动火施工的储罐、容器及管道等应在焊点附近安装接地线，其接地电阻应小于 10Ω。

——在有可燃物构件和使用可燃物做防腐内衬的设备内部进行动火作业时，应采取防火隔绝措施。在坑内进行动火作业的人员应系阻燃或不燃材料的安全绳，操作坑大小应根据实际情况（如埋深、土质情况等）来确定，操作坑的深度、坡度应方便施工和动火作业人员的安全和逃生。

——在受限空间内动火，除了遵守上述安全措施外，还要注意不允许同时进行刷漆、喷漆作业或使用可燃溶剂清洗等其他可能散发易燃气体、易燃液体的作业。

五、焊接与切割作业

"焊接"可分为电焊和气焊，焊接是一种危险性很大的作业，产生烟尘、有毒气体及电弧光，存在触电、火灾、爆炸、中毒、窒息、灼烫、高处坠落、物体打击、弧光辐射、噪声等多种危害。同时，如果焊接质量存在隐患，会导致意外事故或二次事故发生。"气割"是利用可燃气体与氧气混合燃烧的预热火焰将金属加热到燃烧点，并在氧气射流中剧烈燃烧而将金属分开的加工方法。切割的实质是金属在高纯度的氧气中燃烧，并用氧气吹力将熔渣吹除的过程，而不是金属熔化的过程。

（一）电焊机安全要求

电焊机必须绝缘良好，绝缘电阻不得小于 $0.5M\Omega$。电焊机外壳必须接地或接零良好，接地线、导线无损坏，不得串联接地。电焊机与配电箱的连接导线要保证绝缘，电焊把钳绝缘应良好，其长度一般不超过 5m，确需使用长导线时，必须将其架高距地面 2.5m 以上，并尽可能沿墙布设，在焊机旁应架设专用开关，不许将导线随意拖于地面。

电焊机的电源开关应单独设置，发电机式直流电焊机的电源应采用启动器控制，施工现场使用交流电焊机时宜装配漏电保护器。电焊机应放置在防雨、干燥和通风良好的地方，裸露导电部分应装设安全保护罩，不得冒雨从事电焊作业。焊接现场不得有易燃、易爆物品。

由于电焊机的把线和回线都负担很大的焊接电流，所以断面要粗并绝缘良好。严禁将导线搭在气瓶、乙炔发生器或其他易燃物品上，禁止利用厂房的金属结构、轨道、管道、暖气设施或其他金属物体搭接起来作为焊接电源回路，禁止用氧气管道和易燃易爆气体管道作为接地装置。

连接焊机、焊钳和工件的焊接回路导线，应采用橡皮绝缘。橡皮护套铜芯软电缆一般不超过 30m，过长则会增大电压降并使导线发热。导线接头不超过两个，要用绝缘布包好，横过铁路或公路的一、二次线都应架空或穿入用土埋好的金属管内。

（二）电焊作业现场要求

使用电焊机作业时，电焊机不应放置在运行的生产装置、罐区和具有火灾爆炸危险场所内，否则按照动火作业的要求进行动火分析。

在焊接工作场所附近，必须备有足够完好的消防器材。在封闭容器、罐、桶、舱室中焊接、切割，应先打开施焊工作物的孔、洞，使内部空气流通，以防焊工中毒、烫伤。

工作完毕和暂停时，焊、割炬和胶管等都应随人进出，禁止放在工作地点；焊接、切割现场禁止把焊接电缆、气体胶管、钢绳混绞在一起。焊接、切割用的气体胶管和电缆应妥善固定，禁止缠在焊工身上使用。

在金属容器内潮湿的地方，手和脚必须绝缘保护，照明电源的电压不应超过12V。在已停车的机器内进行焊接与切割，必须彻底切断机器（包括主机、辅机、运转机构）的电源和气源，锁住启动开关。并应设置"修理施工禁止转动"的安全标志或由专人负责看守。

直接在水泥地面上切割金属材料，可能发生爆裂，应有防火花喷射造成烫伤的措施。对悬挂在起重机吊钩上的工件和设备，禁止电焊或切割；如必须这样做，应采取可靠的安全措施并经批准才能进行。

气体保护焊接应使用压缩气瓶，盛装保护气体的高压气瓶应小心轻放、竖立固定，防止倾倒。切割后的热件不得插入含油的污水沟、下水井内冷却，防止着火爆炸。

（三）电焊人员要求

电焊设备的安装、接线、修理和检查，需由专业电工进行，施工用电在办理临时用电许可手续后，由电工接通电源，焊工不得自行处理。

焊接时，操作人员必须戴耐辐射热的皮革手套或棉帆布和皮革合制材料的手套，穿绝缘鞋。焊工在多层结构或高空构架上进行交叉作业时，应佩戴符合有关标准规定的安全带。

电焊工不要携带电焊把钳进出设备，带电的把钳应由外面的配合人递进递出；工作间断时，把钳应放在干燥的木板上或绝缘良好处，焊接地点转移时，应把电焊钳拿在手中拉线，不能拖拉钳把，以免掩击其他设备物件时打火。

清理焊渣时，应戴防护镜，并避免在对着人的方向敲打焊渣。施焊完毕后应及时拉开电源刀闸，移动焊接设备时必须切断电源。

工作完毕或下班时，应把氧气瓶阀门关死，减压器卸下，戴上瓶帽。氧气胶带、乙炔胶带盘好，清理好环境，确认无余火，方可离开现场。

（四）气焊与气割现场要求

气焊与气割最常用的易燃易爆气体就是乙炔与液化石油气。乙炔是易燃易爆的无色气体，易溶于丙酮。其分子不稳定，容易分解成氢和碳，并放出大量的热。如果分解是在密闭空间进行的，由于温度升高，压力急剧增大，就可能发生爆炸。因此作业中必须注意以下事项：

——焊接与切割中使用的氧气胶管为黑色，乙炔胶管为红色，乙炔胶管与氧气胶管不能相互换用，不得用其他胶管代替。

——氧气瓶和乙炔瓶放置位置要离开各种火源、电源，不得放在管排下、容器设备底部、下水井附近、高空用火正下方和人员集中地点。

——各类气瓶、容器、管道、仪表等连接部位，应采用涂抹肥皂水方法检漏，严禁使用明火检漏。

——乙炔发生器、回火防止器、氧气和液化石油气瓶、减压器等均应采取防止冻结措施，一旦冻结应用热水解冻，禁止采用明火烘烤或用棍棒敲打解冻。

——乙炔瓶严禁卧放，防止瓶内的丙酮随乙炔流出。乙炔瓶不能受剧烈震动和撞击，禁止横卧滚动，以免瓶内多孔性填料下沉而形成空洞，影响乙炔的储存。

——乙炔减压器与瓶连接必须牢固可靠，严禁在漏气情况下使用。如发现瓶阀、减压器、易熔塞着火时，用干粉灭火器或二氧化碳灭火器扑救，禁用四氯化碳灭火器扑救。

——点火时，焊割枪口不准对人，正在燃烧的焊、割炬不得放在工件和地面上。在金属容器或大口径管道内焊接或切割时，应有良好的通风和排除有毒烟尘的装置。

相关链接：乙炔气瓶的"四个为什么"

一、乙炔气瓶为什么不能卧放

乙炔气瓶是指储运乙炔的装有填料的特制压力容器。乙炔气瓶内装有浸入丙酮的多孔填料，使乙炔能安全地储存在瓶内。使用时，溶解在丙酮内的乙炔变为气体分离出来，而丙酮仍留在瓶内，以便再次充入乙炔使用。乙炔瓶储存、使用时为什么必须直立，而不能卧放呢？其原因有四点：

（1）乙炔瓶装有填料和溶剂（丙酮），卧放使用时，丙酮易随乙炔气流出，不仅增加丙酮的消耗量，还会降低燃烧温度而影响使用，同时会产生回火引发乙炔瓶爆炸事故。

（2）乙炔瓶卧放时易滚动，瓶与瓶、瓶与其他物体易受到撞击形成激发能源，导致乙炔瓶事故的发生。

（3）乙炔瓶配有防震胶圈，其目的是防止在装卸、运输、使用中相互碰撞。胶圈是绝缘材料，卧放即等于将乙炔瓶放在电绝缘体上，致使气瓶上产生的静电不能向大地扩散并聚集在瓶体上，易产生静电火花。一旦有乙炔气泄漏时，极易造成燃烧和爆炸事故。

（4）使用中的乙炔瓶瓶阀上装有减压器、阻火器，连接有胶管，卧放易导致滚动时受损。

二、乙炔气瓶为什么不能用尽

为了保障使用安全，乙炔气瓶内的气体严禁用尽，必须留有不低于规定的余压。这主要是出于安全考虑，具体来说有以下几个方面：

——防止空气混入：当乙炔气瓶内的气体耗尽后，瓶内的压力与大气压力保持平衡，这样空气就很容易混入气瓶内，形成乙炔和空气的混合物。乙炔的爆炸极限较宽（2.3%～100%体积分数），这种混合物在特定的条件下容易引发爆炸。

——乙炔的化学不稳定性：乙炔的化学特性不稳定，容易发生分解反应。即使在没有氧气、空气和其他助燃材料的情况下，纯乙炔在超过0.2MPa的压力下也会发生爆炸。

——溶剂损失风险：乙炔钢瓶内装有溶剂。随着钢瓶内乙炔压力的减少，从钢瓶中排出的溶剂逐渐增加。如果乙炔用尽，溶剂的损失也会增加，这会给填充、运输、储存和使用带来爆炸风险。

三、乙炔气瓶为什么是白色的

《气瓶颜色标志》（GB 7144—2016）规定，乙炔气瓶表面涂以白色，用红油漆写上"乙炔""不可近火"字样（图2-2）。采用白色主要是为了警示使用者注意其危险性、反射热量以减少加热作用，确保了乙炔气瓶在使用和储存过程中的安全性。

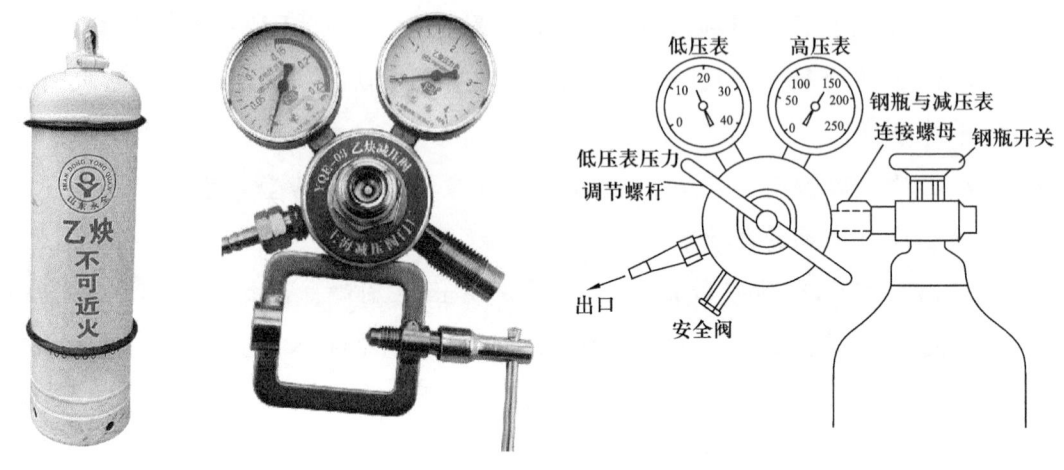

图 2-2　乙炔气瓶与减压器和压力表示意图

——警示作用：白色是一种醒目且容易辨识的颜色，能够提醒使用者注意乙炔气瓶的危险性。乙炔是一种易燃易爆的气体，其储存和使用需要特别小心。白色气瓶可以作为一种视觉警示，帮助人们在使用和存放时更加谨慎。

——反射热量：白色的色度远远小于其他颜色，白色对热量的反射能力较强，可以有效减少太阳辐射对气瓶的加热作用，避免瓶体高温。这对于防止乙炔气瓶在高温环境下发生危险具有重要意义。

——警示作用：乙炔气体极不稳定，温度稍高或稍有振动和撞击，便会发生聚合/分解反应。由于这两种反应都是放热的，化学反应产生的高温可以使漆皮变黑，涂成白色便于及早觉察，并做妥善处理，避免事故发生。

四、乙炔气瓶为什么有两个压力表

乙炔气瓶的使用过程中，由于气瓶内压力较高，而气焊和气割所需的压力却较小，需要用减压器来把储存在气瓶内的较高压力降为低压，并保持输出气体的压力和流量稳定不变。乙炔气瓶因此配备了两个压力表：高压表和低压表，分别用于监测乙炔气瓶内的压力及气瓶出口处的压力（图2-2）。

——高压表：具体来说，接近钢瓶的压力表是高压表，代表钢瓶中的压力。该压力表量程一般为4MPa，用以指示瓶内气体压力，确定剩余气量。这个压力是不能调节的，只用于显示气瓶内的气压。

——低压表：另外一个压力表是显示工作时的压力，这是可以调节的，可根据实际工作需要，调节压力大小。因为减压器的作用，工作压力一定小于瓶内压力。该压力表量程一般为0.25MPa，展示了气体从瓶口流出时的压力。

在使用过程中，操作者需要密切关注压力表变化，一旦发现压力指针过低，应及时更换乙炔瓶，以避免因气体压力不足而影响工作进度或产生安全隐患。

第二节　受限空间安全管理

在生产或施工作业区域内存在各种炉、塔、釜、罐、仓、槽车、烟道、隧道、下水道、沟、坑、井、池、涵洞等封闭或半封闭的空间，这些设备及设施经过运行、使用以后，需要人员进入内部进行检查、维修、清扫等作业。由于这些受限空间内作业条件较差，大多数介质都属有毒、有害或者窒息性物质，稍有疏忽，就可能发生中毒、窒息、火灾、爆炸、坍塌、触电等各类事故。

一、受限空间的概念

受限空间作业涉及的领域广泛，作业环境复杂，危害因素多，容易发生安全事故，造成严重后果。作业人员遇险时施救难度大，盲目施救或救援方法不当，又容易造成伤亡扩大。

（一）受限空间的界定

受限空间（confined spaces）是指进出受限，通风不良，可能存在易燃易爆、有毒有害物质或者缺氧，对进入人员的身体健康和生命安全构成威胁的封闭、半封闭设施及场所。进入或者探入受限空间进行的作业称为受限空间作业。

受限空间除应符合以下所有物理条件外，还至少存在以下危险特征之一，受限空间的识别与判定见图2-3。

1. 物理条件

——有足够的空间，让员工可以进入并进行指定的工作；

——进入和撤离受到限制，不能自如进出；

——并非设计用来给员工长时间在内工作的空间。

2. 危险特征

——存在或可能产生有毒有害气体或机械电气等危害；

——存在或可能产生掩埋作业人员的物料；

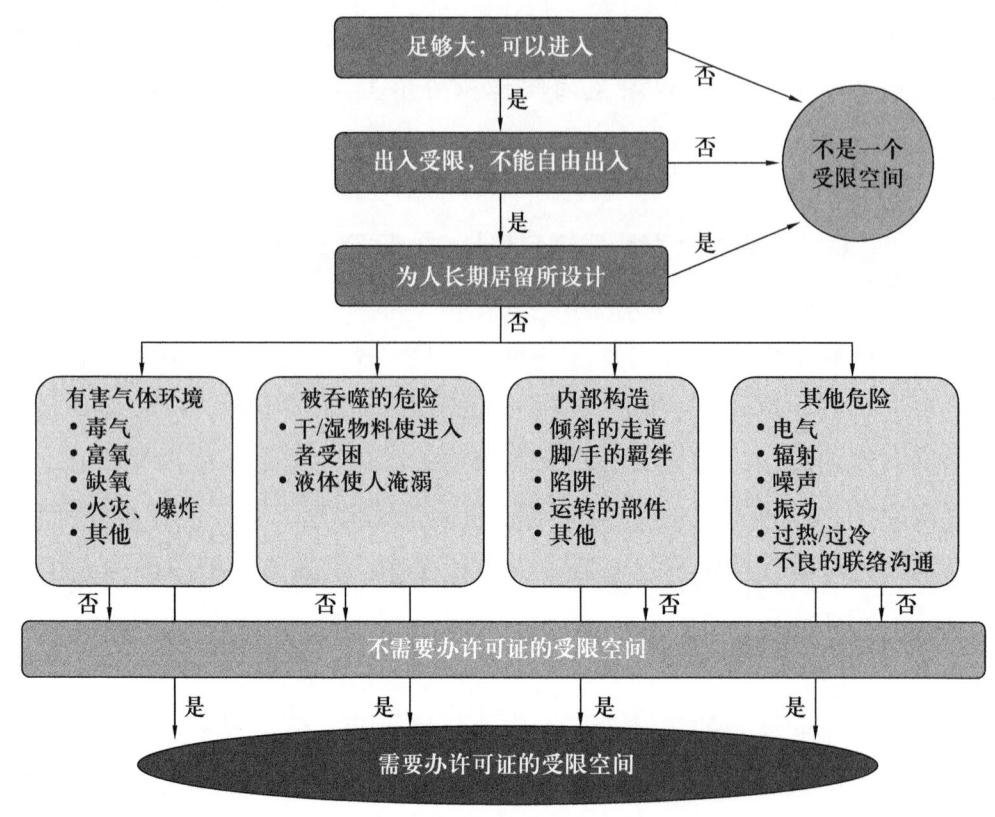

```
                    ┌─────────────────┐
                    │ 足够大，可以进入 │──否──┐
                    └─────────────────┘      │
                             │是             │
                    ┌─────────────────────┐  │
                    │ 出入受限，不能自由出入 │──否─┤
                    └─────────────────────┘  │
                             │是             ▼
                    ┌─────────────────┐   ╭──────╮
                    │ 为人长期居留所设计 │──是─▶│不是一个│
                    └─────────────────┘   │受限空间│
                             │否          ╰──────╯
        ┌────────────┬───────┴────────┬────────────┐
   ┌─────────┐  ┌─────────┐     ┌─────────┐   ┌─────────┐
   │有害气体环境│  │被吞噬的危险│     │ 内部构造 │   │ 其他危险 │
   │•毒气    │  │•干/湿物料使│     │•倾斜的走道│   │•电气   │
   │•富氧    │  │ 进入者受困│     │•脚/手的羁绊│   │•辐射   │
   │•缺氧    │  │•液体使人淹溺│    │•陷阱    │   │•噪声   │
   │•火灾、爆炸│  │         │     │•运转的部件│   │•振动   │
   │•其他    │  │         │     │•其他    │   │•过热/过冷│
   └─────────┘  └─────────┘     └─────────┘   │•不良的联络沟通│
       │否         │否              │否         └─────────┘
       │          │                │              │否
       ▼          ▼                ▼              ▼
   ┌─────────────────────────────────────────────────┐
   │          不需要办许可证的受限空间              │
   └─────────────────────────────────────────────────┘
       │是        │是              │是           │是
       ▼          ▼                ▼             ▼
   ╭─────────────────────────────────────────────╮
   │         需要办许可证的受限空间              │
   ╰─────────────────────────────────────────────╯
```

图 2-3 受限空间的识别与判定

——内部结构可能将作业人员困在其中（如内有固定设备或四壁向内倾斜收拢）。

（二）受限空间特殊情况

有些区域或地点不符合受限空间的定义，但是可能会遇到类似于进入受限空间时发生的潜在危害。在这些情况下，宜采用受限空间作业许可证以控制此类作业风险。

1. 围堤

符合下列条件之一的围堤，可视为受限空间：

——高于 1.2m 的垂直墙壁围堤，且围堤内外没有到顶部的台阶；

——在围堤区域内，作业者身体暴露于物理或化学危害之中；

——围堤内可能存在比空气重的有毒有害气体。

2. 动土或开渠

符合下列条件之一的动土或开渠，可视为受限空间：

——动土或开渠深度大于1.2m，或作业时人员的头部在地面以下的；

——在动土或开渠区域内，身体处于物理或化学危害之中；

——在动土或开渠区域内，可能存在比空气重的有毒有害气体；

——在动土或开渠区域内，没有撤离通道的。

注：用氮气等气体吹扫空间，可能在空间开口处附近产生气体危害，在进入准备和进入期间，应进行气体检测，确定开口周围危害区域的大小，设置路障和警示标志，防止误入。

（三）受限空间的辨识

存在受限空间作业的企业应对所属每个装置或作业区域进行辨识，确定受限空间的数量、位置、名称、主要危害因素、可能导致的事故及后果、防护要求、作业主体等情况，建立受限空间清单，并根据作业环境、工艺设备变更等情况不断更新。受限空间管理清单示例可参照表2-2，企业常见地下、地上受限空间见图2-4与图2-5。

表2-2 受限空间管理清单示例

序号	所在区域	受限空间名称	主要危害因素	事故及后果	风险防控要求	作业主体

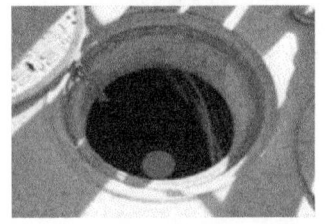

(a) 污水井　(b) 地窖　(c) 化粪池

(d) 电力电缆井　(e) 深基坑和地下管沟　(f) 污水处理池

图2-4 企业常见地下受限空间

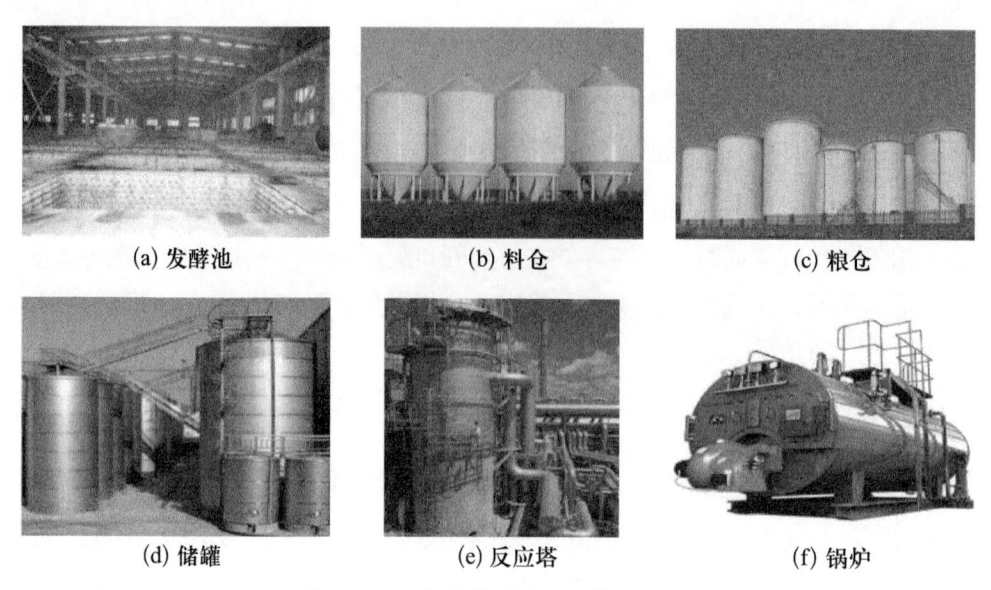

(a) 发酵池　　(b) 料仓　　(c) 粮仓
(d) 储罐　　(e) 反应塔　　(f) 锅炉

图 2-5　企业常见地上受限空间

（四）受限空间的标识

对辨识出的受限空间作业场所，应在显著位置设置安全警示标志或安全告知牌，以提醒人员增强风险防控意识并采取相应的防护措施。无需工具、钥匙就可进入或无实物障碍阻挡进入的受限空间，应设置固定的警示标识，见图 2-6（a）。对于用钥匙、工具打开的或有实物障碍阻挡的受限空间，打开时应在进入点附近设置警示标识，见图 2-6（b）。

所有警示标识，应包括提醒有危险存在和须经授权才允许进入的词语。受限空间警示标识牌分为固定型和临时型，正常生产期间的无障碍阻挡进入的受限空间，如污水池、循环水池、应急池、消防水池、污油池、化粪池等，应设置固定型标识牌；因检维修作业而临时打开的设备人孔、通道处应设置临时型标识牌，见图 2-6（c）。

作业区域所在单位应组织针对受限空间作业内容、作业环境的风险分析，作业单位应参加风险分析并根据结果制订相应控制措施，必要时编制作业方案和应急预案。

二、受限空间常见危害

受限空间作业的事故类型包括中毒、窒息、火灾、爆炸、坍塌、掩埋、触电、物体打击、机械伤害、灼烫、淹埋等，其中以中毒和窒息为主，见

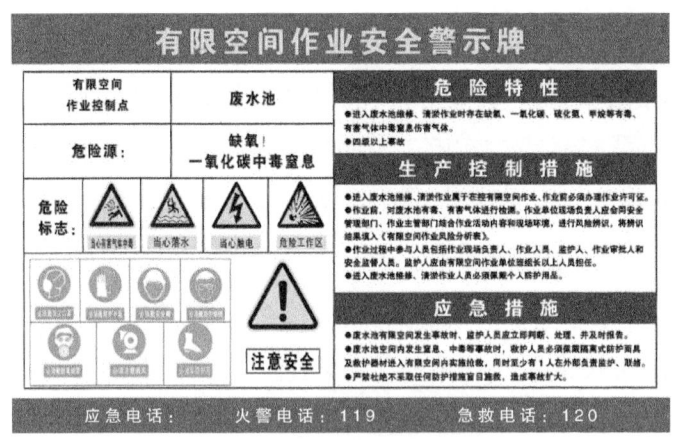

(a) 受限空间固定式标识牌　　　　(b) 受限空间警示标识牌

(c) 临时型标识牌

图 2-6　受限空间的标识

图 2-7。"中毒"是指当外界某化学物质进入人体后，与人体组织发生反应，引起人体发生暂时或持久性损害的过程；"窒息"是指人体的呼吸过程由于某种原因受阻或异常，所产生的全身各器官组织缺氧，二氧化碳潴留而引起的组织细胞代谢障碍、功能紊乱和形态结构损伤的状态。

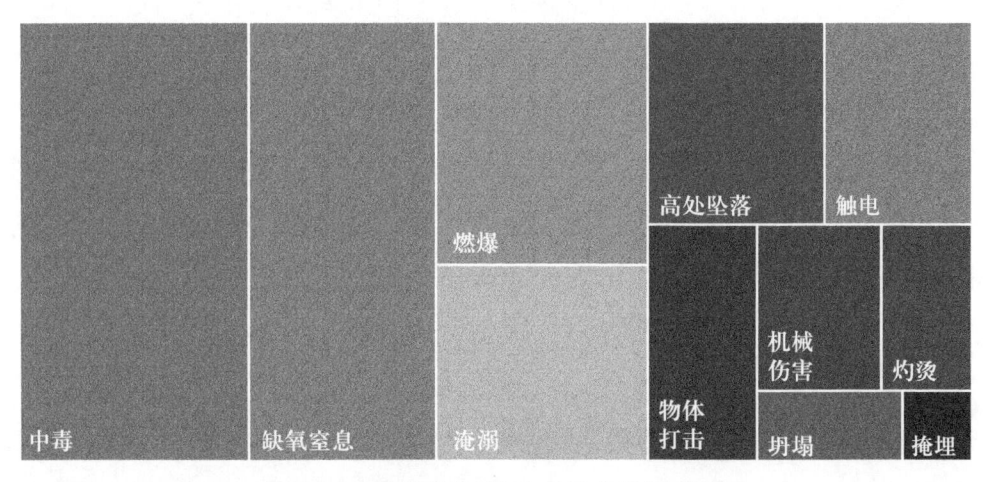

图 2-7　受限空间常见事故占比示意图

（一）中毒性气体

受限空间内存在、产生或积聚的一定浓度的有毒气体，被作业人员吸入后会引起人体中毒事故。常见的有毒气体有硫化氢、氯气、光气、氨气、氮氧化物、二氧化硫、煤气（有毒成分为一氧化碳）、甲醛气体等。有毒气体可能的来源包括：受限空间内存储的有毒物质的挥发，有机物分解产生的有毒气体，进行焊接、涂装等作业时产生的有毒气体，相连或相近设备、管道中有毒物质的泄漏等。有毒气体主要通过呼吸道进入人体，再经血液循环，对人体的呼吸、神经、血液等系统及肝脏、肺、肾脏等脏器造成严重损伤，会引起人体急性中毒。

1. 硫化氢（H_2S）

硫化氢是一种无色、剧毒气体，低浓度有明显臭鸡蛋味，可被人敏感地发觉；易溶于水，相对密度比空气大，易积聚在通风不良的污水管道、窨井、化粪池、污水池、纸浆池，以及其他各类发酵池和蔬菜腌制池等低洼处（含氮化合物例如蛋白质腐败分解产生）。硫化氢属窒息性气体，是一种强烈的神经毒物。浓度增高时，人会产生嗅觉疲劳或嗅神经麻痹而不能觉察硫化氢的存在；当浓度超过 $1000mg/m^3$ 时，数秒内即可致人"电击式"死亡。

2. 一氧化碳（CO）

一氧化碳是无色无臭气体，相对密度与空气相当，微溶于水，溶于乙醇、苯等多数有机溶剂，属于易燃易爆有毒气体，含碳燃料的不完全燃烧和焊接作业是一氧化碳的主要来源。一氧化碳与血红蛋白的亲和力比氧与血红蛋白的亲和力高200～300倍，因此极易与血红蛋白结合，形成碳氧血红蛋白，使血红蛋白丧失携氧的能力，造成组织缺氧窒息。轻度中毒者出现头痛、头晕、耳鸣、心悸、恶心、呕吐、无力，血液碳氧血红蛋白浓度可高于10%；中度中毒者除上述症状外，还有皮肤黏膜呈樱红色、脉快、烦躁、步态不稳、浅至中度昏迷，血液碳氧血红蛋白浓度可高于30%；重度患者深度昏迷、瞳孔缩小、肌张力增强、频繁抽搐、大小便失禁、休克、肺水肿、严重心肌损害等。

3. 苯和苯系物

苯（C_6H_6）、甲苯（C_7H_8）、二甲苯（C_8H_{10}）都是无色透明、有芬芳气味、易挥发的有机溶剂；易燃，其蒸气与空气混合能形成爆炸性混合物。苯可引起各类型白血病，是一种致癌物。甲苯、二甲苯蒸气也均具有一定毒性，对黏膜有刺激性，对中枢神经系统有麻痹作用。短时间内吸入较高浓度的苯、甲苯或二甲苯，人会出现头晕、头痛、恶心、呕吐、胸闷、四肢无力、步态蹒跚和意识模糊，严重者出现烦躁、抽搐、昏迷症状。苯、甲苯和二甲苯通常作为油漆、黏结剂的稀释剂，在受限空间内进行涂装、除锈和防腐等作业时，易挥发和积聚该类物质。

4. 氰化氢（HCN）

氰化氢在常温下是一种无色、有苦杏仁味的液体，易在空气中挥发、弥散（沸点为25.6℃），剧毒且具有爆炸性。氰化氢轻度中毒主要表现为胸闷、心悸、心率加快、头痛、恶心、呕吐、视物模糊；重度中毒主要表现为深昏迷状态，呼吸浅快，阵发性抽搐，甚至强直性痉挛。酱腌菜池中可能产生氰化氢。

（二）窒息性气体

引起人体组织处于缺氧状态的过程称为窒息，可导致人体产生窒息的气体称为窒息性气体。单纯窒息性气体，如氮气、二氧化碳、氩气、甲烷、乙烷、水蒸气等，这类气体的本身毒性很小或无毒，但因为它们在空气中含量高，使氧的相对含量大大降低，会造成动脉血氧分压下降，导致机体缺氧；化学窒息性气体如一氧化碳（CO）、氰化氢（HCN）、硫化氢（H_2S）、氟化氢（HF）等气体，能使氧在人的机体内运送和机体组织利用氧的功能发生障碍，造成全身组织缺氧。

1. 二氧化碳（CO_2）

二氧化碳是引发受限空间环境缺氧最常见的物质。其来源主要为空气中本身存在的二氧化碳，以及在生产过程中作为原料使用或有机物分解、发酵等产生的二氧化碳。当二氧化碳含量超过一定浓度时，人的呼吸会受影响。吸入高浓度二氧化碳时，几秒内人会迅速昏迷倒下，更严重者会出现呼吸、心跳停止及休克，甚至死亡。

2. 甲烷（CH_4）

甲烷是天然气和沼气的主要成分，既是易燃易爆气体，也是一种单纯性窒息气体。甲烷的来源主要为有机物分解和天然气管道泄漏。甲烷的爆炸极限为5.0%～15.0%。当空气中甲烷浓度达25%～30%时，可引起头痛、头晕、乏力、注意力不集中、呼吸和心跳加速等，若不及时远离，可致人窒息死亡。甲烷燃烧产物为一氧化碳和二氧化碳，也可引起中毒或缺氧。

3. 氮气（N_2）

氮气是一种无色无臭的窒息性气体，比空气稍轻（相对密度为0.97）。氮气是空气的主要成分，其化学性质不活泼，常用作保护气防止物体暴露于空气中被氧化，或用作工业上的清洗剂置换设备中的有害气体等。常压下当作业环境中氮气浓度增高、氧气浓度下降到19.5%以下时，可引起单纯性缺氧窒息。吸入浓度不太高的氮气时，可能引起胸闷、气短、疲软无力，继而有烦躁不安、极度兴奋、乱跑、叫喊、神情恍惚、步态不稳，可能进入昏睡或昏迷状态。吸入高浓度的氮气（氮气浓度大于90%），可迅速导致人员出现昏迷、呼吸心跳停止而致死亡。

4. 氩气（Ar）

氩气是一种无色无味的惰性气体，作为保护气被广泛用于工业生产领域，通常用于焊接过程中防止焊接件被空气氧化或氮化。常压下氩气无毒，当作业环境中氩气浓度增高，会引发单纯性缺氧窒息。氩气含量达到75%以上时，可在数分钟内导致人员窒息死亡。液态氩可致皮肤冻伤，眼部接触可引起炎症。

大脑对缺氧最为敏感，所以窒息性气体中毒首先表现为中枢神经系统缺氧的一系列症状，如头晕、头痛、烦躁不安、定向力障碍、呕吐、嗜睡、昏迷、抽搐等。在缺氧状态下，氧气处于不同的浓度，人体出现不同的反应，见表2-3。

表2-3 人体在不同氧含量下的反应

空气中的氧含量	人体反应
19.5%~23.5%	正常氧气浓度
15%~19%	体力下降，难以从事重体力劳动，动作协调性降低，易引发冠心病、肺病等
12%~14%	呼吸急促、频率加快，脉搏加快，动作协调能力和感知判断力降低
10%~12%	呼吸加重、加快，几乎丧失判断能力，嘴唇发紫
8%~10%	神志不清、昏厥、面色土灰、恶心和呕吐
6%~8%	呼吸停止，4~5min通过治疗可恢复，6min后50%致命，8min后100%致命
4%~6%	40s后昏迷、抽搐、呼吸停止，死亡

（三）其他类型危害

若对受限空间作业活动的风险认识不足，采取措施不力，违章操作等，还可能存在发生爆炸、火灾、淹溺、吞没、坠落、触电、物体打击、机械伤害、灼烫、坍塌、掩埋等安全事故的风险。

1. 爆炸与火灾

爆炸是物质在瞬间以机械功的形式释放出大量气体和能量的现象，压力的瞬时急剧升高是爆炸的主要特征。受限空间发生爆炸、火灾，往往瞬间或很快耗尽受限空间的氧气，并产生大量有毒有害气体，造成严重后果。可燃气体的泄漏、可燃液体的挥发和可燃固体产生的粉尘等和空气混合后，遇到电弧、电火花、电热、设备漏电、静电、闪电等点火能源后，高于爆炸上限时会引起火灾；在受限空间内可燃性气体积聚达到爆炸极限，遇到点火源则造成爆炸，对受限空间内作业人员及附近人员造成严重伤害。

2. 淹溺吞没

受限空间内有积水、积液，作业人员因发生中毒、窒息、受伤或不慎跌入液体中，都可能造成人员淹溺；若作业地点附近存在暗流，以及其他液体渗透或突然涌入，也可导致作业空间内液体水平面升高，引起作业人员淹溺。吞没是指身体淹没于液体或固态流体而导致呼吸系统阻塞窒息死亡，或因窒息、压迫或被碾压而引起死亡。发生淹溺和吞没后，人体常见的表现有：面部和全身青紫、烦躁不安、抽筋、呼吸困难、吐带血的泡沫痰、昏迷、意识丧失、呼吸心搏停止。

3. 坍塌掩埋

各类基坑、管沟、容器等受限空间内的沙土或散物料在外力或重力作用下，因超过自身强度极限或因结构稳定性破坏，导致受限空间作业位置附近建筑物、堆土、岩壁、支护的坍塌，或其他流动性固体（如泥沙、沙子、煤渣等松散物料）的垮塌，容易引起作业人员被掩埋。在管道建设中，管道沟下作业时，掩埋事故时有发生。人员被物料掩埋后，会因呼吸系统阻塞而窒息死亡，或因压迫、碾压而导致死亡。

4. 接触化学品

因为一些设备、容器和空间内盛装过或积存有毒有害、易燃易爆物质，如果工艺处理不彻底，或者对需要进入的设备未有效隔离，可导致可燃气体、有毒有害气体与化学品残留或窜入等。当作业者在作业过程中接触上述化学品，就可能通过眼/皮肤接触、吸收、吞食、吸入等方式进入人体并造成危害。危害可能会在接触或暴露化学品后几个小时才显现出来，也有可能立即表现出来，均应尽快得到医疗救助。在接触化学品前，应事先了解SDS避免接触毒物。除此以外，受限空间内存在酸、碱及酸碱性物质等，还可能造成人员灼伤。

5. 触电危害

受限空间作业过程中使用电钻、电焊等设备可能存在触电的危险。当通过人体的电流超过一定值（感知电流）时，人就会产生痉挛，不能自主脱离带电体；当通过人体的电流超过50mA，就会使人呼吸和心脏停止而死亡。

6. 物理危害

物理危害包括：极端的温度（如高温作业引起中暑、低温引起冻伤）、噪声、湿滑的作业面、高处坠落、物体打击、应力、尖锐锋利的物体引起物理伤害和其他机械伤害等。

——作业人员长时间在温度过高、湿度很大的环境中作业，可能会导致人体机能严重下降。高温高湿环境可使作业人员感到热、渴、烦、头晕、心慌、无力、疲倦等不适，甚至导致人员发生中暑、热衰竭、失去知觉或死亡。

——受限空间内存在燃烧体、高温物体、强光、放射性物质等，可能造成人员烧伤、烫伤和灼伤。

——有些设备设施内的受限空间可能有各种机械动力、传动、电气设备，若处理不当、操作失误等，可能发生机械伤害等事故。受限空间作业过程中可能涉及机械运行，如未实施有效关停，人员可能因机械的意外启动而遭受伤害，造成外伤性骨折、出血、休克、昏迷，严重的会直接导致死亡。

——受限空间外部或上方物体掉入受限空间内，以及受限空间内部物体掉落，可能对作业人员造成人身伤害。许多受限空间进出口距底部超过2m，一旦人员未佩戴有效坠落防护用品，高处坠落可能导致四肢、躯干、腰椎等部位受冲击而造成重伤致残，或是因脑部或内脏损伤而致命。

多次血的教训证明，缺乏知识或自以为是是造成大部分进入受限空间事故的主要原因。包括低估了面临的危险、没有采取适当的措施、过分相信自己的直觉、没有严格遵守已建立的规章制度、盲目试图救助同伴等。

三、进入受限空间的准备

受限空间作业前,做好能量隔离、工艺处理和气体检测是保证安全的前提条件,从而使检修设备与运行系统或不置换系统进行有效隔绝,通过停车、泄压、降温、抽堵盲板、置换、卸料、清洗、清扫等工作,达到常温、常压、无毒无害的安全状态。

(一)能量隔离

进入受限空间前,应事先编制隔离核查清单,隔离相关能源和物料的外部来源,上锁挂牌并测试,按清单内容逐项核查隔离措施。

——受限空间与其他系统连通的可能危及安全作业的管道,应采取有效隔离措施;

——设备与管道安全的隔离,可采用插入盲板或拆除一段管道的方式进行,严禁用水封或关闭阀门等代替;

——与受限空间相连通的可能危及安全作业的孔、洞应严密封堵;

——受限空间内的管口要采取封闭措施,防止物品掉进管道内,造成投运后堵塞管线;

——受限空间内的用电设备应停止运行并切断电源,并将电源开关上锁并加挂警示牌。

(二)清理、清洗

进入受限空间前,应采用清理、清洗、中和或者置换等方式对其进行处理。对盛装过产生自聚物的设备容器,作业前还应进行聚合物加热等试验。清理、清洗受限空间的方式包括但不限于:

——清空;

——清扫(如冲洗、蒸煮、洗涤和漂洗);

——中和危害物;

——吹扫与置换。

缺氧、富氧、有毒、易燃易爆、经清洗或者置换仍不能满足相关要求的特殊情况受限空间作业,应当编制专项作业方案,实行升级管理。作业人员至少应当佩戴隔绝式呼吸防护装备,并正确拴带救生绳,穿防静电工作服及工作鞋,使用防爆工器具等。

(三) 通风

通风是指由于风、温度梯度或人工方法（如送风和排风）的作用形成的空气运动及与新鲜空气的置换。应采取如下措施，保持受限空间空气良好流通：

——作业前，打开人孔、手孔、料孔、风门、烟门等与大气相通的设施进行自然通风；

——作业前，可采用风机强制通风或管道送风，管道送风前应对管道内介质和风源进行分析确认；

——作业过程中，受限空间应当持续进行通风，保持受限空间空气流通良好。作业环境存在爆炸危险的，应使用防爆型通风设备；

——当受限空间内进行涂装作业、防水作业、防腐作业，以及焊接等动火作业时，应当持续进行机械通风；

——禁止向受限空间充氧气或富氧空气，防止空气中氧气浓度过高导致危险；

——在忌氧环境中作业，通风前应对作业环境中与氧性质相抵的物料采取卸放、置换或清洗合格等措施，达到可以通风的安全条件要求。

注：受限空间仅有1个进出口时，应将通风设备出风口置于作业区域底部进行送风。受限空间有2个或2个以上进出口、通风口时，应在临近作业人员处进行送风，远离作业人员处进行排风，且出风口应远离受限空间进出口，防止有害气体循环进入受限空间。

(四) 气体检测

对可能存在缺氧、富氧、有毒有害气体，以及易燃易爆气体、粉尘等受限空间，作业前应严格监测检测，合格后方可进入。

1. 气体检测要求

气体检测设备必须经有检测资质单位检测合格方可使用，特殊情况需要进行标准气浓度标定。每次使用前应检查，确认其处于正常状态。气体分析合格前或非作业期间，受限空间入口应采取封闭措施，并挂警示牌，不得私自进入。

——气体取样和检测应由培训合格的人员进行，当检测人员需探入受限空间内进行初始检测时，应制订特别的风险控制措施和个体防护措施。

——取样和检测时应停止任何气体吹扫，取样和检测点应有代表性，容积较大的受限空间，应对上、中、下（左、中、右）各部位进行检测分析，特别注重人员可能工作的区域。

——应在受限空间作业前 30min 内对受限空间进行气体检测，检测分析合格后方可进入；超过 30min 仍未开始作业的，应当重新进行检测；如作业中断再进入之前，也应重新进行气体检测合格。

——检测次序应是氧含量、易燃易爆气体浓度、有毒有害气体浓度。分析结果报出后，样品至少保留 4h。

2. 检测合格标准

气体检测合格标准，包括氧浓度、可燃气体浓度和各类有毒有害气体浓度。

（1）氧浓度：应保持在 19.5%～23.5%，即氧气的体积分数，这与作业区域所在地的海拔和空气稀薄程度无关。

（2）可燃气体浓度有两种标准：

——使用便携式可燃气体报警仪或其他类似手段进行分析时，被测的可燃气体或可燃液体蒸气浓度应小于其与空气混合爆炸下限的 10%（LEL），且应使用两台设备进行对比检测。

——使用色谱分析等分析手段时，被测的可燃气体或可燃液体蒸气的爆炸下限大于或等于 4%（体积分数）时，其被测浓度应小于 0.5%（体积分数）；当被测的可燃气体或可燃液体蒸气的爆炸下限小于 4%（体积分数）时，其被测浓度应小于 0.2%（体积分数）。

（3）有毒有害气体浓度应符合《工作场所有害因素职业接触限值 第 1 部分：化学有害因素》（GBZ 2.1—2019）规定要求，不超过工作场所空气中化学有害因素的职业接触限，见表 2-4。

注：存在有毒有害介质的受限空间，必须做有毒有害气体分析，不能以可燃气体浓度代替，如一氧化碳含量不超过 0.5% 可允许动火，但这一含量相当于 6250mg/m³，超过工业卫生标准（30mg/m³）的 200 倍，这一浓度足以引起严重中毒甚至死亡。

四、受限空间安全要求

受限空间作业严格实行"三不进入"原则，即无作业许可证不进入、监护人不在现场不进入、安全措施不落实不进入。只有在没有其他切实可行的方法能完成工作任务时，才考虑受限空间作业。受限空间作业前，应编制作业方案

表 2-4 受限空间内常见有毒气体浓度判定限值

气体名称	评判值 mg/m³	体积分数 ×10⁻⁶（ppm，20℃）
硫化氢	10	7.0
氯化氢	7.5	4.9
氰化氢	1.0	0.8
磷化氢	0.3	0.2
溴化氢	10	2.9
氯气	1.0	0.3
甲醛	0.5	0.4
一氧化碳	30	25.0
一氧化氮	10	8.0
二氧化碳	18000	9834
二氧化氮	10	5.2
二氧化硫	10	3.7
二硫化碳	10	3.1
苯	10	3
甲苯	100	26
二甲苯	100	22
氨	30	42
乙酸	20	8
丙酮	450	186
粉尘	2	—

注：表中数据均为该气体容许浓度的上限值。

和应急措施，各类防护设施和救援物资应配备到位。开展必要的应急演练，让所有相关人员都熟悉应急预案。

（一）作业过程监护

受限空间作业实施前应当进行安全交底，作业人员应当按照受限空间作业许可证的要求进行作业。作业人员在作业前确认作业许可证中所列的安全防护措施已经落实，征得监护人同意后，方可进入受限空间内作业。

——受限空间作业时，监护人应在受限空间外进行全程监护，不应在无任何防护措施的情况下探入或进行受限空间作业，在风险较大的受限空间作业时，应增设监护人员。作业人员进入受限空间前和离开时，现场监护人员应准确清点人数和身份。

——作业人员不得携带与作业无关的物品进入受限空间，监护人应当对进入受限空间的人员及其携带的工器具种类、数量进行登记，作业完毕后再次进行清点，防止遗漏在受限空间内。

——作业人员和监护人员应当相互明确联络方式，并始终保持有效沟通。当无法通过目视、喊话进行沟通时，应使用对讲机等通信设备，或每2min拖动救生绳一次进行询问，出现异常应及时采取措施。

——受限空间作业期间，应严格控制受限空间作业人员的数量，作业人员每次工作时间不宜过长。对于难度大、劳动强度大、时间长、高温的作业应当安排人员轮换作业方式。

——如果受限空间作业中断超过30min，继续作业前，作业人员、作业监护人应当重新确认安全条件。

——受限空间作业应当推行全过程视频监控，对难以实施视频监控的作业场所，可在受限空间出入口设置视频监控设施。受限空间作业宜使用智能监控系统，至少具备视频监控、气体检测及报警等功能。

——作业期间离开受限空间时，应将气割（焊）工器具带出。作业结束后，受限空间所在单位和承包商共同检查受限空间内外，确认无问题后方可封闭受限空间。

（二）作业条件控制

为确保受限空间作业安全，应根据受限空间作业环境和作业内容，配备通风设备、照明设备、通信设备及应急救援装备等。

——受限空间作业前应按照作业许可证或作业方案的要求进行气体检测，作业过程中应进行气体监测，合格后方可作业。

——气体分析合格前、作业中断或者停止期间，应当在受限空间入口处增设警示标志，并采取防止人员误入的措施。

——受限空间内的温度应当控制在不对作业人员产生危害的安全范围内，作业期间应注意温度的变化。必要时，采取通风、隔热、供暖等防护措施。

——在受限空间内进行刷漆、喷漆作业或使用易燃溶剂清洗等可能散发易燃气体、易燃液体的作业时，应采取强制通风措施，不得进行明火和产生火花的作业。

——对受限空间内阻碍人员移动、对作业人员可能造成危害或影响救援的设备应当采取固定措施，必要时移出受限空间。

——电焊机、开关箱、安全隔离变压器、气瓶应放置在受限空间外，电缆、气带应保持完好。

——接入受限空间的电线、电缆、通气管应在进口处进行保护或加强绝缘，且应避免与人员使用同一出入口。

——作业时，作业现场应配置便携式或移动式气体检测报警仪，连续监测受限空间内氧气、可燃气体、蒸气和有毒气体浓度，并2h记录1次，发现气体浓度超限报警，应立即停止作业、撤离人员、对现场进行处理，重新检测合格后方可恢复作业。

（三）个体防护措施

作业人员在受限空间作业期间应采取适宜的安全防护措施，必要时应佩戴有效的个人防护装备。根据作业环境和作业内容选择、检查和佩戴符合要求的个体防护用品与安全防护设备，主要有安全帽、全身式安全带、安全绳、隔离式呼吸防护用品、气体检测报警仪等。

——进入盛装过易燃、易爆介质的受限空间作业时，作业人员应使用防爆电器、工具并穿防静电服和防静电工作鞋，进入受限空间不得携带手机。

——进入可能缺氧或存在硫化氢等有毒、窒息气体的受限空间作业时，应佩戴隔离式呼吸保护装备，严禁使用过滤式面具。必要时作业人员应拴带救生绳，携带气体报警仪，当气体报警仪报警时作业人员要立即撤离。

——存在酸碱等腐蚀性介质的受限空间，应当穿戴防酸碱防护服、防护眼镜、防护鞋、防护手套等防腐蚀装备。

——有粉尘产生的受限空间，应当在满足《粉尘防爆安全规程》（GB 15577—2018）要求的条件下，佩戴防尘口罩等防尘护具。

——在受限空间内从事电焊作业时，应当穿绝缘鞋；有噪声产生的受限空间，应当佩戴耳塞或者耳罩等防噪声护具。

——高温的受限空间，应当穿戴高温防护用品，必要时采取通风、降温、隔热等防护措施。低温的受限空间，应当穿戴低温防护用品，必要时采取供暖措施。

五、应急救援准备

企业应做好受限空间作业事故应急准备工作，根据受限空间作业的特点，辨识可能的安全风险，编制科学、合理、可行的处置方案，确保受限空间作业现场负责人、监护人员、作业人员，以及应急救援人员掌握应急预案内容，防范因施救不当或盲目施救导致事故伤亡扩大现象发生。

（一）应急救援装备

应急救援装备（图2-8）是开展救援工作的重要基础，各企业应按照有关国家标准、行业标准和规范的要求，针对本单位受限空间风险，配足配齐应急装备设施，加强维护管理，保证装备设施处于完好可靠状态。应急装备设施主要包括安全防护装备设施和个体防护装备。安全防护装备设施包括但不限于便携式气体检测报警仪、固定式气体检测装置、机械通风设备、起吊设备、照明工具、起重机械、便携式破拆器材和相关急救设备等；个体防护装备包括但不限于便携式气体检测设备、正压式空气呼吸器或高压送风式长管呼吸器、安全帽、防护服、防毒面罩、通信设备、全身式安全带、安全绳索等。上述装备与此前介绍的作业用安全防护设备和个体防护用品并无区别，发生事故后，作业配置的安全防护设备设施符合应急救援装备要求时，可用于应急救援。

进出受限空间及救援系统，如三脚架作为一种移动式挂点装置广泛用于受限空间作业（垂直方向）中，特别是三脚架与绞盘、速差自控器、安全绳、全身式安全带等配合使用，可用于受限空间作业的坠落防护和事故应急救援。全身式安全带可在坠落者坠落时使其保持正常体位，防止坠落者从安全带内滑脱，还能将冲击力平均分散到整个躯干部分，减少对坠落者的身体伤害。速差自控器又称速差器、防坠器等，使用时安装在挂点上，通过装有可伸缩长度的绳（带）串联在系带和挂点之间，在坠落发生时因速度变化引发制动从而对坠落者进行防护。安全绳是在安全带中连接系带与挂点的绳（带），一般与缓冲器配合使用，起到吸收冲击能量的作用。

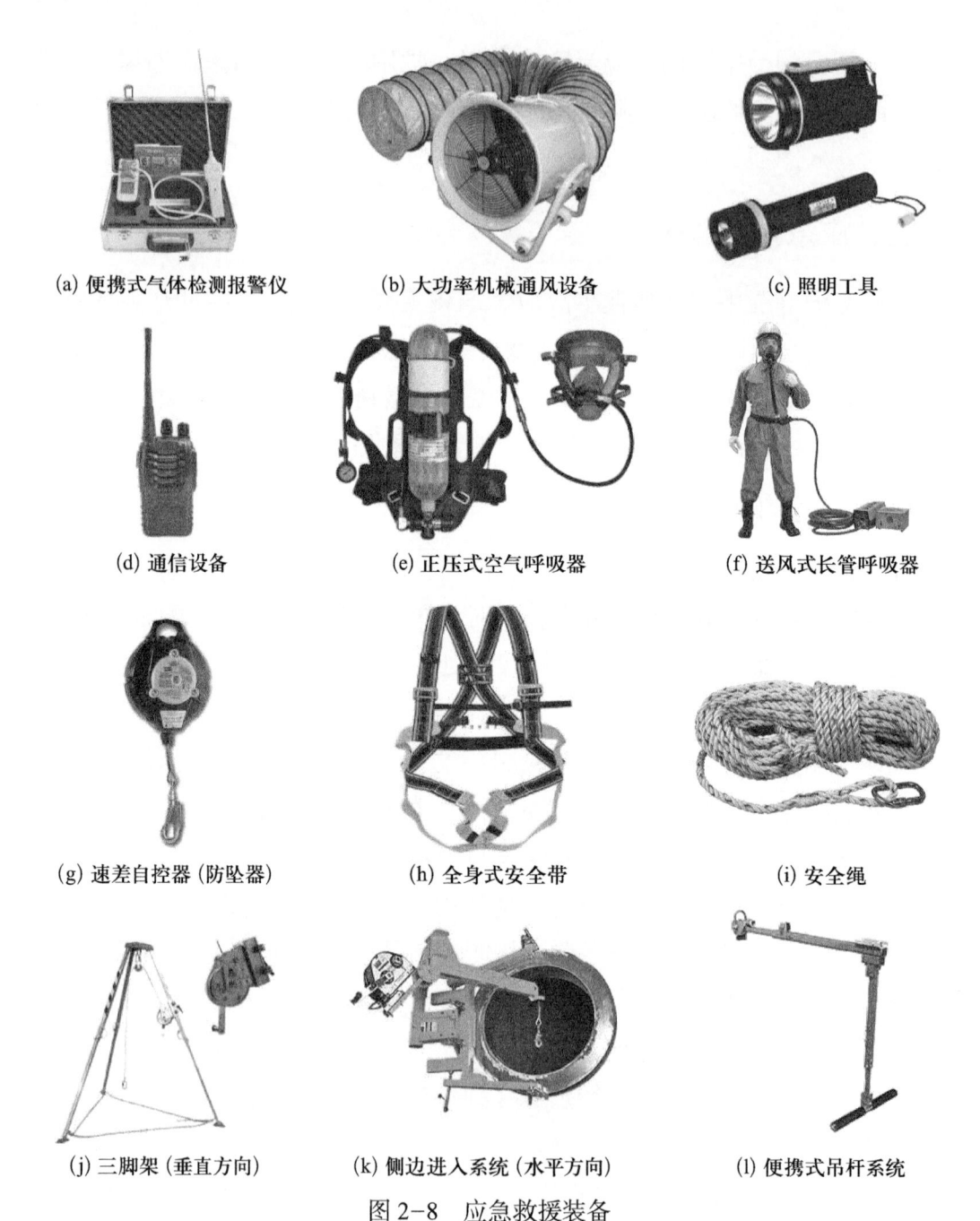

(a) 便携式气体检测报警仪　　(b) 大功率机械通风设备　　(c) 照明工具

(d) 通信设备　　(e) 正压式空气呼吸器　　(f) 送风式长管呼吸器

(g) 速差自控器（防坠器）　　(h) 全身式安全带　　(i) 安全绳

(j) 三脚架（垂直方向）　　(k) 侧边进入系统（水平方向）　　(l) 便携式吊杆系统

图 2-8　应急救援装备

（二）应急救援行动

发生紧急情况时，严禁盲目施救。救援人员应经过培训，具备与作业风险相适应的救援能力，确保在正确穿戴个人防护装备和使用救援装备的前提下实施救援。

——判断事故类型。受限空间作业监护人员、应急救援人员应结合作业现场气体检测结果，判断事故危害类型为中毒窒息类或其他类型，了解受困人员状态。

——持续通风。打开受限空间人孔、手孔、料孔、风门、烟门等与外部相连通的部件进行自然通风，必要时使用机械通风设备向受限空间内输送清洁空气，直至事故救援行动结束。当受限空间内含有易燃易爆气体或粉尘时，应使用防爆型通风设备。

——气体检测。采用气体检测设备设施，对受限空间内气体进行实时检测，掌握受限空间内气体组成及其浓度变化情况。

——保持联络。救援人员进入受限空间实施救援行动过程中，应按照事先明确的联络信号，与受限空间外部人员进行有效联络，保持通信畅通。

——撤离危险区域。救援人员应时刻注意隔绝式正压呼吸器压力变化情况，根据撤出受限空间所需时间及时撤离危险区域。当隔绝式正压呼吸器发出报警时，应立即撤离危险区域。

——轮换救援。救援需持续时间较长时，为确保救援任务顺利完成，应科学分配救援人员，组织梯次轮换救援，保持救援人员体力充足、呼吸器压力足够，能够持续开展救援行动。

——医疗救护。将受困人员救出后，移至通风良好处，及时送医治疗，防止发生二次伤害。在条件允许的情况下，具有医疗救护资质或具备急救技能的人员，应对救出人员及时采取正确的救护措施。

——后续处置。救援行动结束后，应及时清理事故现场残留的有毒有害物质，检查被污染的设备、工具等，清点核实现场人员，对参与救援行动的人员进行健康检查。

(三) 应急救援要领

事故发生后，应按照以下优先顺序采取应急救援行动：第一，受困人员保持清醒和冷静，充分利用所携带的个体防护装备和周边设备设施开展自救互救；第二，救援人员在有限空间外部通过施放绳索等方式，对受困人员进行施救；第三，救援人员在正确佩戴个体防护装备，确保自身安全的前提下，进入或接近有限空间对受困人员进行施救（图 2-9）。

(a) 自救　　　　　　　(b) 非进入式救援　　　　　(c) 进入式救援

图 2-9　受限空间事故应急救援

1. 第一时间自救

作业人在作业中如发现情况异常或感到不适和呼吸困难时，应立即向作业监护人发出信号，迅速撤离现场，严禁在有毒、窒息环境中摘下防护面罩。

当作业过程中出现异常情况时，作业人员在还具有自主意识的情况下，应采取积极主动的自救措施。作业人员可使用隔绝式紧急逃生呼吸器等救援逃生设备，提高自救成功效率[图 2-9（a）]。

如果作业人员自救逃生失败，若现场具备自主救援条件，应根据实际情况采取非进入式救援或进入式救援方式；若现场不具备自主救援条件，应及时拨打 119 和 120，依靠专业救援力量开展救援工作，决不允许强行施救。及时疏散事故现场围观人员和有可能影响事故救援行动的车辆等，根据救援行动实际需要设置事故警戒区域，防止无关人员和车辆进入事故现场。

2. 非进入式救援

非进入式救援[图 2-9（b）]是指救援人员在受限空间外，借助相关设备与器材，安全快速地将受限空间内受困人员移出受限空间的一种救援方式。非进入式救援是一种相对安全的应急救援方式，但需至少同时满足以下两个条件：

（1）受限空间内受困人员佩戴了全身式安全带，且通过安全绳索与受限空间外的挂点可靠连接。

（2）受限空间内受困人员所处位置与受限空间进出口之间通畅、无障碍物阻挡。

3. 进入式救援

当受困人员未佩戴全身式安全带，也无安全绳与受限空间外部挂点连接，或因受困人员所处位置无法实施非进入式救援时，就需要救援人员进入受限空间内实施救援。进入式救援［图2-9（c）］是一种风险很大的救援方式，一旦救援人员防护不当，极易出现伤亡扩大。实施进入式救援，要求救援人员必须采取科学的防护措施，确保自身防护安全、有效。同时，救援人员应经过专门的受限空间救援培训和演练，能够熟练使用防护用品和救援设备设施，并确保能在自身安全的前提下成功施救。若救援人员未得到足够防护，不能保障自身安全，则不得进入受限空间实施救援。

——中毒窒息事故救援。当事故危害类型判断为中毒窒息事故或进入有限空间实施救援行动过程中存在中毒窒息风险时，救援人员必须正确携带便携式气体检测设备、隔绝式正压呼吸器、通信设备、安全绳索等装备后，方可进入有限空间实施救援。

——非中毒窒息事故救援。当事故危害类型判断为触电、高处坠落等非中毒窒息事故且进入有限空间实施救援行动过程中不存在中毒窒息风险时，救援人员必须正确携带相应侦检设备、通信设备、安全绳索等装备后，方可进入有限空间实施救援。

在空间允许的条件下，应尽可能由两人同时进入并应配安全带和救生索。应明确监护人员与救援人员的联络方法，且至少有一人在受限空间外部负责看护、联络，并应配备救生和急救设备。受困人员脱离受限空间后，应迅速被转移至安全、空气新鲜处，进行正确、有效的现场救护，以挽救人员生命，减轻伤害。

（四）特别安全提醒

发生事故后抢救工作理应分秒必争，但须沉着冷静并正确处理，不能盲目抢救，各行业都曾经发生过多起因施救不当造成事故伤亡扩大的教训。由于施救不当造成伤亡扩大，使得受限空间作业事故中死亡人员有50%是救援人员。

造成这一结果的原因是：作业人员安全意识差、安全知识不足，不严格执行受限空间作业许可制度，安全措施和监护措施不到位、不落实，实施受限空间作业前未做危害因素辨识。未制订有针对性的应急处置措施和预案，缺少必要的安全设施和应急救援器材、装备；或是虽然制订了应急预案但未进行培训和演练，作业人员和监护人员缺乏基本的应急常识和自救互救能力，导致事故状态下不能实施科学有效救援，使伤亡进一步扩大。

所以，忽视防护，必出事故，盲目救援，徒增伤亡。当发生有人中毒窒息的紧急情况时，在场的安全监督人员应主动负责指挥，抢救人员除佩戴好防护器具外，还要采取通风等措施，受害者撤离现场后，应立即采取一些简单的急救方法，如人工呼吸等进行人员抢救。

相关链接：隔绝式呼吸器

隔绝式呼吸防护装备是依据隔绝的原理，使人员呼吸器官、眼睛和面部与外界受污染空气隔绝，依靠自身携带的气源或靠导气管引入受污染环境以外的洁净空气为气源供气，保障人员正常呼吸。适用于缺氧、毒气成分不明或浓度很高的污染环境。企业常用的隔绝式呼吸防护装备为长管式空气呼吸器、正压式空气呼吸器和紧急逃生呼吸器，长管式空气呼吸器主要用于受限空间等危险环境下的作业活动（时间较长），正压式空气呼吸器主要用于应急处置、救援和抢险等突发意外情况（时间较短），紧急逃生呼吸器是帮助作业人员自主逃生使用的隔绝式呼吸防护用品（时间更短，一般为15min）。呼吸防护用品使用前应确保其完好、可用。各类呼吸器使用前检查要点见表2-5。

表2-5 呼吸防护用品使用前检查要点

检查要点	连续送风式长管呼吸器	高压送风式长管呼吸器	正压式空气呼吸器	隔绝式逃生呼吸器
面罩气密性是否完好	√	√	√	√
导气管是否破损，气路是否通畅	√	√	√	√
送风机是否正常送风	√			
气瓶气压是否不低于25MPa最低工作压力		√	√	√
报警哨是否在（5.5±0.5）MPa时开始报警并持续发出鸣响		√	√	
气瓶是否在检验有效期内		√	√	√

注：据《气瓶安全技术规程》（TSG 23—2021），气瓶应每3年送至有资质的单位检验1次。

一、长管式空气呼吸器

长管式空气呼吸器即长管防毒面具，又称供气式呼吸器，是一种利用物理方法使佩戴者呼吸系统与周围染毒环境隔离，依靠佩戴者的呼吸力或借助机械力，通过密封软管引入新鲜空气的呼吸防护装备。由于它不受毒气种类、浓度和使用现场空气中氧含量的限制，而且结构简单，因此是进入有毒有害气体、蒸气、有害气溶胶环境中工作，防止中毒的首选器材。但它不适用于在动作频繁及活动范围大的作业场合中使用。

（一）基本分类

根据工作原理，长管式空气呼吸器分为自吸式长管呼吸器、连续供气式长管呼吸器和按需供气式长管呼吸器，各类供气系统组成见表2-6。导气软管一般内径为30mm的皱纹型软管，导气软管不宜过长，自吸式长管呼吸器的导气管一般长度不超过10m，以保持正常呼吸时的吸气阻力不致过大。长管式空气呼吸器如图2-10、图2-11所示。

表 2-6　长管呼吸器的分类与组成

分类	系统组成主要部件与次序					供气气源
自吸式	全面罩[a]	呼吸导管[a]	低压送气管[a]	低阻过滤器[a]		大气
连续供气式	密合型面罩、开放型面罩或送气头罩[a]	呼吸导管[a]+流量控制阀[a]	低压送气管[a]	过滤器[a]	电动风机[a]	大气
^	^	^	^	减压器[b]+过滤器[a]	空压机或压缩空气[b]	^
按需供气式	密合型面罩[a]	呼吸导管[b]+肺动阀[b]	中压送气管[b]	减压器[c]	过滤器[c]	移动压缩空气供气系统[c]
所处环境	工作现场环境				工作保障环境	

[a] 承受低压部件。
[b] 承受中压部件。
[c] 承受高压部件。

图 2-10　送风式长管呼吸器　　　图 2-11　自吸式长管呼吸器

自吸式长管呼吸器。依靠佩戴者自主呼吸，克服过滤元件阻力，将清洁的空气吸进面罩内。自吸式长管呼吸器由全面罩、吸气软管、空气入口（或低阻力过滤器）和支架（或警示板）等组成。这种呼吸器是将导气管的进气口端远离有毒有害气体污染的环境，固定于新鲜无污染的场所，另一端则与全面罩相连，依靠佩戴者自身的呼吸力为动力，将洁净的空气通过呼吸软管吸入面罩呼吸区内供人员呼吸，人员呼出的气体通过排气阀排入环境大气中。

自吸式呼吸器的缺点之一是吸气阻力大，其吸气阻力随着吸气软管长度的增加而增大。二是眼窗镜片极易被呼出的水汽模糊，造成视线不清，影响操作。这是一种负压式呼吸器，使用时可能存在面罩内气压小于外界气压的情况，外部有毒有害气体会进入面罩内，要求面罩和连接系统有良好的气密性，适用于毒物危害不太大的场所。

连续送风式长管呼吸器。通过风机或空压机供气为佩戴者输送洁净空气（图2-12），它由面罩、流量调节器、吸气软管、过滤器和送风设备等组成。送风量可根据使用者的要求调节，呼吸阻力很小，在面罩内形成微正压，防止有害气体漏入面罩内，佩戴舒适安全。连续送风式呼吸器的特点是使用时间不受限制，供气量较大，可以同时供1～5人使用，送风量依人数和吸气软管的长度而定。电动送风机分防爆型和非防爆型两种，非防爆型电动送风机不能用于有甲烷气体、液化石油及其他可燃气体浓度接近或超过爆炸极限的场所。

高压气瓶送风式长管呼吸器。通过压缩空气或高压气瓶供气为佩戴者提供洁净空气（图2-13）。它是以压缩空气为气源，经过呼吸软管和流量调节装置连续不断地向佩戴者提供可呼吸空气，分为恒流供气式、按需供气式和复合供气式三种。基本原理是空气压缩机或高压空气瓶经压力调节装置，将高压降为中压后，再把气体通过吸气软管送到面罩内供佩戴者呼吸，富余气体和人员呼出的气体通过排气阀排入环境大气中。使用这种呼吸器时，应对压缩空气进行净化处理，除去其中的油分和水分，保证气源清洁。

（二）注意事项

在选择长管呼吸器时，应综合考虑有害化学品的性质、作业场所污染物可能达到的最高浓度、作业场所的氧含量和环境条件等因素。使用长管呼吸器时，为免导致供气中断、人员中毒、窒息死亡等问题的出现，应注意以下事项：

图 2-12　空压机送风式　　　　　图 2-13　高压气瓶送风式

——应注意长管进口处应放在上风头,高于地面 30cm,确保输入口新鲜空气的质量,防止灰尘吸入,并有人监护。

——长管长度不应大于 80m。应注意吸气软管的放置,尽可能要放直,不得弯曲,不能绞缠,防止吸气软管被踩压或打死角现象,以利呼吸畅通。

——应注意检查吸气软管接头的连接牢固性,防止在使用时接头处因拖曳而脱落;应注意使用前要进行气密性检查。

——正常工作时,呼吸器应设计成每根长管只能为一个面罩供气。特殊情况下每根长管最多只能为两个面罩供气。

——固定带应能将导气管或中压管固定在佩戴者身后或侧面而不影响操作,宽度不应小于 40mm。

——风机送风供气装置停止工作时,应能切换到备份供气装置或改为自吸工作方式,并向现场监护人报警,检查长管是否有破裂、漏气等现象。

——长管呼吸器应设置合适的警报器,警报器应在打开气瓶阀时自动启动,当气瓶压力下降到预定值时可向监护者发出警报。

——在任何情况下,警报器和压力表所提供的信息应是互补的。警报器启动后,佩戴者应能继续正常使用长管呼吸器。

受限空间作业时不宜使用自吸式长管呼吸器，而应选用符合《呼吸防护长管呼吸器》（GB 6220—2023）的连续送风式或高压送风式长管呼吸器。在选用结构较为复杂的长管呼吸器时，为保证安全使用，作业者在佩戴前需要进行一定的专业训练。

二、正压式空气呼吸器

正压式空气呼吸器（图 3-3）是使用者自带压缩空气源的一种正压式隔绝式呼吸防护用品。正压式空气呼吸器使用时间受气瓶气压和使用者呼吸量等因素影响，一般供气时间为 30min 左右，主要用于应急救援或在危险性较高的作业环境内短时间作业使用，但不能在水下使用。正压式空气呼吸器应符合《自给开路式压缩空气呼吸器》（GB/T 16556—2007）的规定。

（一）性能和参数

正压式空气呼吸器配有视野广阔、明亮、气密良好的全面罩，供气装置配有体积较小、重量轻、性能稳定的供气阀；减压阀装置装有残气报警器，在规定气瓶压力范围内，可向佩戴者发出声响信号，提醒使用人员及时撤离现场。在有毒有害气体（如硫化氢、一氧化碳等）大量溢出的现场，以及氧气含量低于正常值的作业现场，都应使用正压式呼吸器。

正压式空气呼吸器在整个呼吸循环过程中，面罩与人员面部之间形成的腔体内压力不低于环境压力，使用者依靠背负的气瓶供气呼吸。气瓶中的高压压缩空气被高压减压阀降为中压 0.7MPa 左右，经过中压管线送至需求阀，然后通过需求阀进入呼吸面罩。吸气时需求阀自动开启，呼气时需求阀关闭，呼气阀打开，保持一个可自由呼吸的压力，无论呼吸速度如何，通过需求阀的空气在面罩内始终保持轻微的正压，阻止外部空气进入。

气瓶工作压力 30MPa，碳纤气瓶的寿命为制造日起 15 年，必须按气瓶上的规定时间做法定检测，充气压力不得超过气瓶的额定工作压力，不要让充满气的气瓶在阳光下曝晒。

打开或关闭气瓶时，报警器应发出提示声响，当气瓶内压力下降至（5.5±0.5）MPa，警报器应发出连续或间歇声响报警，声级强度应不应低于 80dB（A），警报时间 30~60s，报警最大耗气量不应大于 5L/min。

（二）使用前检查

——检查面罩：看面罩玻璃是否清晰完好，有无划痕、裂痕或者是模糊不清；系带应完好，不缺、不断；戴好面罩，用手掌捂住呼吸道吸气，看是否密封不透气，有无"咝咝"的响声。

——检查压力：打开气瓶开关，随着管路、减压系统中压力的上升，会听到警报器发出短暂的音响，气瓶开关完全打开后，检查空气的贮存压力，工作压力一般应在28~30MPa。

——检查气密性：关闭气瓶开关，观察压力表的读数，在5min的时间内压力下降不大于2MPa，表明供气管系统高压气密完好。

——检查报警器：高压系统气密完好后，轻轻按动供给阀膜片，观察压力表示值变化，当气瓶压力降至4~6MPa时，警报器笛发出音响，同时也是吹洗一次警报器通气管路。

注：空气呼吸器不使用时，每月按此方法检查一次。

（三）使用方法

——背架的调整：佩戴时，先双手抓住背托将呼吸器举过头顶，双手松开背托，双手快速上举，背托落在人体背部（气瓶开关在下方），双手扣住身体两侧肩带D形环，身体前倾，向后下方拉紧，直到肩带及背架与身体充分贴合；扣紧腰带、拉紧。

——面罩佩戴：将面罩长系带戴好，一只手托住面罩将面罩口鼻罩与脸部完全贴合，另一只手将头带后拉罩住头部，收紧头带，收紧程度既要保证气密又要感觉舒适，且无明显压痛为宜。

——检查面罩气密性：用手掌封住供气阀快速接气处吸气，如果感到无法呼吸且面罩充分贴合则说明密封良好。

注：蓄有髯须、佩戴眼镜、面部形状或有刀疤以致无法保证面罩气密性的不得使用呼吸器。

——连接供需阀：将气瓶阀开到底，报警哨应有一次短暂的发声。同时看压力表，检查充气压力。将供需阀接口与面罩连接，进行2~3次深呼吸，感觉舒畅，完成以上步骤即可正常呼吸。

——进入危险区域：佩戴空气呼吸器进入危险区域时，必须两人以上相互照应，如有条件再有一人监护最好。在危险区域内，任何情况下严禁摘下面罩。

——撤离现场：在佩戴不同系列的空气呼吸器时，佩戴者在使用过程中应随机观察压力表的指示数值，当压力下降到4～6MPa时，听到报警哨响起后，佩戴者仍能继续正常使用长管呼吸器，但应撤出危险区域。

——脱卸呼吸器：到达安全区域后，拔开快速接头，关闭气瓶开关；将面罩系带卡子松开，摘下面罩；先松腰带，再松肩带，从身上卸下呼吸器；按下快速接头上的黄色钮，排空管路空气，压力表指针回零。

（四）日常维护

使用单位应建立空气呼吸器技术档案，制订培训计划并定期组织演练，定期对空气呼吸器管理情况进行维护、检查、检测。

——背架需每年进行一次技术检测，气瓶需每三年进行一次技术检验。

——应急用呼吸器应保持待用状态，气瓶压力一般为28～30MPa，低于28MPa时，应及时充气，充入的空气应确保清洁，严禁向气瓶内充填氧气或其他气体。

——应急用呼吸器应置于适宜储存、便于管理、取用方便的地方，不得随意变更存放地点。

——呼吸器及配件避免接触明火、高温；呼吸器严禁沾染油脂。

不能把呼吸器随意放到地上，否则会对呼吸器造成损害。使用后要把呼吸器装到专用的箱子或包内保管好。

（五）人员培训

——了解空气呼吸器结构、部件的原理性能和正确使用方法，能在60s内正确佩戴空气呼吸器。

——掌握面罩佩戴密合性检查方法及呼吸是否顺畅的检查方法；掌握保持平稳呼吸，延长有效使用时间的方法。

——了解所佩戴的空气呼吸器与工作场所危害物质的适应程度及允许的工作时间，满瓶约30min，报警后约5min。

——了解佩戴空气呼吸器操作时与其他人员配合作业的注意事项，以及与其他防护用品配合使用时的注意事项。

三、紧急逃生呼吸器

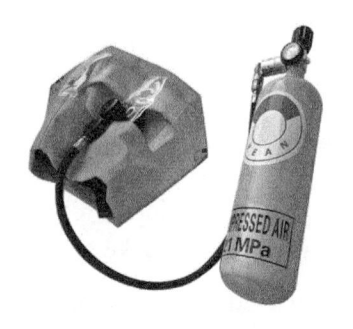

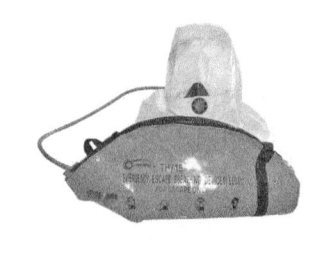

隔绝式紧急逃生呼吸器是在出现意外情况时，帮助作业人员自主逃生使用的隔绝式呼吸防护用品，参见《呼吸防护 自给开路式压缩空气逃生呼吸器》（GB 38451—2019）。紧急逃生呼吸器由压缩空气瓶、减压器、压力表、输气导管、头罩、背包等组成，能提供个人 10~15min 的恒流气体，可供处于有毒、有害、烟雾、缺氧危险气体环境中的人员逃生使用。紧急逃生呼吸装置装备一个能遮盖头部、颈部、肩部的防火焰头罩，头罩上有一个清晰、宽阔、明亮的观察视窗。操作简便，打开气瓶阀戴上头罩即可，无其他任何附加动作。

隔绝式紧急逃生呼吸器气瓶上装有压力表始终显示气瓶内压力。头罩或全面罩上装有呼气阀，将使用者呼出的气体排出保护罩外，由于保护罩内的气体压力大于外界环境大气压力，所以环境气体不能进入保护罩，从而达到呼吸保护的目的。该装置体积小，结构简单，操作简便，使用者在未经培训的情况下，简要阅读使用说明后即可正确操作。可由人员随身携带且不影响人员的正常活动，如图 2-14 所示。

图 2-14 隔绝式紧急逃生呼吸器

呼吸防护用品使用后应根据产品说明书的指引定期清洗和消毒，不用时应存放于清洁、干燥、无油污、无阳光直射和无腐蚀性气体的地方。

为确保受限空间作业安全，各单位应根据受限空间作业环境和作业内容，配备气体检测设备、呼吸防护用品、坠落防护用品、其他个体防护用品和通风设备、照明设备、通信设备及应急救援装备等。应加强设备设施的管理和维护保养，并指定专人建立设备台账，负责维护、保养和定期检验、检定和校准等工作，确保处于完好状态，发现设备设施影响安全使用时，应及时修复或更换。

第三节 临时用电安全管理

临时用电作业是指在生产或者施工区域内，临时性使用非标准配置380V及以下的低电压电力系统的作业。非标准配置的临时用电线路是指除按标准成套配置的，有插头、连线、插座的专用接线排和接线盘以外的，所有其他用于临时性用电的电气线路，包括电缆、电线、电气开关、设备等。

企业在现场施工作业中由于临时用电而导致的事故很多，主要表现为触电事故、电气设备事故、电气火灾事故、生产事故等，见图2-15。由于临时用电专业性强、危害大，临时用电设备安装、使用和拆除过程中，应执行相关的电气安全管理、设计、安装、验收等规程、标准和规范。除专业电工，其他相关管理人员和作业人员也应该掌握一些安全用电的知识。

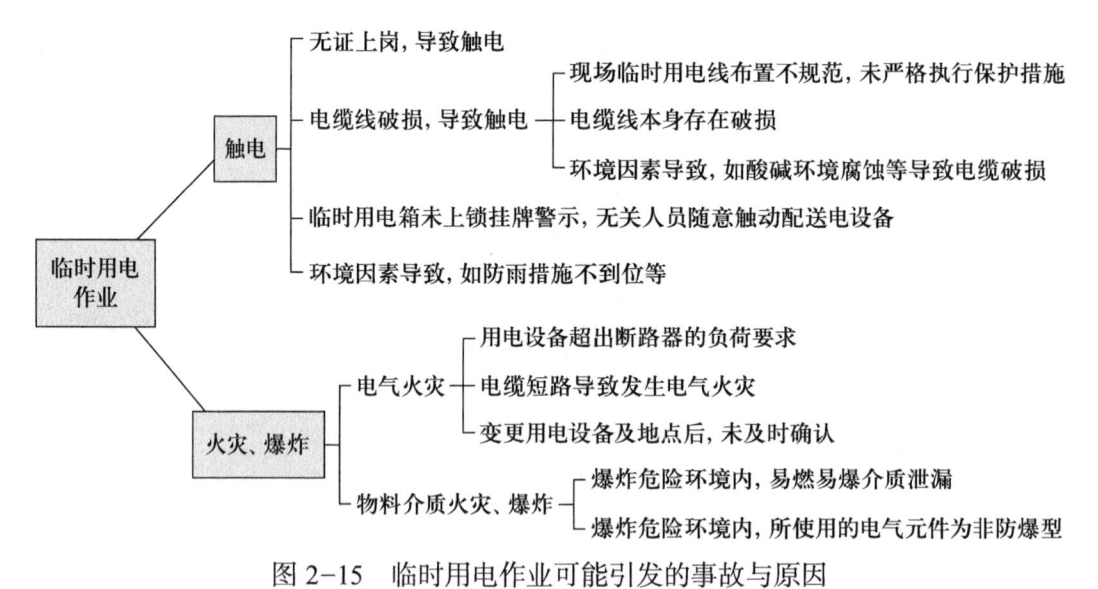

图2-15 临时用电作业可能引发的事故与原因

一、临时用电基本要求

（一）基本通用要求

根据《建设工程施工现场供用电安全规范》（GB 50194—2014）和《石油化工建设工程施工安全技术标准》（GB/T 50484—2019）的要求，建筑施工现场临时用电工程专用的电源中性点直接接地的220/380V三相四线制低压电力系统，根据项目用电规模采用三级配电系统，并做到每级有剩余电流保护，其接地型式应采用 TN-S 系统，见图 2-16。

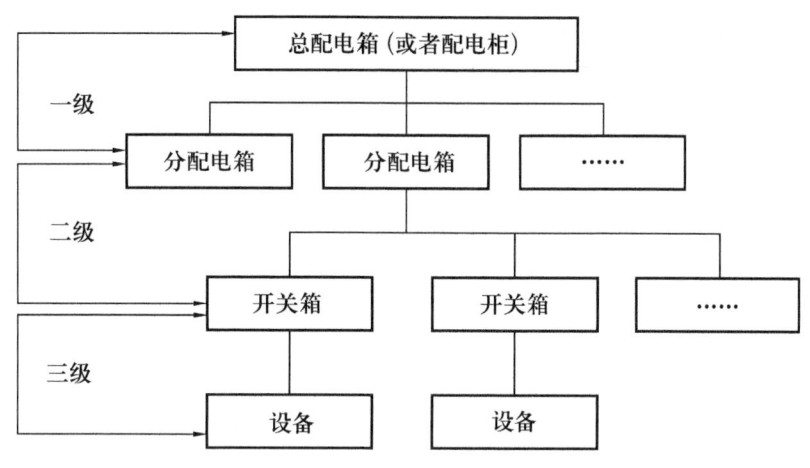

图 2-16　三级配电系统结构型式示意图

——作业区域所在单位的供配电单位负责其管辖范围内临时用电作业方案的审批，负责配送电设施的运行管理，对临时用电设施进行监督检查。

——临时用电单位未经批准，不应擅自向其他单位转供或者增加用电负荷，以及变更临时用电地点和用途。

——临时用电线路的安装、维修、拆除应由电气专业人员进行，电气专业人员应经过专业技术培训，并持证上岗。按规定正确佩戴个人防护用品，并正确使用工器具。

——临时用电线路和设备应按供电电压等级和容量正确使用，所有的电气元件、设施应符合国家标准规范要求。临时用电电源施工、安装应严格执行电气施工安装规范，并接地或接零保护。

——所有临时用电开关、插座应当贴有标签，注明供电回路、临时用电设备和额定电压、电流。

——移动工具、手持电动工具等用电设备应有各自的电源开关，必须实行"一机一闸一保护"制，严禁两台或两台以上用电设备（含插座）使用同一开关直接控制。

在运行的具有火灾爆炸危险性的生产装置、罐区和场所内不应接临时电源，确需接入时应当对周围环境进行可燃气体检测分析，在办理临时用电作业许可证的同时，办理动火作业许可证。

（二）施工组织设计

临时用电设备在 5 台（含 5 台）以上或设备总容量在 50kW（含 50kW）以上的，用电单位应当编制临时用电施工组织设计方案。方案包括以下内容：

——现场勘测；

——确定电源进线，变电所或配电室、配电装置、用电设备位置及线路走向；

——用电负荷计算；

——选择变压器容量、导线截面、电器的类型和规格；

——设计配电系统，绘制临时用电工程图纸；

——确定防护措施；

——制订临时用电线路设备接线、拆除措施；

——制订安全用电技术措施和电气防火、防爆措施。

需要增加用电负荷时，不得私拉私接用电设备和线路。应提出申请，经用电管理部门批准，由电工负责完成引接。

（三）配电箱安全要求

低压配电系统宜采用三级配电，设置配电柜或总配电箱、分配电箱、开关箱，如图 2-17 所示。配电系统宜使三相负荷平衡。220V 或 380V 单相用电设备宜接入 220/380V 三相四线系统。

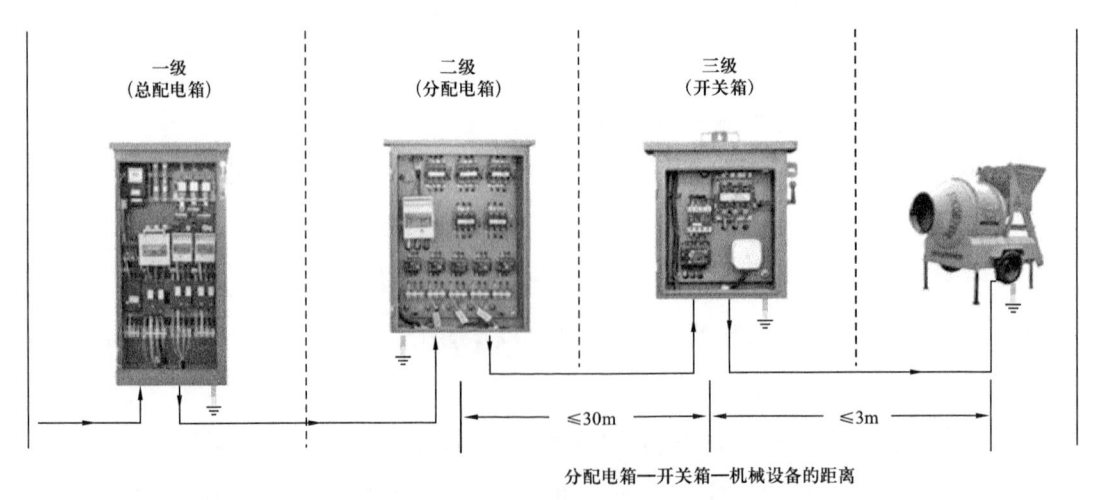

图 2-17 三级配电系统示意图

——总配电箱以下可设若干分配电箱，分配电箱以下可设若干开关箱。专用变压器总配电箱应设在靠近电源的区域，分配电箱应设在用电设备或负荷相对集中的区域，分配电箱与开关箱的距离不得超过30m，开关箱与其控制的用电设备的水平距离不宜超过3m，配电箱应有名称、编号、系统图及分路标记。

——总配电箱、分配电箱内应分别设置中性导体（N）、保护导体（PE）汇流排并有标识；保护导体（PE）汇流排上的端子数量不应少于进线和出线回路的数量。总配电箱应设置隔离开关、总断路器，宜装设电压表、总电流表、电度表等。

——动力配电箱与照明配电箱宜分别设置。当合并设置为同一配电箱时，动力和照明应分路配电；动力开关箱与照明开关箱必须分设。

——施工现场出线柜和所有配电箱中应装设剩余电流保护器，用电设备应做到不少于二级剩余电流动作保护。不得将临时用电设备的剩余电流保护器退出运行。

——用电设备或插座的电源宜引自开关箱，当一个开关箱直接控制多台用电设备或插座时，每台用电设备或插座应有各自独立的剩余电流动作保护。

——配电箱内断路器相间绝缘隔板应配置齐全；防电击护板应阻燃且安装牢固。金属箱体、金属电器安装板，以及电器正常不带电的金属底座、外壳等必须通过PE线端子板与PE线做电气连接，金属箱门与金属箱体必须通过采用编织软铜线做电气连接。

——N线端子汇流排必须与金属电器安装板绝缘；PE线端子汇流排必须与金属电器安装板做电气连接。进出线中的N线必须通过N线端汇流排板连接；PE线必须通过PE线端子汇流排连接，见图2-18。

——配电箱、开关箱内的连接线必须采用铜芯绝缘导线。导线绝缘的颜色标志应按相线依次为A黄色、B绿色、C红色、N线为淡蓝色、PE线为绿/黄双色配置，见图2-19，并排列整齐；导线分支接头不得采用螺栓压接，应用焊接并做绝缘包扎，不得有外露带电部分。

——配电箱、开关箱中导线的进线口和出线口应设在箱体的下底面。移动式配电箱的进线和出线应采用橡套软电缆。进线和出线不应承受外力，与金属尖锐断口接触时应有保护措施。

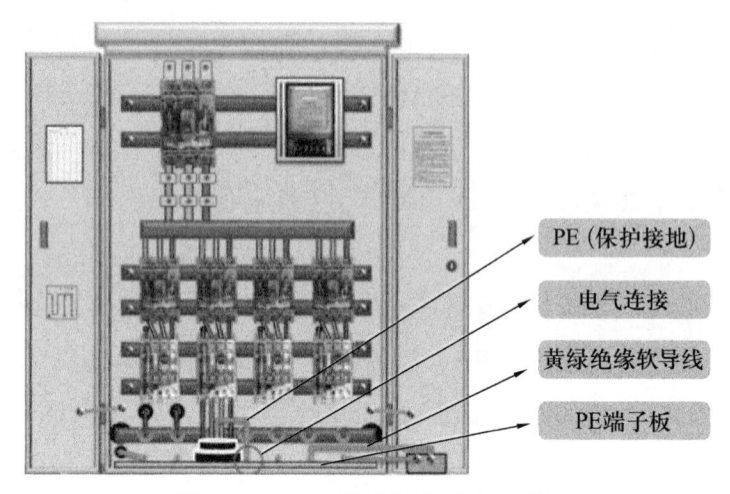

图 2-18　PE 端子板与电气连接

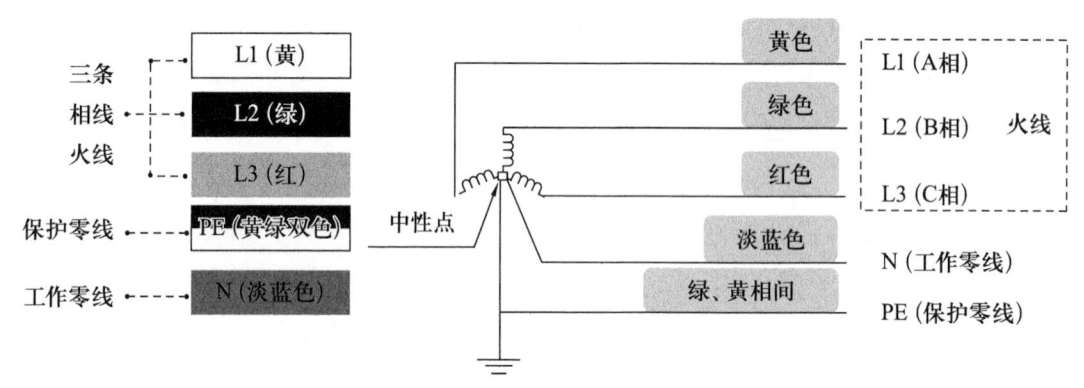

图 2-19　导线绝缘的颜色标识与分类

——末级配电箱进线应设置总断路器，各分支回路应设置具有短路、过负荷、剩余电流动作保护功能的电器。

——配电箱、开关箱周围应有足够两人同时工作的空间和通道，不得堆放任何妨碍操作、维修的物品，不得有灌木、杂草。

——配电箱（盘）应保持整洁、接地良好，定期检查、维修。进行作业时，应将其上一级相应的电源隔离开关分闸断电、上锁，并悬挂警示性标识。

——不得带电移动配电箱。移动或拆除临时用电设备和线路，应切断电源并对电源端导线作绝缘保护处理。

——配电箱、开关箱内的电气配置和接线不得随意改动。总配电箱、分配电箱正常工作时应加锁，开关箱停止工作超过 1h 应断电、上锁。

——控制两个供电回路或两台设备及以上的配电箱，箱内的开关电器，应清晰注明开关所控制的线路或设备名称。

——配电箱（盘）、开关箱应有电压标识、危险标识、编号和防雨措施，在其前方 1m 处用黄色油漆或警戒带做警示。

——总配电箱和分配电箱应垂直放置，且固定牢固，室外的临时用电配电箱还应有防雨、防潮、防尘措施，落地安装的配电箱、柜，其底部离地面不应小于 0.3m，在距配电箱、开关及电焊机等电气设备 15m 范围内，不应存放易燃、易爆、腐蚀性等危险物品。

——配电箱（盘）、开关箱应设置端正、牢固。固定式配电箱、开关箱的中心点与地面的垂直距离应为 1.4~1.6m；移动式配电箱（盘）、开关箱应装设在坚固、稳定的支架上，其中心点与地面的垂直距离宜为 0.8~1.6m（图 2-20）。

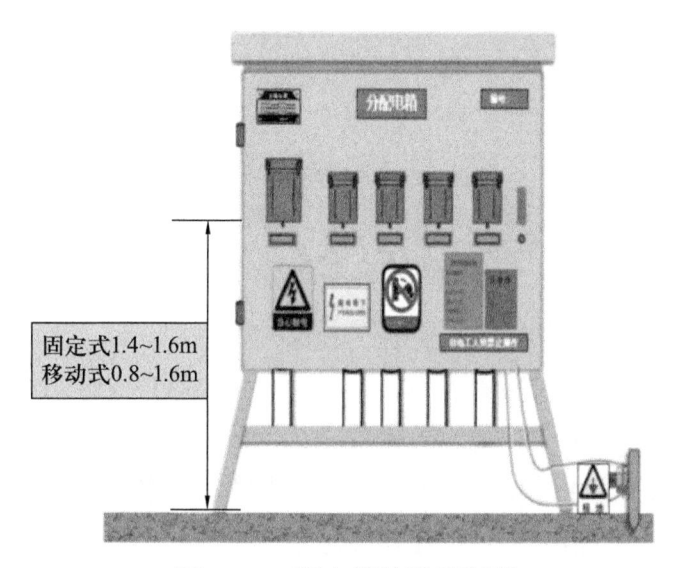

图 2-20　配电箱的设置高度

（四）接地与接零保护

施工现场配电系统不得同时采用两种保护系统；TN 系统的保护零线应在总配电箱处、配电系统的中间处和末端处做重复接地。

——保护零线应单独敷设，线路上严禁装设开关或熔断器，严禁通过工作电流，保护零线应采用绝缘导线，规格和颜色标记应符合规范要求。

——保护零线应由工作接地线、总配电箱电源侧零线或总漏电保护器电源零线处引出，电气设备的金属外壳必须与保护零线连接。

——当高压设备的保护接地与变压器的中性点接地分开设置时，变压器中性点接地的工作接地电阻不应大于4Ω，发电机中性点应接地，且接地电阻不应大于40Ω。

——电气装置的外露可导电部分和装置外可导电部分均应接地，如发电机组的金属外壳及部件。当采用隔离变压器供电时，二次回路不得接地。

——保护导体（PE）上严禁装设开关或熔断器。用电设备的保护导体（PE）不应串联连接，应采用焊接、压接、螺栓连接或其他可靠方法连接。

二、配电线路安全要求

施工现场配电线路线缆敷设应采取有效保护措施，防止对线路的导体造成机械损伤和介质腐蚀。电缆中应包含全部工作芯线、中性导体（N）及保护接地导体（PE）或保护中性导体（PEN），不同功能导体外绝缘色不应混用。

（一）基本要求

——路径选择。应结合施工现场规划及布局，在满足安全要求的条件下，方便线路敷设、接引及维护。应避开过热、腐蚀，以及储存易燃、易爆物的仓库等影响线路安全运行的区域；宜避开易遭受机械性外力的交通、吊装、动土作业频繁场所，以及河道、低洼、易受雨水冲刷的地段；不应跨越在建工程、脚手架、临时建筑物。

——电缆要求。施工电缆应包含全部工作芯线和保护芯线。单相用电设备应采用三芯电缆，三相动力设备应采用四芯电缆，三相四线制配电的电缆线路和动力、照明合一的配电箱应采用五芯电缆。

——架设要求。施工电缆宜沿支架敷设。电缆沿支架敷设时，应沿道路路边、建筑物或主结构边缘架设，并使用坚固支架支撑或线绳绑扎。电缆与金属支架之间应采用绝缘物可靠隔离，绑扎线绳应采用绝缘线。

（二）架空线路

——架空线应当采用绝缘铜芯线，架空线路应架设在专用电杆或支架上，严禁架设在树木、脚手架及临时设施上；

——架空电杆和支架应固定牢固，防止受风或者其他原因倾覆造成事故，架空线路必须有过载保护；

——在架空线路上不得进行接头连接，如果必须接头，则需进行结构支撑，确保接头不承受拉、张力；

——临时架空线最大弧垂与地面垂直距离，在施工现场不低于2.5m，穿越机动车道不低于5m，主要道路不低于6m；穿越道路处应在醒目位置设置最大允许通过高度警示标识；

——施工现场架空线路的档距不宜大于40m，空旷区域可根据现场情况适当加大档距，但最大不应大于50m；

——在起重机等大型设备进出的区域内，不允许使用架空线路。

（三）墙面或地面走线

除通过道路以外，施工电缆不得沿地面直接敷设，不得浸泡在水中。电缆在地面上通过道路时宜采用槽钢等覆盖保护，槽钢等应可靠固定在地面上。

——所有地面走线应沿避免机械损伤和人不易触及的部位敷设，不得阻碍人员、车辆通行，且在醒目电缆线路敷设处设置"走向标识"和"安全标识"。

——沿地面明敷的电缆线路应沿建筑物墙体根部敷设，周围环境应保持干燥；穿越道路和其他易受机械损伤或的重物挤压危险区域，应采取固定套管防机械损伤的措施。

——在电缆敷设路径上方或边上，当有产生明火的作业时，应采取防止火花损伤电缆的措施。

——以金属支架方式敷设的电缆线路时，金属支架应可靠接地，电缆线路应固定牢固，绑扎线应使用绝缘材料，固定点间距应保证电缆能承受自重及风雪等带来的荷载。

——施工电缆沿楼面敷设时，应采取保护措施。沿构、建筑物水平敷设的电缆线路，距地面高度不宜小于2.5m；垂直引上敷设的电缆线路，固定点每楼层不得少于一处。

——室内配线在穿过楼板或墙壁时，应用绝缘保护管保护；明敷线路应采用护套绝缘电缆或导线；当采用无护套绝缘导线时，应穿管或线槽敷设。

——施工电缆接头及外皮损伤处应进行防水绝缘包扎，电缆接头应架空保护。

（四）直埋敷设

——直埋敷设的电缆线路应当设有走向标志和安全标志，低压电缆埋深不应小于 0.3m，高压电缆和通过道路的低压电缆埋深不应小于 0.7m，施工电缆直埋的每个转弯处和直线段每隔 20m，在地面上应设明显的走向标志。

——直埋电缆在穿越建筑物、构筑物、道路，易受机械损伤、腐蚀介质场所，以及引出地面 2.0m 高至地下 0.2m 处，应加设防护套管。防护套管应固定牢固，端口应有防止电缆损伤的措施，其内径不应小于电缆外径的 1.5 倍（图 2-21）。

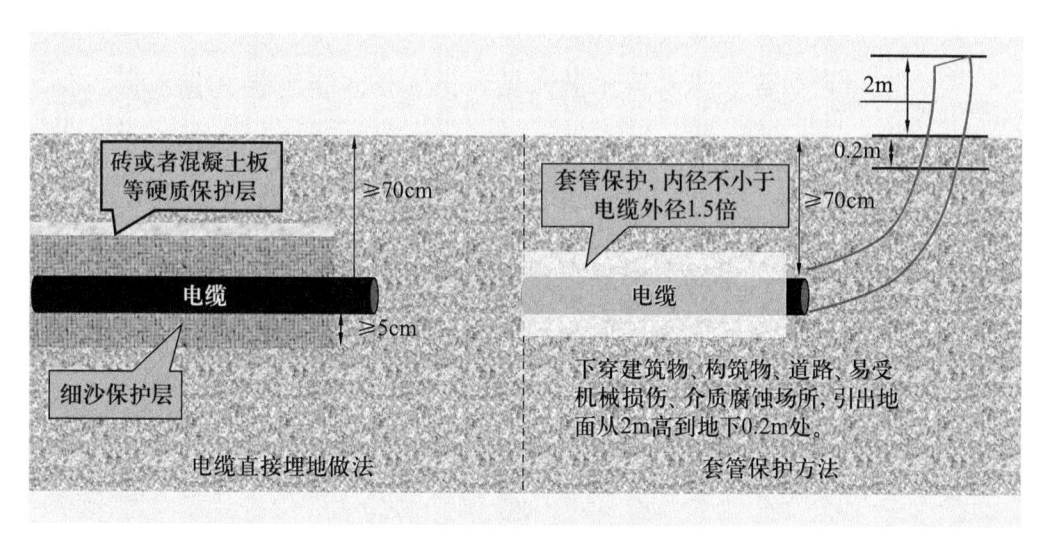

图 2-21 电缆直埋敷设要求

——直埋电缆上下表面土层中不应有石块等硬质物体，回填土应分层夯实，电缆要避免敷设在可能施工的区域内。

——当位于交通繁忙区域、有重型设备经过的区域，以及穿越道路时，应当加设坚固的防护套管，管径不得小于电缆外径的 1.5 倍，管口应密封，并设置安全警示标识。

——直埋电缆的中间接头宜采用热缩或冷缩工艺，接头处应采取防水措施，并应绝缘良好。中间接头不得浸泡在水中。

三、用电线路设备要求

（一）线路设置要求

——临时用电线路及设备应当有良好的绝缘，线路应当采用耐压等级不低于 500V 的绝缘导线。在经过火灾爆炸危险场所，以及存在高温、振动、腐蚀、积水及产生机械损伤等区域，不应有接头，并采取有效的保护措施。

——临时用电设备和线路应当按供电电压等级和容量正确配置，所用电气元件应当符合相关标准及作业现场环境要求；临时用电电源和线路的施工、安装应当符合《建设工程施工现场供用电安全规范》（GB 50194—2014）、《建筑与市政工程施工现场临时用电安全技术规范》（JGJ 46—2024）的有关要求，并接地良好。

——临时用电线路应当安装漏电保护器。临时用电设施应当做到"一机一闸一保护"，开关箱和移动式、手持式电动工具应当安装符合规范要求的漏电保护器。每次使用前应检查电气装置和保护设施的可靠性。

——临时用电线路应当由作业区域的供配电单位电气人员检查合格后使用。在临时用电有效期内，如遇施工过程中停工、迁移、人员离开时，临时用电单位应当从受电端向供电端逐次切断临时用电开关。重新施工时，对线路、设备检查确认后方可送电。

——在开关上接引、拆除临时用电线路时，其上级开关应当断电、加锁并加挂安全警示标牌，接、拆线路作业时，应当有监护人在场。

——送电操作顺序为：总配电箱—分配电箱—开关箱（上级过载保护电流应大于下级）。停电操作顺序为：开关箱—分配电箱—总配电箱（出现电气故障的紧急情况除外）。

——临时用电线路的自动开关和熔丝（片）应根据用电设备的容量确定，并满足安全用电要求，不得随意加大或缩小，不得用其他金属丝代替熔丝（片）。

——自建浴室的供用电设施应符合《民用建筑电气设计标准》（GB 51348）关于特殊场所的安全防护的有关规定。

（二）用电设备分类

施工现场所使用的电动施工机具应符合国家强制认证标准规定，防护等级应与施工现场的环境相适应，应根据其类别设置相应的间接接触电击防护措施，对电动施工机具的使用、保管、维修人员进行安全技术教育和培训，并根据电动施工机具产品的要求及实际使用条件，制订相应的安全操作规程。

IEC产品标准将电气设备的产品按防间接接触电击的不同要求，分为如下四类（图2-22）：

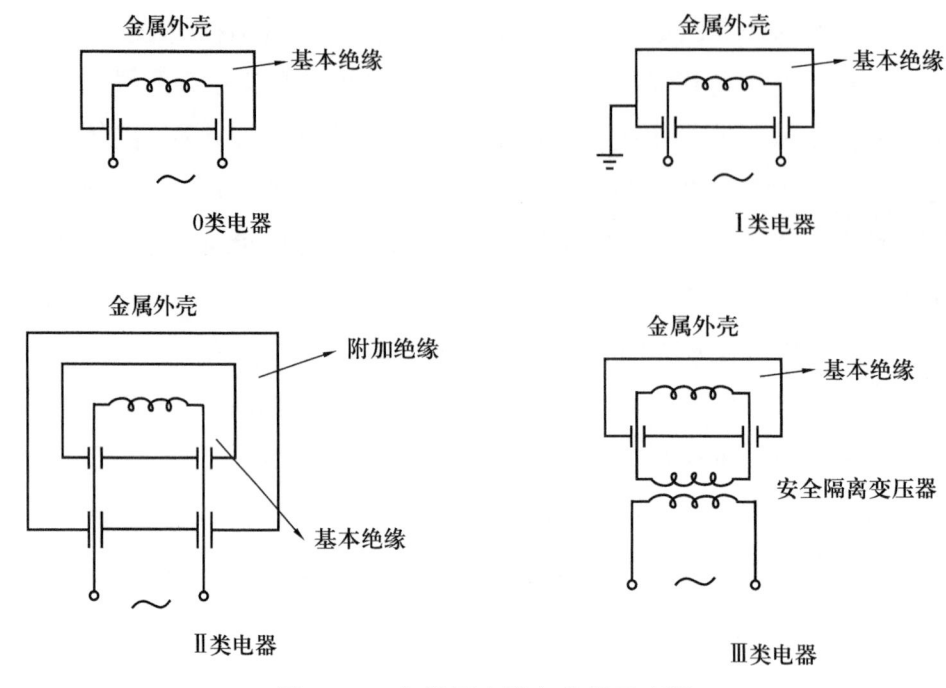

图 2-22 各类用电设备绝缘示意图

——0 类用电设备（class 0 equipment）：依靠基本绝缘进行防电击保护，即在易接近的导电部分（如果有的话）和设备固定布线中的保护导体之间没有连接措施，在基本绝缘损坏的情况下便依赖周围环境进行防护的设备。0 类设备具有非金属（如塑料）外壳，可使用两眼插座，用于工作环境绝缘良好的场合，例如台灯、剃须刀、小路由器、手机充电器等家用小型电器等。

——Ⅰ类用电设备（class Ⅰ equipment）：指这样的一类工具，它的防电击保护不仅依靠基本绝缘、双重绝缘或加强绝缘，而且还包含一个附加安全措施，即把易触及的导电部分与设备中固定布线的保护（接地）导线连接起来，使易触及的导电部分在基本绝缘损坏时不能变成带电体。具有接地端子或接地连接器的双重绝缘和/或加强绝缘的工具也被认为是Ⅰ类工具。Ⅰ类设备使用单相的三线插头和三眼插座连接接地保护线。例如冰箱、洗衣机、电视机、彩印机、电脑、热水器等电器。

——Ⅱ类用电设备（class Ⅱ equipment）：指这样的一类工具，它防电击保护不仅依靠基本绝缘，而且依靠提供的附加的安全措施，例如双重绝缘或加强绝缘，没有保护接地也不依赖安装条件。例如部分手持电动工具、电热毯等基本为Ⅱ类电器。

——Ⅲ类用电设备（class Ⅲ equipment）：指这样的一类工具，它的防电击保护依靠安全特低电压供电，工具内不产生高于安全特低电压的电压。Ⅲ类设备是从电源方面就保证了安全，要注意Ⅲ类设备不得采用保护接地手段，目前使用的移动式照明灯多属Ⅲ类电器。

临时用电设备维修时，电气维修人员不得少于2人，维修前应切断其前一级电源，拉开相应的隔离电器，并挂上"禁止合闸，有人工作"的警示牌。维修前应对被维修设备进行验电。

（三）手持电动工具

施工现场使用手持式电动工具应符合现行国家标准《手持式电动工具的管理、使用、检查和维修安全技术规程》（GB/T 3787—2017）的有关规定。手持电动工具指的是由电动机驱动作机械功的工具。便于携带到工作场所，并能用手握持、支撑或悬挂操作的工具，常见手持电动工具见图2-23。

砂轮机：驱动装有粘结磨砂件转轴的工具　　电钻：利用电做动力的钻孔工具　　电锤类工具：附有气动锤击机构的一种带安全离合器的电动式旋转锤钻　　电剪刀：以单相串励电动机作为动力，通过传动机构驱动工作头进行剪切作业的双重绝缘手持式电动工具

图2-23　常见手持电动工具

——使用电气设备或电动工具作业前，应由电气专业人员对其绝缘进行测试，Ⅰ类工具绝缘电阻不得小于2MΩ，Ⅱ类工具绝缘电阻不得小于7MΩ，合格后方可使用。

——手持电动工具应有合格标牌，外壳、手柄、插头、开关，负荷线等必须完好无损，使用前必须做绝缘检查和空载检查，在绝缘合格、空载运转正常后方可使用。

——在一般作业场所，应选用Ⅱ类工具；若选用Ⅰ类工具时，外壳与保护导体（PE）应可靠连接，为其供电的末级配电箱中剩余电流保护器的额定剩余电流动作值不应大于30mA，额定剩余电流动作时间不应大于0.1s。

——在潮湿、泥泞、导电良好的地面或金属构架上作业时，应选用Ⅱ类或由安全隔离变压器供电的Ⅲ类工具，严禁使用Ⅰ类手持式电动工具。在狭窄场所，如锅炉、金属管道内，应使用由安全隔离变压器供电的Ⅲ类工具。

——Ⅲ类工具的安全隔离变压器，Ⅱ类工具的漏电保护器及Ⅱ、Ⅲ类工具的控制箱和电源联结器等应放在容器外或作业点处，同时作业过程中应有人监护。

——手持电动工具导线，必须为橡皮护套铜芯软电缆线。电缆应避开热源，并应采取防止机械损伤的措施。导线两端连接牢固，中间不许有接头。

——必须严格按照操作规程使用移动式电气设备和手持电动工具，使用过程中需要移动或停止工作、人员离去或突然停电时，必须断开电源开关或拔掉电源插头。

——电动工具需要移动时，不得手提电源线或工具的可旋转部分。电动工具使用完毕、暂停工作、遇突然停电时应及时切断电源。

四、特殊环境安全要求

（一）高原环境

——在高原地区施工现场使用的供配电设备的防护等级及性能应能满足高原环境特点。

——架空线路的设计应综合考虑海拔、气压、雪、冰、风、温差变化大等因素的影响。

——应根据使用环境的温度情况，选用耐热型或耐低温型电缆。

——除架空绝缘型电缆外的非户外型电缆在户外使用时，应采取罩、盖等遮阳措施。

（二）易燃、易爆环境

——在易燃、易爆环境中使用的电气设备应采用隔爆型，其电气控制设备应安装在安全的隔离墙外或与该区域有一定安全距离的配电箱中，应采用阻燃电缆。

——在易燃、易爆区域内进行用电设备检修或更换工作时，必须断开电源，严禁带电作业。

——易燃、易爆区域内的金属构件应可靠接地。当区域内装有用电设备时，接地电阻不应大于 4Ω。当区域内无用电设备时，接地电阻不应大于 30Ω。

——活动的金属门应和门框用铜质软导线进行可靠电气连接。

——易燃、易爆环境施工现场的电气设施应符合现行国家标准《爆炸危险环境电力装置设计规范》（GB 50058）以及《电气装置安装工程 爆炸和火灾危险环境电气装置施工及验收规范》（GB 50257）的有关规定。

（三）腐蚀环境

——在腐蚀环境中使用的电工产品应采用防腐型产品，户内使用的配电线路宜采用全塑电缆明敷。

——在腐蚀环境中户外使用的电缆采用直埋时，宜采用塑料护套电缆在土沟内埋设，土沟内应回填中性土壤，敷设时应避开可能遭受化学液体侵蚀的地带。

——在有积水、有腐蚀性液体的地方，在腐蚀性气体密度大于空气的地方，不宜采用穿钢管埋地或电缆沟敷设方式。

——腐蚀环境的电缆线路应尽量避免中间接头，电缆端部裸露部分宜采用塑套管保护。

——腐蚀环境的密封式动力配电箱、照明配电箱、控制箱、电动机接线盒等电缆进出口处应采用金属或塑料的带橡胶密封圈的密封防腐措施，电缆管口应封堵。

（四）潮湿环境

——户外安装使用的电气设备均应有良好的防雨性能，其安装位置地面处应能防止积水。在潮湿环境下使用的配电箱宜采取防潮措施，严禁带电进行设备检修工作。

——在潮湿环境中使用电气设备时，操作人员应按规定穿戴绝缘防护用品和站在绝缘台上，所操作的电气设备的绝缘水平应符合要求，设备的金属外壳、环境中的金属构架和管道均应良好接地，电源回路中应有可靠的防电击保护装置，连接的导线或电缆不应有接头和破损。

——在潮湿环境中不应使用 0 类和 I 类手持式电动工具，应选用 II 类或由安全隔离变压器供电的 III 类手持式电动工具。

——在潮湿环境中所使用的照明设备应选用密闭式防水防潮型，其防护等级应满足潮湿环境的安全使用要求。

——潮湿环境中使用的行灯电压不应超过 12V，其电源线应使用绝缘橡皮护套铜芯软电缆。

相关链接：跨步电压

跨步电压就是指电气设备发生接地故障时，在接地电流入地点周围电位分布区行走的人，其两脚之间的电压。也就是说，电气设备外壳或电力系统一相接地短路时，电流从接地极四散流出，在地面上形成不同的电位分布，人在走近短路地点时，两脚之间的电位差叫跨步电压。雷雨天气中，在雷电流通过接地装置时，也会产生跨步电压。

当架空线路的一根带电导线断落在地上时，落地点与带电导线的电势相同（U_E），电流就会从导线的落地点向大地流散，于是地面上以导线落地点为中心，形成了一个电势分布区域，离落地点越远，电流越分散，地面电势也越低。距电流入地点越近，跨步电压 U_N 越高，反之越低，见图 2-24。

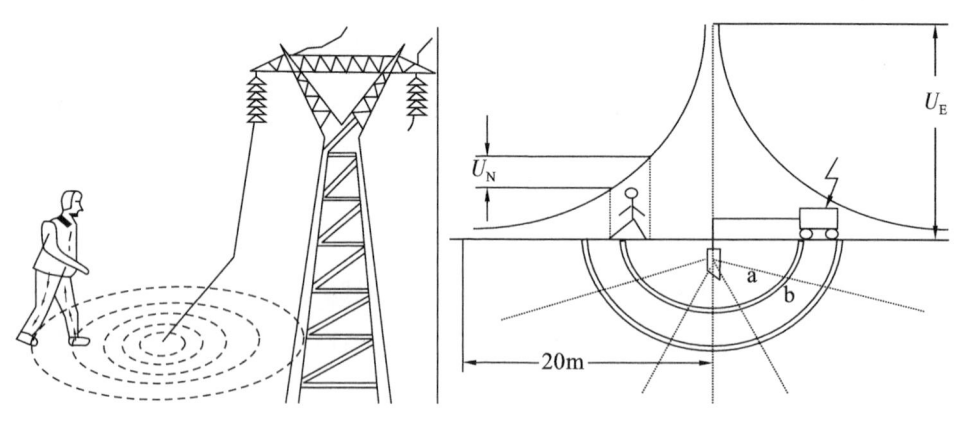

图 2-24 跨步电压原理示意图

如果人或牲畜站在距离电线落地点 20m 以内，就可能发生触电事故，这种触电即跨步电压触电。人受到跨步电压时，电流虽然是沿着人的下身，从脚经腿、胯部又到脚与大地形成通路，没有经过人体的重要器官，好像比较安全。但是，因为人受到较高的跨步电压作用时，双脚会抽筋，使身体倒在地上。这不仅使作用于身体上的电流增加，而且使电流经过人体的路径改变，完全可能流经人体重要器官。相关事件证明，人倒地后电流在体内持续作用 2s

就会致命。当跨步电压 U_N 达到 40～50V 时，将使人有触电危险，特别是跨步电压会使人摔倒进而加大人体的触电电压，甚至使人触电死亡。

如果发现高压线铁塔倾斜或者电线断头下垂时，一定要迅速远避。雷雨天气时，也要尽量减少跨步电压带来的伤害。如果在周围有落雷或周围有不均匀电压分布的紧急情况下，应赶快抬起一只脚，然后单腿跳跃，离开跨步电压区。

第四节　高处作业安全管理

高处作业是指在距坠落基准面 2m 及以上有可能坠落的高处进行的作业，包括上下攀援等空中移动过程。坠落基准面是指可能坠落范围最低点的水平面。高处作业包括除按规范设置有护栏的固定设备或平台外，各类梯子、脚手架、机械升降机、斜面房顶、临边和洞口、平台、安装钢架或安装（更换）房顶，以及管排架上从事的作业等。

高处作业在施工作业过程中是经常遇到的，在高处作业整个施工过程中，危险普遍存在。高处作业的危害主要包括两个方面：即高处落物和人员高处坠落，另外还有起重伤害、触电、机械伤害及其他。这主要是由于高处作业人员高空抛物，以及作业工具、材料和人员从高处作业工作面坠落造成的。

一、高处作业分级

对高处作业实行分级管理，明确高处作业每一级的审批程序和权限，落实高处作业安全管理要求，并及时开展检查指导，可确保高处作业安全。

（一）基本分级

通常情况下，根据作业高度，高处作业分为Ⅰ级、Ⅱ级、Ⅲ级和Ⅳ级等四级（图 2-25）。

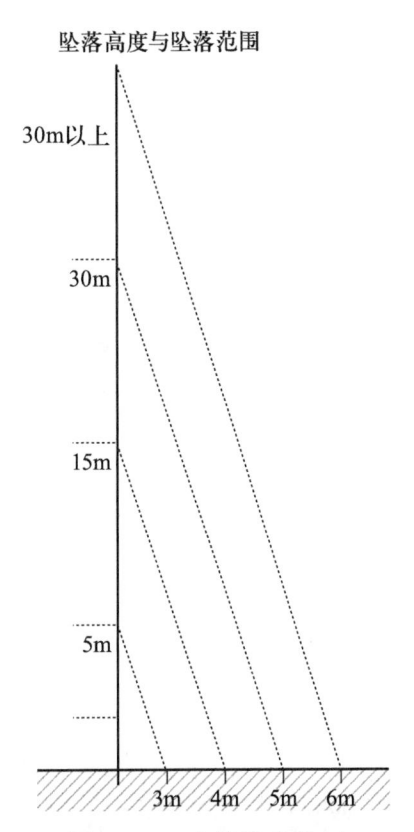

图 2-25　高处作业分级

——Ⅰ级高处作业：作业高度 h_w 在 2~5m（含 2m 和 5m），可能坠落范围半径为 3m。

——Ⅱ级高处作业：作业高度 h_w 在 5~15m（含 15m）可能坠落范围半径为 4m。

——Ⅲ级高处作业：作业高度 h_w 在 15~30m（含 30m）可能坠落范围半径为 5m。

——Ⅳ级高处作业：作业高度 h_w 在 30m 以上时，可能坠落范围半径为 6m。

作业高度（highness of work）指作业区各作业位置至相应坠落高度基准面的垂直距离中的最大者（通常用 h_w 表示），可能坠落半径与作业高度计算示例见图 2-26。

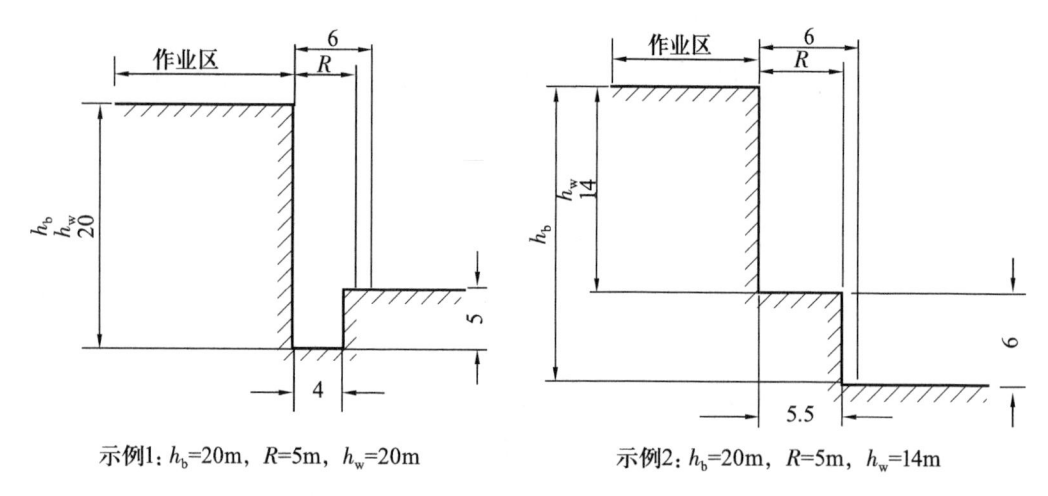

示例1：h_b=20m，R=5m，h_w=20m　　示例2：h_b=20m，R=5m，h_w=14m

图 2-26　可能坠落半径与作业高度计算示例

（二）特殊情况

（1）Ⅰ级高处作业：

——在坡度大于 45°的斜坡上面实施的作业。

（2）Ⅱ、Ⅲ级高处作业：

——在升降（吊装）口、坑、井、池、沟、洞等上面或附近进行的高处作业；

——在易燃、易爆、易中毒、易灼伤的区域或转动设备附近进行的高处作业；

——在无平台、无护栏的塔、釜、炉、罐等容器、设备及架空管道上进行的高处作业；

——在塔、釜、炉、罐等受限空间内进行的高处作业；

——在邻近排放有毒有害气体、粉尘的放空管线或烟囱及设备的高处作业。

（3）Ⅳ级高处作业：

——在高温或低温环境下进行的异温高处作业；

——在降雪时进行的雪天高处作业；

——在降雨时进行的雨天高处作业；

——在室外完全采用人工照明进行的夜间高处作业；

——在接近或接触带电体条件下进行的带电高处作业；

——在无立足点或无牢靠立足点的条件下进行的悬空高处作业。

（三）升级管理

如存在以下一种或者一种以上可引起坠落的危险因素，则在原等级基础上上升一级管理，最高为Ⅳ级。

——阵风风力五级（风速 8.0m/s）以上；

——平均气温低于或等于 5℃的作业环境；

——接触冷水温度低于或等于 12℃的作业；

——作业场地有冰、雪、霜、油、水等易滑物；

——作业场所光线不足或者能见度差；

——作业活动范围与危险电压带电体距离小于《危险化学品特殊作业安全规范》（GB 30871）的规定；

——摆动，立足处不是平面或者只有很小的平面，即任一边小于 500mm 的矩形平面、直径小于 500mm 的圆形平面或者具有类似尺寸的其他形状的平面，致使作业者无法维持正常姿势；

——存在有毒气体或者空气中含氧量低于 19.5%（体积分数）的作业环境；

——可能会引起各种灾害事故的作业环境和抢救突然发生的各种灾害事故。

二、高处作业安全要求

高处作业应办理高处作业许可证，无有效的高处作业许可证严禁作业。作业单位应参加风险分析并根据其结果制订高处作业安全控制措施，采取合适的坠落保护措施和设备，尽可能采用高空作业车、作业平台和脚手架等作为作业安全平台。对于频繁的高处作业活动，如钻井、井下作业、更换路灯、罐区巡回检查、测试、抽油机保养、线路检修等常规作业，在有操作规程或方案，且风险得到全面识别和有效控制的前提下，可不办理高处作业许可。

（一）通用安全要求

——高处作业人员及搭设脚手架等高处作业安全设施的人员，应经过专业技术培训及专业考试合格，持证上岗，并应定期进行身体检查。

——高处作业人员应当身体健康，凡经诊断患有心脏病、贫血病、癫痫病、晕厥及眩晕症、严重关节炎、四肢骨关节及运动功能障碍疾病、未控制的高血压病，或者其他相关禁忌证，或者服用嗜睡、兴奋等药物及饮酒的人员，不得从事高处作业。

——作业人员应按规定正确穿戴个人防护装备，系好安全带，戴好安全帽，衣着灵便，禁止穿易滑的鞋进行高处作业，并正确使用登高器具和设备。

——作业人员应按规定系用与作业内容相适应的安全带。安全带应高挂低用，不得系挂在移动、不牢固的物件上或有尖锐棱角的部位，系挂后应检查安全带扣环是否扣牢。严禁用绳子捆在腰部代替安全带。

——高处作业中使用的安全标志、工具、仪表、电气设施和各种设备，应在作业前加以检查，确认完好后方可投入使用。

——高处作业应根据实际需要搭设或配备符合安全要求的脚手架、梯子、防护围栏和防护棚等。作业前应仔细检查作业平台是否坚固、牢靠。

——供高处作业人员上下用的通道板、电梯、吊笼、梯子等要符合有关规定要求，并随时清扫干净。

——高处作业过程中，作业监护人应对高处作业实施全过程现场监护，严禁无监护人作业。作业人员不应在作业处休息。

——作业人员应沿着通道、梯子等指定的路线上下，并采取有效的安全措施，在没有安全通道时，应设置生命绳，作业人员移动过程中所系挂的安全带应保证至少一个挂钩有效。禁止沿着绳索、立杆或栏杆攀爬。

——存在物体坠落风险的区域，人员、机械通行处应设置安全通道，其他区域采取封闭隔离措施，人员不得进入。安全通道顶部防护层应采取坚固的材料封闭，强度不足时宜设置间隔为 500mm 的双防护层。

——禁止在不牢固的结构物上进行作业，作业人员禁止在平台、孔洞边缘、通道或安全网内等高处作业处休息。

——高处作业与其他作业交叉进行时，应按指定的路线上下，不得上下垂直交叉作业。如果需要垂直作业时，应采取可靠的隔离措施。作业点下方应设安全警戒区，应有明显警戒标志，并设专人监护。

——高处作业人员应与地面保持联系，根据现场需要配备必要的联络工具，并指定专人负责联系，30m 以上的高处作业应当配备通信联络工具。

——因作业需要临时拆除或变动高处作业的安全防护设施时，应采取能代替原防护设施的可靠措施，应经作业申请人和作业批准人同意。

（二）周围作业环境

——高处作业的邻近地区设有排放有毒、有害气体及粉尘超出允许浓度的烟囱及设备等场合，严禁进行高处作业。如在允许浓度范围内，也应采取有效的防护措施。

——在邻近排放有毒有害气体、粉尘的放空管线或者烟囱等场所进行作业时，应当预先与作业区域所在单位取得联系，采取有效的安全防护措施，作业人员应当配备隔绝式呼吸防护装备、过滤式防毒面具或者口罩等。

——搭设梯子或脚手架，应注意避开高压电线，高处作业应与架空电线保持安全距离。高处作业需架设临时照明线路时，金属脚手架应另外架设横担，导线用绝缘子支架，严禁在脚手架上乱缠乱挂电线。

——脚手架高度超过规定值时，应有相应的避雷设施，其接地保护点应保证在两点以上，接地电阻值应小于 10Ω。

——高处作业要与架空电线保持规定的安全距离。也要采取措施确保作业人员活动范围，以及所携带的工具、材料等在最危险状态下能满足最低安全距离要求。

——坑、井、沟、池、吊装孔等都必须由栏杆护栏或盖板盖严，盖板必须坚固，几何尺寸要符合安全要求。因工作需要移开盖板时，必须及时加设栏杆，因工作需要移开栏杆时，必须加设盖板或其他防护设施。

——舷（岛）外作业，作业人员应当穿戴工作救生衣，作业地点应当配备足够数量的救生浮索和救生圈；应当派遣守护船或者救助艇驶近作业区域进行守护，守护船艇应当处于作业区域下游就近海域。

（三）工器具材料放置

——不符合高处作业安全要求的材料、器具、设备不得使用。所用材料要堆放平稳，不妨碍通行和装卸。必要时应设安全警戒区，并设专人监护。

——高处作业所使用的工具、零件等必须装入工具袋，作业人员上下时手中不得持物；高处作业禁止投掷工具、材料和其他物品等，传送工具、材料时，应使用绳索系牢后上下吊送，或是使用专用吊送工具。

——易滑动、易滚动工具，应采取防坠落措施，手持工具在使用时应系防掉绳，以防止不慎坠落伤人；粗重的工具应用绳索拴牢在坚固的构件上，不准随便乱放。

——在格栅式平台上工作，为了防止物件坠落，应铺设木板或橡胶垫。工作完毕应及时将工具、零星材料、零部件等一切易坠落物件清理收拾好，防止落下伤人。

——除特殊制作且已采取防护的围栏处，或是落料管槽可以倾倒废料外，任何作业人员不得向下抛掷物料。

（四）特殊天气状况

——不应在五级风以上（含五级风）强风、暴雨、浓雾等气象条件下，以及异常高温或低温（40℃及以上高温、-20℃及以下低温）、海上风速每秒15m以上等恶劣天气条件下进行高处作业、露天攀登。

——气温高于35℃或低于5℃时，应采取防中暑或防寒措施，在30～40℃的高温环境下的高空作业应轮换进行。

——在雨、霜、雾、雪等天气进行高处作业时，应采取可靠的防滑、防寒和防冻措施，并应及时清除作业面上的水、冰、雪、霜。

——暴风雪及台风暴雨后，应对高处作业安全设施进行检查，当发现有松动、变形、损坏或脱落等问题时，应立即处理合格后再使用。

——夜间应尽量避免进行高处作业，尤其不宜进行野外露天高处作业。必须进行夜间高处作业时，应保证充足的施工照明。

> 注：清除梯子和所安装设施上的少量冰雪和积水的有效方法是，经常撒一些沙子、锯末、炉灰，以增大其摩擦阻力。冬季或雨季进行高处作业，同时应注意定时轮换人员，防止人员过度疲劳而造成事故。

三、坠落的消除、预防与控制

坠落防护应通过采取消除坠落危害、坠落预防和坠落控制等措施来实现，尽量选择在地面作业，避免高处作业，必须进行高处作业时，一定要采取可靠的预防和控制坠落的措施。坠落防护措施的优先选择顺序如下：

——尽量选择在地面作业，避免高处作业。
——设置固定的楼梯、护栏、屏障和限制系统。
——使用工作平台，如脚手架或升降工作台等。
——使用区域限制安全带，以避免作业人员的身体靠近高处作业的边缘。
——使用坠落保护装备，如配备缓冲装置的全身式安全带和安全绳等。

（一）消除坠落

在作业项目的设计和计划阶段，应评估工作场所和作业过程高处坠落的可能性，制订设计方案，选择安全可靠的工程技术措施和作业方式，避免高处作业。

——在设计阶段应考虑减少或消除攀爬临时梯子的风险，确定提供永久性楼梯和护栏。在安装永久性护栏系统时，应尽可能在地面进行。

——凡涉及高处作业，尤其是屋顶作业、大型设备的施工、架设钢结构等作业，应制订坠落保护计划。

——项目设计人员应能够识别坠落危害，熟悉坠落预防技术、坠落保护设备的结构和操作规程。安全专业人员应在项目规划的早期阶段，推荐合适的坠落保护措施与设备。

（二）预防坠落

如不能完全消除坠落危害，应通过改善工作场所的作业环境来预防坠落，如安装楼梯、护栏、屏障、行程限制系统、逃生装置等。

——应避免临边作业，尽可能在地面预制好装设缆绳、护栏等设施的固定点，避免在高处进行作业。如必须进行临边作业时，必须采取可靠的防护措施。

——应预先评估，在合适位置预制锚固点、吊绳及安全带的固定点。

——尽可能采用脚手架、操作平台和升降机等作为安全作业平台。高空电缆桥架作业（安装和放线）应设置作业平台。

——禁止在不牢固的结构物（如石棉瓦、木板条等）上进行作业。楼板上的孔洞应设盖板或围栏。

——禁止在屋架、桁架的上弦、支撑、檩条、挑架、挑梁、砌体、不固定的构件上行走或作业。

——梯子使用前应检查结构是否牢固。踏步间距不得大于30cm；人字梯应有坚固的铰链和限制跨度的拉链。用直梯时，脚距梯子顶端不得少于四步，用人字梯时不得少于两步。

——在平滑面上使用的梯子，应采取端部套、绑防滑胶皮等措施。直梯应放置稳定，与地面夹角以60°~70°为宜。在容易滑偏的构件上搭设直梯时，梯子上端应用绳绑在上方牢固构件上。

（三）控制坠落

如不能完全消除和预防坠落危害，应评估工作场所和作业过程的坠落危害，选择安装使用坠落保护设备，如安全带、安全绳、缓冲器、自锁器、吊绳（救生索、生命绳）、锚固点、安全网等。

——个人坠落保护装备包括锚固点、连接器、全身式安全带、吊绳（救生索、生命绳）、自锁器、缓冲器、缓冲安全绳或其组合。使用前，应对坠落保护装备的所有附件进行检查，并估算坠落距离，见图2-27。

——自动收缩式救生索应直接连接到安全带的背部D形环上，一次只能一人使用，严禁与缓冲安全绳一起使用或与其连接。

——在屋顶、脚手架、储罐、塔、容器、人孔等处作业时，应考虑使用自动收缩式救生索。在攀登垂直固定梯子、移动式梯子及升降平台等设施时，也应考虑使用自动收缩式救生索。

——吊绳应在专业人员的指导下安装和使用。水平吊绳可以充当机动固定点，能够在水平移动的同时提供防坠落保护。垂直吊绳从顶部独立的锚固点上延伸出来，使用期间应该保持垂直状态。安全绳应通过抓绳器装置固定到垂直吊绳上。

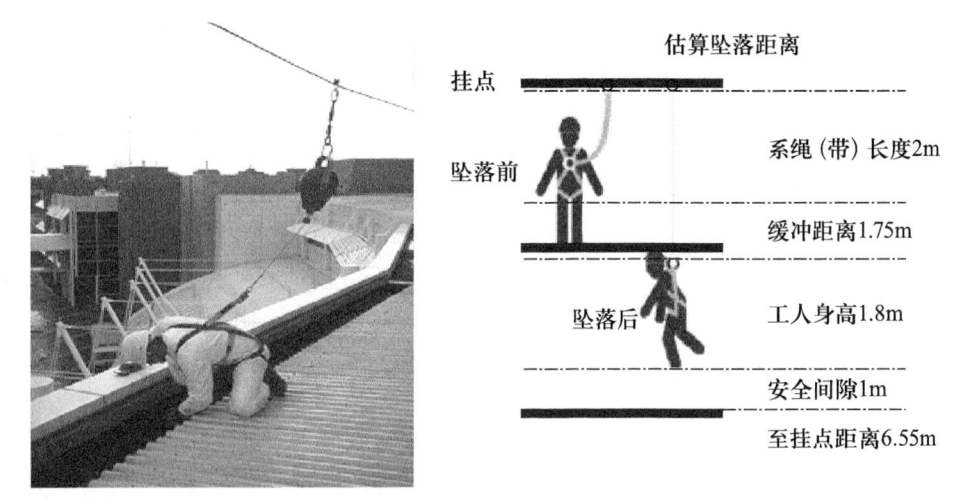

图 2-27 个人坠落保护装备与坠落距离的估算方法

——全身式安全带使用前应进行检查。安全带系挂点下方应有足够的净空，如净空不足可短系使用，但不得打结使用。不得采用低于肩部水平的系挂方式。

——在不具备安全带系挂条件时，应增设生命绳、速差防坠器、安全绳自锁器等安全措施。垂直移动宜使用速差防坠器、安全绳自锁器，水平移动拉设生命绳。

——搭设脚手架平台等防坠落措施，作业人员在作业全过程中应确保安全带系挂在生命绳或牢固的构件上，且铺设过程中形成的孔洞要及时封闭。

——安全网是防止坠落的最后措施。使用时应按《安全网》（GB 5725）进行安装和坠落测试，有火花溅落的地方应使用阻燃安全网，安全网应每周至少检查一次磨损、损坏和老化情况。掉入安全网的材料、构件和工具应及时予以清除。

（四）防止落物

——检查构筑物或设备设施，确保无锈蚀松脱部件，有可靠的安全绳以防坠落。检查高处作业平台面四周有无踢脚板，以阻止工具/物料滚落。

——高空作业时，当需要传递物料、工具时，确保物料传递可靠，不要在口袋里装易脱出的工具或材料，爬梯时确保手里不拿任何东西。

——高空作业时，预备好工具袋或相应的工具箱，在作业点下方的基准面上铺上帆布以防细小物下坠。

——不要将物料摆放在构筑物、高处作业平面、设备设施的边缘，除非其本身有可靠的固定或栏杆足以阻挡其滚落。

——当需要在构筑物、高处作业平面、设备设施边缘作业时，确保下方做必要、适宜的隔离防护。

（五）交叉作业防护

交叉作业是指在同一工作面进行不同的施工作业，或者在同一立体空间不同作业面进行的作业。在高处作业施工现场的垂直空间呈贯通状态下，凡有可能造成人员或物体坠落的，并处于坠落半径范围内的、上下左右不同层面的立体作业为交叉作业。若在交叉作业中不慎碰掉物料，失手掉下工具或吊运物体散落，都可能砸到下方的作业人员，发生物体打击事故。

——不同单位存在交叉作业时，相关单位应签订交叉作业协议，明确各自安全管理职责和应当采取的安全措施，并指定专职安全管理人员进行安全检查和协调。

——同一垂直方向交叉作业，宜采取"错时错位硬隔离"的管理和技术措施，在交叉作业点下方划出警戒区域，设置警示标识，并设专人监护。

——凡高处作业与其他作业交叉进行时，必须按指定的路线上下；多层交叉作业时，必须戴安全帽并设置安全网。禁止上下垂直作业，确因工作需要时，要设专用防护棚或其他隔离措施。

——高处动火作业时，应当采取防火隔离措施。

——在可能坠落范围半径内，不应进行上下交叉作业，如确需进行交叉作业，中间应当设置安全防护层或者安全网，坠落高度超过24m的交叉作业，应设双层防护。

——高处作业应与地面保持联系，根据现场情况配备必要的联络工具，并指定专人负责联系。所用材料应堆放平稳，作业点下方应设安全警戒区，应有明显警戒标志，并设专人监护。

——支模、粉刷、砌墙等各工种进行上下立体交叉作业时，不得在同一垂直方向上操作。下层作业的位置，必须处于依上层高度确定的可能坠落范围半径之外。不符合以上条件时，应设置安全防护层。

——钢模板、脚手架等拆除时，下方不得有其他操作人员。钢模板部件拆除后，临时堆放处离楼层边沿不应小于1m，堆放高度不得超过1m。

——楼层边口、通道口、脚手架边缘等处，严禁堆放任何拆下物件。结构施工自二层起，凡人员进出的通道口（包括井架、施工用电梯的进出通道口），均应搭设安全防护棚。

——由于上方施工可能坠落物件或处于起重机把杆回转范围之内的通道，在其受影响的范围内，必须搭设顶部能防止穿透的双层防护廊。

四、常见登高设备

常用的登高和防坠落设施主要有便携式梯子、移动式平台梯、移动式平台等，使用前先检查整体结构是否完整，有无变形、裂缝、破损或腐蚀等情况，特别是梯脚、扶手、踏板及连接部位牢固可靠。

（一）便携式梯子

便携式梯子是指可以用手搬运和架起的梯子，日常工作中，最常用便携式梯子主要包括直梯、延伸梯和人字梯，见图2-28。为了避免梯子在高处作业使用过程中人员坠落、物体打击等事故的发生，应强化梯子的管理，梯子只允许使用符合国家标准的、有生产许可证生产厂家生产的、有产品合格证的正规产品。

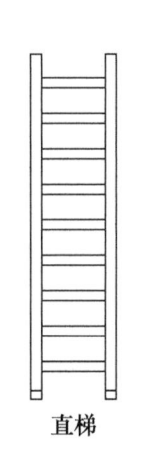

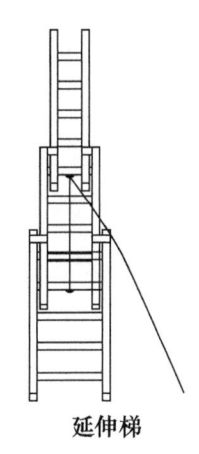

图2-28 便携式梯子的种类

1. 基本要求

——梯子的材料、尺寸、强度等应符合《梯子》（GB/T 17889）的相关要求。

——梯子的制作材料可以是玻璃纤维、金属、木材等。

——直梯的长度不应超过 6m，延伸梯全程延伸长度不应超过 11m，并应装备限位装置以确保延伸部分与非延伸部分至少有 1m 重叠。

——所有人员在使用梯子前，都应接受培训或指导。

——严禁使用现场临时制作的梯子。

——严禁有眩晕症或因服用药物等可能影响身体平衡的人员使用梯子。

2. 梯子的检查

使用单位对新购的梯子在投入使用前应进行检查，使用期内应定期检查并贴上检查合格标识。同时，梯子每次使用前应进行检查，以确保其始终处于良好状态。梯子的检查内容应包括但不限于：

——梯子的功能是否适合该项工作。

——梯子的安全性，是否短少踏棍或梯身破损、断裂、腐蚀、变形、有裂缝。

——安全止滑脚是否良好。

——梯子有无检查合格标识。

——限位器是否完好。

——踏棍或踏板的状态，是否有泥土、机油或油脂附着。

——五金件是否完好（拉杆、铆钉、撑杆、螺母、螺栓、底脚）。

——拉伸绳索和滑轮是否完好。

——固定到所有直梯、延伸梯和 2.4m 以上（含 2.4m）人字梯上的绑绳是否完好。

使用梯子前应确保工作安全负荷不超过其最大允许载荷。对移动式梯子最上面两个踏步标识红色安全色，标示禁止在该踏步上作业。安全色的使用应考虑夜间环境。有故障的梯子应停止使用，贴上"禁止使用"标签，并及时修理。

3. 梯子的使用

——梯子使用前应检查结构是否牢固。一个梯子上只允许一人站立，并有一人监护，严禁带人移动梯子。使用梯子时，人员处在坠落基准面2m（含2m）以上时应采取防坠落措施。

——梯子使用时应放置稳定。在平滑面上使用梯子时，应采取端部套、绑防滑胶皮等防滑措施。严禁在吊架上架设梯子。

——使用人字梯时，上部夹角宜为35°~45°，人在梯子上作业，上部留有不少于两步空挡，支撑应稳固。

——使用便携式直梯时，不得垫高使用，上下支承点应牢固可靠，不得产生滑移。直梯工作角度与地平夹角宜为70°~80°，人在梯上作业，上部留有不少于四步空挡（图2-29）。

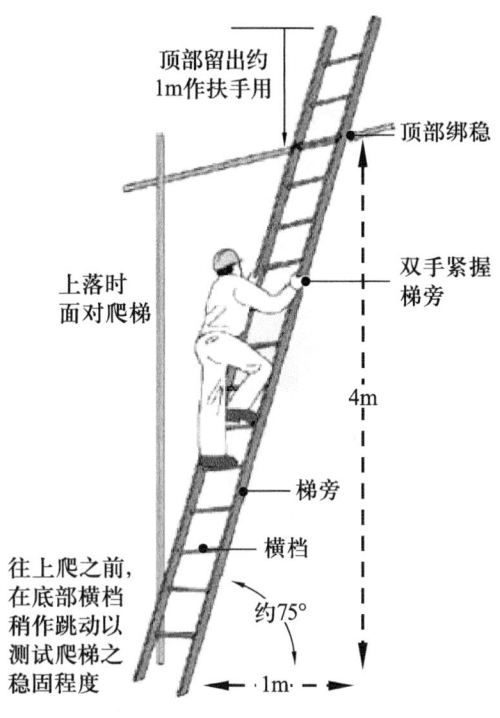

图2-29 便携式直梯使用

——在梯子上工作时，应避免过度用力、背对梯子工作、身体重心偏离等，以防止身体失去平衡而导致坠落。

——有横档的人字梯在使用时应打开并锁定横档，谨防夹手。

——上、下梯子时，应面向梯子，且不得手持器物，一步一级，双手不能同时离开梯子。下梯时应先看后下（始终可保持三点支撑），见图2-30。

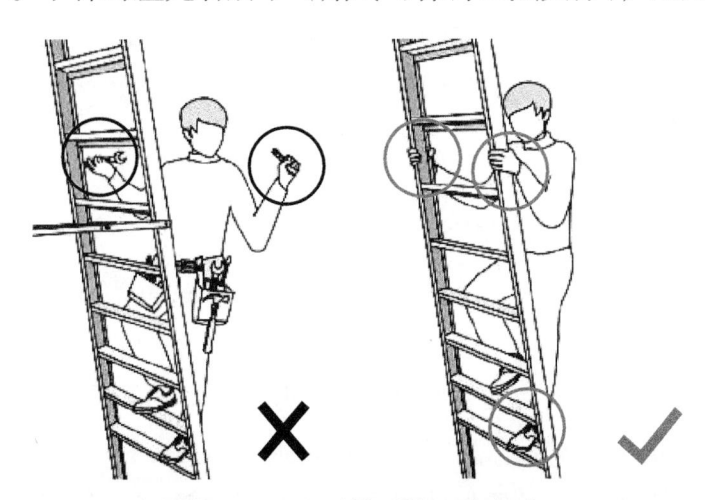

图2-30 上下梯子的正确方式

——人员在梯子上作业需使用工具时,可用跨肩工具包携带或用提升设备及绳索上下搬运,以确保双手始终可以自由攀爬。

——若梯子用于人员上、下工作平台,其上端应至少伸出支撑点1m。在支撑点以上的梯子部分(指直梯或延伸梯)只可在上、下梯子时作扶手用,禁止用其挂靠、固定任何设备或工具。

——梯子最上两级严禁站人,并应有明显警示标识。如果风险评估显示使用梯子不安全,可选用比较安全的梯型工作平台,以取代梯子(图2-31)。

图2-31 人字梯正确使用方法或代替方法

——在通道门口使用梯子时,应将门锁住,防止门突然开启发生问题。

——严禁将梯子用作支撑架、滑板、跳板或其他用途。

——在电路控制箱、高压动力线、电力焊接等任何有漏电危险的场所,应使用专用绝缘梯,严禁使用金属梯子。

注:禁止把梯子架设在木箱等不稳固的支持物或容易滑动的物体上或可产生危害的管路上。靠在管子上使用梯子,其上端需用挂钩或用绳索固定。采用上述办法仍不能使梯子稳固时,可派专人扶着,以防梯子下端滑动,还应防止梯子上作业时落物伤人。

4. 梯子的存放

——存放梯子时,应将其横放并固定,避免倾倒砸伤人员。

——梯子存放处应干燥、通风良好,并避免高温和腐蚀。

——存放的梯子上严禁堆放其他物料。

——运输梯子时应进行适当的支撑和固定,以防摩擦和震动带来的损伤。延伸梯应收缩固定后再搬运,人字梯应在合拢后搬运。

当梯子发生严重弯曲、变形或破坏等不可修复的情况时应及时报废。对报废后的梯子应进行破坏处理，以确保其不能再被使用。

（二）移动式平台梯

使用移动式平台梯前，要查看梯级是否稳固，间距是否均匀，有无松动或缺失。检查扶手是否安装牢固，能提供可靠的抓握支撑。确认轮子或移动装置能正常转动、刹车功能有效，如有损坏应及时修复或更换。检查踏板表面的防滑纹路是否清晰，有无磨损光滑，确保梯脚的防滑垫完好，能提供足够的摩擦力，防止平台梯滑动。移动式平台梯基本结构见图 2-32。

(a) 不带配重物的可移动式平台梯示意图　(b) 带配重物的可移动式平台梯示意图

图 2-32　可移动式平台梯示意图

1—护栏；2—横杆；3—平台门；4—踢脚板；5—扶手；6—脚轮；7—配重物；8—稳定装置

1. 搭建与放置

——周围地面要求：选择平稳、坚实的地面放置平台梯，避免在松软、不平整或有坡度的地面使用。若地面有油污、水渍等，需清理干净，防止滑倒。在工作过程中，也要随时留意环境变化，如是否有人员或车辆靠近等。

——周边空间要求：平台梯周围应保持足够的空间，避免在狭窄、拥挤或有障碍物的区域使用，包括上方是否有电线、管道等障碍物。确保在使用过程中，人员有足够的活动空间，不会碰撞到其他物体。同时，平台梯顶部应与上方障碍物保持安全距离，防止发生碰撞。

——安全移动定位：移动平台梯时要缓慢进行，尤其是在不平坦的地面或狭窄空间内，避免快速移动导致平台梯倾倒或碰撞到其他物体。到达工作位置后，要确保平台梯的四个支撑脚都平稳着地，刹车装置已可靠锁定。

——设置警示标识：在平台梯周围设置明显的警示标识，如"注意安全""禁止靠近"等，提醒周围人员此处正在进行高空作业，避免无关人员靠近造成危险。

2. 使用过程规范

——注意负载限制：严格按照平台梯的额定负载使用，不得超载。使用前需明确平台梯的承载能力，并根据实际情况合理安排人员和工具的重量分布，确保总重量在安全范围内。

——规范人员操作：在上下平台梯时，应面向梯子，双手紧握扶手，脚步踏实。在平台上作业时，应站稳扶好，保持身体平衡，不得进行大幅度的动作或用力过猛，防止平台梯晃动或倾倒。

——保持状态良好：工作人员在登上可移动式平台梯前要保证自身身体状况良好，没有疲劳、头晕、饮酒等影响身体平衡和反应能力的情况，避免因身体原因导致安全事故。

——穿戴合适装备：务必穿着防滑性能良好的工作鞋，防止在攀爬和站在平台梯上时滑倒。根据工作环境和需求，佩戴安全帽、安全带等其他个人防护装备，安全带应系在牢固的固定点上，且长度要合适，确保在发生意外时能有效保护身体。

——多人协作规范：如果需要多人在平台梯上协同工作，要提前明确各自的工作范围和动作空间，避免相互干扰碰撞。同时，要确保平台梯的承载能力能够满足多人及工具的总重量，且多人的动作要协调一致，防止因动作不协调导致平台梯晃动。

——避免过度伸展：在平台梯上工作时，应尽量保持在平台的中心位置操作，避免身体过度向一侧或前方伸展，防止重心偏移导致平台梯失去平衡。如果需要操作的位置较远，应移动平台梯，而不是强行伸展身体。

——正确使用工具：在平台梯上使用工具时，应确保工具的重量和尺寸适合操作，避免使用过长或过重的工具，以免影响平衡。工具应放置在安全位置或工具包内，也可安装防坠绳，防止工具掉落伤人。若需要传递工具或材料，不得随意抛扔。

——保持安全意识：始终保持高度的安全意识，不要因为工作时间较长或工作内容简单而放松警惕。在工作间隙休息时，也要确保自身处于安全状态，不要在平台梯上进行与工作无关的危险行为。

3. 使用后维护

——清洁保养：使用后及时清理平台梯上的灰尘、油污、杂物等，保持平台梯的清洁。对有腐蚀可能的部位，应进行防腐处理，如涂抹防锈漆等。

——存放管理：将平台梯存放在干燥、通风的地方，避免受潮生锈或损坏。若长期不使用，应进行遮盖防护。按照规定的存放位置和方式进行存放，不得随意堆放，以免造成变形或损坏。

（三）移动式工作平台

移动式升降工作平台（mobile elevated work platforms，MEWP）使用应符合《移动式升降工作平台　安全规则、检查、维护和操作》（GB/T 27548—2011）的有关规定。移动式升降工作平台一般由带控制器的工作平台、伸展结构和底盘组成。如果底盘为定型道路车辆，并由车辆驾驶员操纵其移动的移动式升降工作平台，也叫"高空作业车"。常见高空作业车的类型代号和示意图见图2-33。

型式	伸缩臂式	折叠臂式	混合臂式	垂直升降式
代号	S	Z	H	C

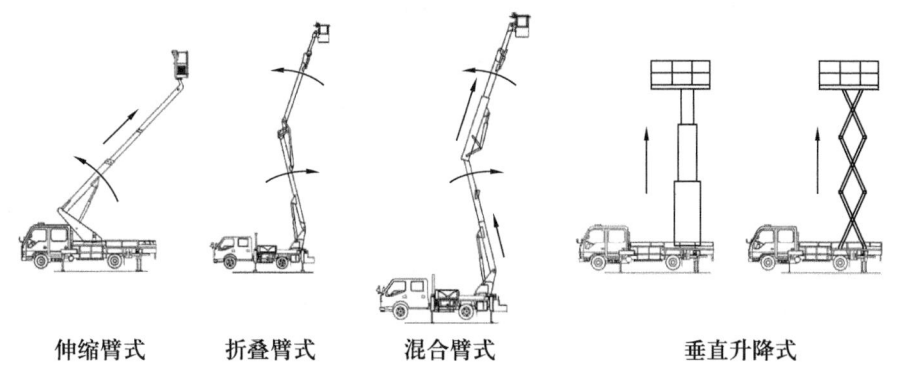

图 2-33　伸展结构型式示意图

使用前或每次交接班前，应对MEWP进行外观检查和功能测试，包括但不限于：

——安全操作、人员防护和应急控制装置；

——气动、液压及燃料系统泄漏，电缆、线束、部件松动、损坏或缺失；
——轮胎、车轮和车轮紧固件，稳定器在内的结构件；
——设备使用说明、警示、控制标识和操作手册；
——工作平台（包括护栏、地板、安全锁定装置和连接支架）。

五、个人坠落保护系统

个人坠落保护系统是用于阻止从工作高度坠落的一种系统，包括有锚固点、连接器、全身式安全带，还可能包括带有自锁钩的安全绳、缓冲器、吊绳或它们的组合。

（一）常用术语

——生命绳：一根垂直或水平的绳，固定到一个锚固点上或两个锚固点之间，为高处作业人员用于系挂安全带的固定钢丝绳索。生命绳又称"救生索"或"生命线"。

注：生命绳所用钢丝绳应符合《钢丝绳通用技术条件》（GB/T 20118）的规定。

——系挂点：用来系挂速差自控器、安全带等能够承载人体坠落重量的结构横梁、立柱及承重支架固定点。

——安全绳：在安全带中连接系带与挂点的绳或带。用于将安全带和系挂点或生命绳相连接。安全绳有时也称为"系索"。

注：安全绳一般起扩大或限制佩戴者活动范围、吸收冲击能量的作用。

——自锁器（导向式防坠器）：附着在导轨上、由坠落动作引发制动作用的部件。

注：该部件不一定有缓冲能力。

——缓冲器：安装在挂点上，串联在系带和挂点之间，装有可伸缩长度的绳（带、钢丝绳），发生坠落时吸收部分冲击能量、降低冲击力，或在坠落发生时因速度变化引发制动作用的部件。例如速差自控器、自锁器、弹性救生索等。有时也叫"防坠器"，见图2-34。

注：5m以下的高处作业禁止使用缓冲器。

速差自控器工作原理：速差自控器在下落速度>1m/s时，会触发自控器的自锁功能，并立即锁止，锁止距离0.2m左右，从而避免发生意外。速差自控器冲击作用力不应大于6kN，坠落距离不应大于2m，见图2-35。

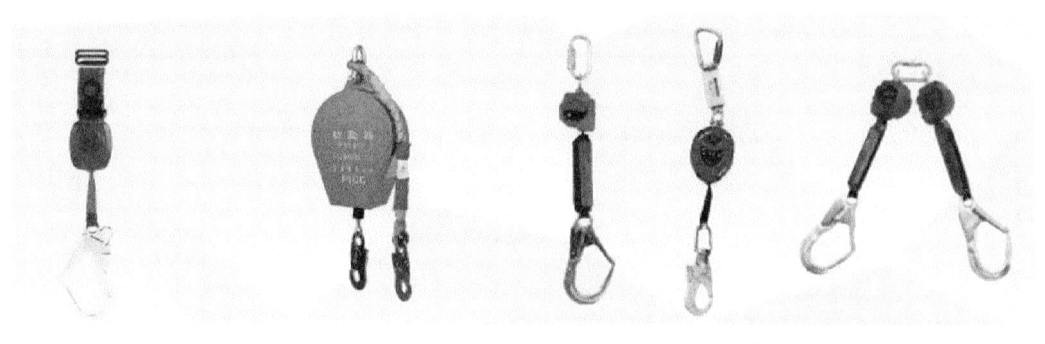

图 2-34 各种类型的缓冲器

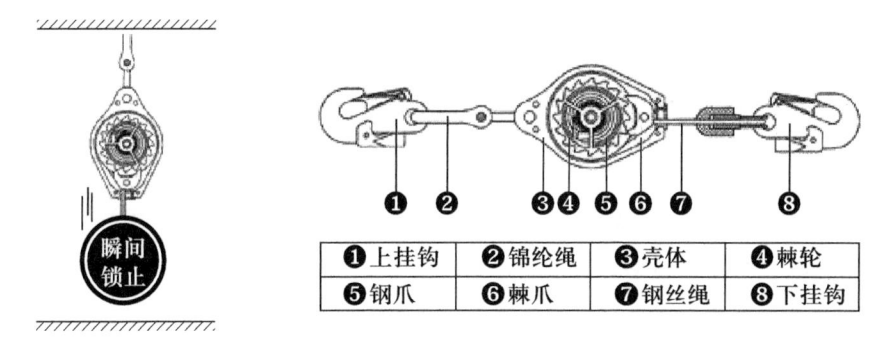

图 2-35 速差自控器工作原理示意图

❶上挂钩　❷锦纶绳　❸壳体　❹棘轮
❺钢爪　❻棘爪　❼钢丝绳　❽下挂钩

（二）安全带分类

安全带是指在高处作业、攀登及悬吊作业中，固定作业人员位置、防止作业人员发生坠落或在发生坠落后，将作业人员安全悬挂的个体坠落防护装备的系统，应符合《安全带》（GB 6095—2009）要求。主要分为三种类型（图 2-36），其部件组成见表 2-7。

坠落悬挂安全带　　围杆作业安全带　　区域限制安全带

图 2-36 各类安全带使用场景示意图

——坠落悬挂安全带（Z）：当作业人员发生坠落时，通过制动作用将作业人员安全悬挂的个体坠落防护系统。

表 2-7　安全带的分类与部件组成

分类	部件组成	挂点装置
围杆作业安全带	系带、连接器、调节器（调节扣）、围杆带（围杆绳）	杆（柱）
区域限制安全带	系带、连接器（可选）、安全绳、调节器、连接器	挂点
区域限制安全带	系带、连接器（可选）、安全绳、调节器、连接器、滑车	导轨
坠落悬挂安全带	系带、连接器（可选）、缓冲器（可选）、安全绳、连接器	挂点
坠落悬挂安全带	系带、连接器（可选）、缓冲器（可选）、安全绳、连接器、自锁器	导轨
坠落悬挂安全带	系带、连接器（可选）、缓冲器（可选）、速差自控器、连接器	挂点

——围杆作业安全带（W）：通过围绕在固定构造物上的绳或带将人体绑定在固定构造物附近，防止人员滑落，使作业人员的双手可以进行其他操作的个体坠落防护系统。

——区域限制安全带（Q）：通过限制作业人员的活动范围，避免其到达可能发生坠落区域的个体坠落防护系统。

（三）全身式安全带

安全带是保护高处坠落最后一道防线！全身式安全带是一种能够系住人的躯干，把坠落力量分散在大腿的上部、骨盆、胸部和肩部等部位的安全保护装备，包括用于挂在锚固点或吊绳上的两根安全绳。最常用的是坠落悬挂安全带，其材质一般由涤纶及更高强度的织带加工而成的，是由带体、安全绳、缓冲器和金属配件组成，见图 2-37。

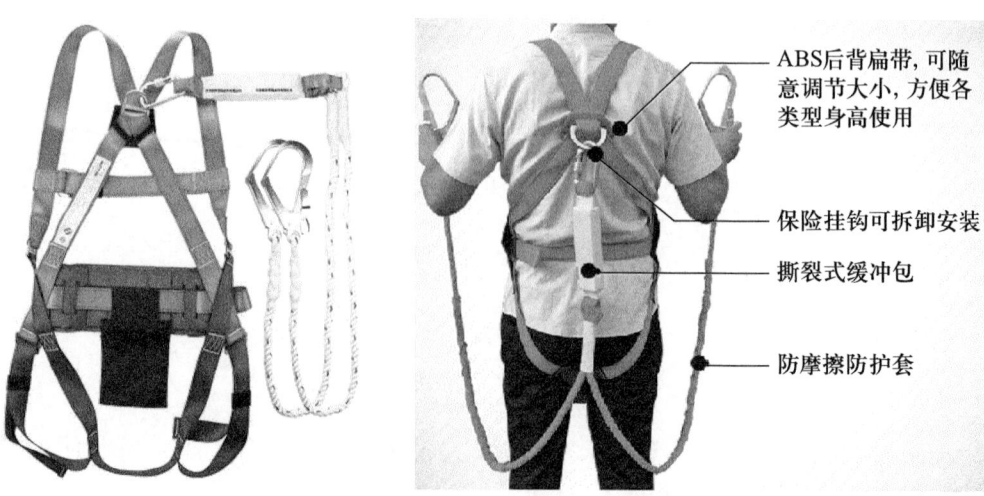

图 2-37　全身式安全带组成与正确穿戴

1. 安全带检查

——安全带应每月进行一次外观检查，安全绳及缓冲器装置各部位是否完好无损，金属件 D 环、挂钩是否齐全，有无裂纹、腐蚀变形现象。应存放在干燥、通风的仓库内，不应接触高温、明火、强酸、强碱和尖锐的坚硬物体。

——安全带必须保证完整，严禁拆除各种部件。每次使用安全带前，应检查安全绳、系带有无断股、撕裂、割伤、烧痕、损坏、缝线开线、霉变、化学腐蚀现象。

——弹簧弹性是否良好，背垫是否存在变形、脱落、毛刺、裂痕，以及是否有其他影响安全带性能的缺陷，如果发现存在影响安全带强度和使用功能的缺陷，应立即更换。

特别提醒：为了安全时刻谨记："在高空作业时，无论一项工作能多么快地完成，也有可能坠落""一次违章没事，并不意味着次次都会没事，谁都不会一直这么幸运下去的"。

2. 穿戴要求

——将安全带穿过手臂至双肩，保证所有系带没有缠结，自由悬挂，肩带必须保持垂直，不要靠近身体中心。

——将胸带通过穿套式搭扣连接在一起，多余长度的系带穿入调整环中。将腿带与臀部两边系带上的搭扣连接，将多余长度的系带穿入调整环中。避免出现系挂点在腰部以下的情况。

——从肩部开始调整全身的系带，确保腿部系带的高度正好位于臀部下方，然后对腿部系带进行调整，试着做单腿前伸和半蹲，调整使两侧腿部系带长度相同，胸部系带要交叉在胸部中间位置，并且大约离开胸骨底部三个手指宽的距离。

3. 使用要求

——安全带应高挂低用，拴挂于牢固的构件或物体上，如无固定挂处，应设置锚固点或生命线，禁止将安全带挂在移动的、带有尖锐棱角或不牢固的物件上。

——使用坠落悬挂安全带的挂点，应位于垂直于工作平面的上方位置，且安全净空足够，防止摆动和碰撞。

——使用安全带时，安全绳与系带不能打结使用。也不准将钩直接挂在安全绳上使用，应挂在连接环上使用。高处动火作业应使用阻燃安全带，严禁使用普通安全带。

——安全绳（含未打开的缓冲器）有效长度不应超过 2m，有两根安全绳（含未打开的缓冲器）其单根有效长度不应超过 1.2m，严禁将安全绳接长使用，如需使用 2m 以上的安全绳应采用自锁器或速差式防坠器。

——使用中不得拆除安全带各部件，严禁修正安全带上的缝合方法、绳索或 D 环等配件。

4. 移动时的要求

高处作业人员在高处需要手动移动系挂点时，应按照以下要求系挂安全带：

——作业人员应使用双重锁定挂钩交替移动，移动过程中必须保证至少一支挂钩有效系挂，这种方式可使作业人员时时处于安全带的保护下。

——如果无法满足系挂要求，应禁止员工在没有安全措施的情况下在高处长距离移动，但可以使用带护栏的工作平台，也可以预先用钢缆安装水平生命绳。

5. 安全带报废

——过度磨损或损坏，包括切割、刺穿或烫伤、撕裂、织带边缘损坏超过 1/8 总宽度，应予以废弃。

——线头脱落和织带断裂，应予以废弃。

——存在因金属硬件的尖刺对织带造成的隐藏暗伤，应予以废弃。

——检查有无焊渣引起的烫伤、烧伤和电弧对织带表面造成的损伤。任何烫伤、烧伤都必须予以足够的重视，有影响强度的损伤时，应予以废弃。

——暴露在阳光下的强紫外线中和恶劣的气候条件下，或维护不当均可造成材料性能的衰退。如果不能够轻松地辨认织带的颜色，应予以废弃。

——发生坠落事故后，应予以报废。

（四）水平生命绳

生命绳宜选用镀锌钢丝绳或带塑胶套的钢丝绳，其技术性能应符合《钢丝绳通用技术条件》（GB/T 20118—2017）的相关要求。在使用前应进行检查，当发现磨损、锈蚀、断丝、电弧伤害等缺陷时不得使用。

——生命绳的直径宜为 12mm 及以上，生命绳应有质量证明文件，生命绳的直径等要求应符合生产厂说明书的要求。

——生命绳的跨距不宜超过 12m，生命绳设置高度在最低点不应低于 1.2m，垂度不宜小于 300mm。

——两个锚固点之间的生命绳，供 1 名作业人员独立使用时，每个生命绳锚固点应能够承受 12kN 的负荷，每增加 1 名作业人员，生命绳锚固点能够承受的负荷应增加 1kN。

——现场可利用结构梁柱作为锚固点，或者焊接固定符合强度要求的型钢立柱做锚固点，型钢底部与支撑面应四周满焊；不得利用防护栏杆、电缆桥架、避雷线、穿线管、阀门、手柄、法兰等作为锚固点。

——生命绳端头固定时应采用钢丝绳夹固定，绳夹的 U 形螺栓应扣在钢丝绳的短头一侧，绳夹朝向应一致；在钢丝绳公称直径不超过 18mm 时，每端的绳夹数量至少 3 个；绳夹间距宜为 100mm，绳头露出长度不应小于 200nm；每个绳夹均应拧紧，压紧程度以钢丝绳压扁 1/3 为宜。

——生命绳宜在地面设置完成后随结构一起吊装到位。生命绳与钢梁锐边等接触的部分应采取保护措施，应采用整根钢丝绳，中间不得有接头。

——沿生命绳行走时若遇到障碍物，应使用双钩安全带交叉换位通过。

相关链接：脚手架作业安全要求

脚手架是指一种临时搭建的、可供人员在其上施工、承载建筑设备和物料的平台。在现场施工中，运用技术和管理手段，对脚手架材料检验和架体设计、搭设、使用和拆除全过程进行风险管控，并加大安全检查及隐患排查治理力度，提高作业人员的技术素质和安全意识，努力消除脚手架的不安全因素和隐患，才能在施工作业中减少或避免脚手架伤亡事故的发生。脚手架各部位组件的名称见图 2-38。

一、脚手架的材料

——脚手架材料（如钢管、门架、扣件和脚手板等）应有厂商的生产许可证、检测报告和产品质量合格证。

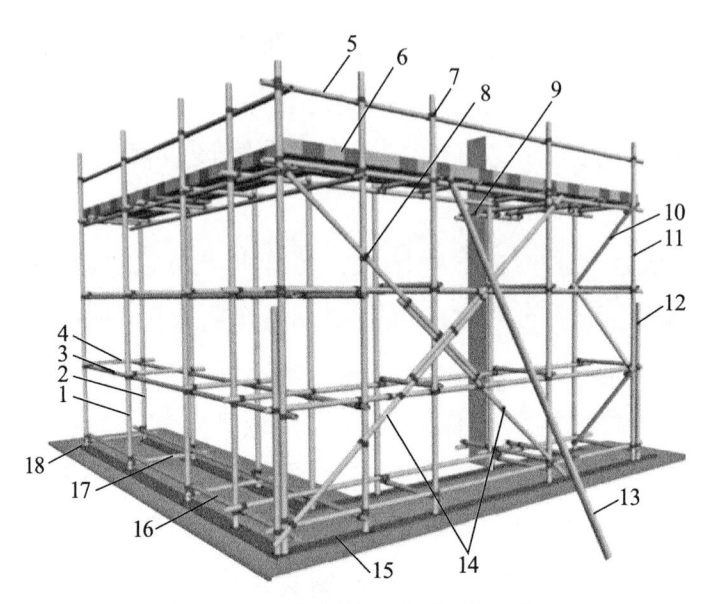

图 2-38 常见脚手架组件名称

1—外立杆；2—内立杆；3—纵向水平杆；4—横向水平杆；5—栏杆；6—挡脚板；7—直角扣件；8—旋转扣件；9—连墙杆；10—横向斜撑；11—主力杆；12—副立杆；13—抛撑；14—剪刀撑；15—垫板；16—纵向扫地杆；17—横向扫地杆；18—底座

——重复使用的脚手架钢管、门架和扣件等材料的形状尺寸、性能应满足脚手架技术规范要求，严禁使用裂缝、变形、滑丝和锈蚀的脚手架材料。严禁使用腐朽（蚀）的脚手板。

——在入库前和使用前应对脚手架材料和部件进行检查，任何有缺陷的部件应及时修复或销毁，在销毁前应附上标签避免误用。

——应妥善保管脚手架部件，存放在干燥、无腐蚀的地方，禁止在上面堆放重物，防止损坏。

——脚手架钢管宜采用 $\phi48mm \times 3.5mm$，亦可采用 $\phi51mm \times 3.0mm$ 钢管，同一脚手架不得混用材质不同、规格不同的钢管。横向水平杆最大长度 2200mm，其他杆最大长度 6500mm。

——脚手板可采用钢、木、竹材料制作，性能应符合设计使用要求，表面应有防滑措施。木脚手板厚度不得小于 50mm，两端应各设直径为 4mm 的镀锌钢丝箍两道。

——每块脚手板质量不宜大于 30kg，脚手板长度不宜少于两跨，严禁使用腐蚀或破损的脚手板。

——木制脚手板应定期进行承载试验。承载试验应综合考虑用途、使用年限、安装环境和储存条件等因素。

——重复使用的脚手架钢管、门架和扣件等材料的形状尺寸、性能应满足脚手架技术规范要求，严禁使用裂缝、变形、滑丝和锈蚀的脚手架材料。

二、脚手架搭建拆除

——脚手架的搭建、拆除、移动、改装作业应在作业技术负责人现场指导下进行；

——作业中，作业人员应正确使用安全帽、安全带、防滑鞋、工具袋等装备；

——脚手架应正确设置、使用防坠落装置，每一作业层的架体应设置完整可靠的台面、防护栏杆和挡脚板。使用特殊防护设施时应在作业技术负责人指导下进行；

——脚手板除了用作铺设脚手架外不可它用；

——脚手架的支撑脚应可靠、牢固，能够承载许用最大载荷。不得将模板支架、缆风绳、泵送混凝土和砂浆的输送管等固定在脚手架上。严禁悬挂起重设备；

——当脚手架的高度超过其最小基础尺寸的4倍时，应在其顶部采取防倾覆的措施；

——脚手架搭设作业当日不能完成的，在收工前应进行检查，并采取临时性加固措施；

——脚手架与架空输电线路的安全距离、工地临时用电线路架设及脚手架接地措施等执行《建筑与市政工程施工现场临时用电安全技术标准》（JGJ/T 46），见图2-39；

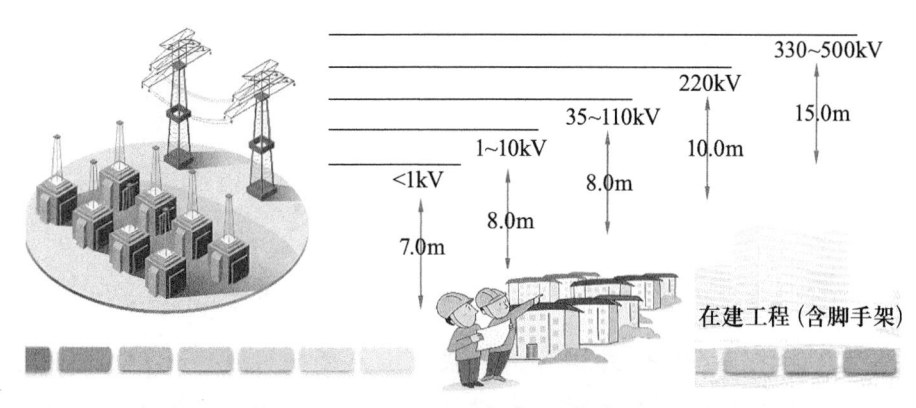

图2-39 脚手架与架空输电线路的距离要求

——遇有六级以上强风、浓雾、大雪及雷雨等恶劣气候，不得进行露天脚手架搭设作业，正在使用中的脚手架应以红色挂牌替换绿色挂牌；

——雨雪过后，应把架面上的积雪、积水清除掉，避免发生滑跌。大风过后，应对脚手架作业安全设施逐一加以检查；

——脚手架作业过程中禁止高空抛物、上下同时拆卸。杆件尚未绑稳时，禁止中途停止作业；

——禁止携带物品上下脚手架，所有物品应使用绳索或其他传送设施传递；

——脚手架外侧应采用密目式安全网做全封闭，不得留有空隙。脚手架上不得放置任何活动部件，如扣件、活动钢管、钢筋、工器具等。

三、脚手架使用要求

脚手架管理实行绿色和红色标识：绿色表示脚手架已经过检查且符合设计要求，可以使用；红色表示脚手架不合格、正在搭设或待拆除，除搭设人员外，任何人不得攀爬和使用。

——在脚手架作业前和作业过程中应根据需求设置安全通道和隔离区，隔离区应设置警戒标志，禁止在安全通道上堆放物品材料。

——脚手架的使用者都应接受培训。培训的内容包括作业规程、作业危害、安全防护措施等。

——脚手架的使用者应进行工作安全分析，并采取适当的防护措施。

——在脚手架使用过程中现场应设置安全防护设施。

——使用者应通过安全爬梯（斜道）上下脚手架。脚手架横杆不可用作爬梯，除非其按照爬梯设计。

——脚手架上的载荷不允许超过其容许的最大工作载荷。

——脚手架无扶手、腰杆和完整的踏板时，脚手架的使用者需使用防坠落保护设施。

——不得在脚手架基础及其邻近处进行动土作业。

四、脚手架常见问题

现场作业最常用的扣件式钢管脚手架，以其装拆方便、承载性能好、安全可靠得到了广泛应用。但由于管理不到位，脚手架在搭设、使用、拆除过程中存在大量问题，给施工安全带来了极大的风险，导致脚手架上事故频发，严重危害到作业人员的人身安全。

——脚手架搭设与拆除方案不全面，安全技术交底无针对性；
——在没有铺满的平台上作业，不系安全带或安全带低挂高用；
——在没有护栏的平台上临边作业，并且不系安全带；
——使用变形的钢管或脚手板，承载负荷不够；
——脚手架搭设完，没有经过专业人员的检查验收，就投入使用；或使用简易架子；
——违反拆卸作业的程序，先拆底部支撑，后拆上部架子；
——脚手架地面环境、作业面、通道堆放材料和杂物；
——脚手架没有逃生通道或逃生通道不合格；
——作业面缺挡脚板、缺护栏、护栏高度不合适；
——脚手板未铺满、单跳板、探头跳、跳板未绑扎；
——搭设脚手架时，连墙件滞后搭设；
——拆除脚手架时，连墙件先拆除；
——使用期间时（外粉作业时），擅自拆除连墙件；
——脚手架材料不合格，使用前未进行必要的检验检测。

作业人员安全意识淡薄，自我保护能力差，冒险违章作业是重要的人为因素。一些架子工从事脚手架搭设与拆除时，未按规定使用或正确佩戴安全帽和安全带。许多作业人员自恃"艺高人胆大"嫌麻烦，认为不戴安全帽或不系安全带，只要小心一些就不会出事，由此导致的高处坠落事故时有发生。还有就是管理人员、作业人员和监护人员风险辨识能力差，对可能遇到或发生的危险估计不足，对施工现场存在的安全防护不到位等问题不能及时发现和纠正。

第五节　管线打开（盲板抽堵）安全管理

管线打开（盲板抽堵）作业是指采用下列方式改变封闭管线或者设备及其附件完整性，在设备、管道上安装或者拆卸盲板的作业。盲板是中间不带孔的双面密封圆板，设置于管道两片法兰之间，隔离管道生产介质，防止由于截断阀关闭不严影响生产，甚至造成事故。管线打开（盲板抽堵）作业时，若系统置换、清洗不彻底，残留易燃易爆或有毒有害介质，使用的工具不防爆或者所穿戴劳动保护用品不合格，在作业过程中有可能发生火灾、爆炸，或者中毒、窒息、灼伤、烫伤事故。

一、作业概述

（一）管线打开方式

管线打开主要包括两种情况：一是在运管线打开；二是装置停车大检修，工艺处理合格后，独立单元首次管线打开。管线打开一般采取下列方式（包括但不限于）改变封闭管线或设备及其附件的完整性，图例见表2-8：

——解开法兰，包括从法兰上去掉一个或者多个螺栓；

——打开管线连接件、阀盖或者拆除阀门；

——安装或者拆卸盲板（包括8字盲板）、盲法兰；

——去掉堵头和管帽；

——断开仪表、润滑、控制系统管线，如引压管、润滑油管等；

——断开加料和卸料临时管线，包括任何连接方式的软管；

——用机械方法或者其他方法穿透管线；

——开启检查孔；

——更换阀门填料等微小调整。

表2-8　各类管线打开方式图例

序号	打开方式	图例
1	打开法兰	
2	拆除一个或多个法兰螺栓	
3	开启排空、排放阀	

续表

序号	打开方式	图例
4	开阀盖或单向阀及微小调整（微小调整指更换阀门填料等）	
5	转换八字盲板、去除盲板、盲法兰或栓塞	
6	打开管接、断开细管	
7	断开装卸料的工艺管道	
8	开启检查孔	

盲板抽堵作业是指在设备、管道上安装和拆卸盲板的作业。主要是在设备抢修或检修过程中，设备、管道内存有物料（气、液、固态）及一定温度、压力情况时的盲板抽堵。

（二）设计阶段要求

在新、改、扩建项目的设计过程中，建设单位与设计单位应共同考虑消除或降低因管线打开产生的风险。

——在项目设计的各个阶段，应考虑为清理管线（设备）增加连接点，同时应考虑由此可能产生泄漏的风险；能够隔离第二能源，如伴热蒸汽、电伴热及换热介质等。

——有经验的现场操作人员和维修人员应参与设计或设计审查。

——设计阶段应优先考虑双重隔离，双重隔离是指符合下列条件之一的情

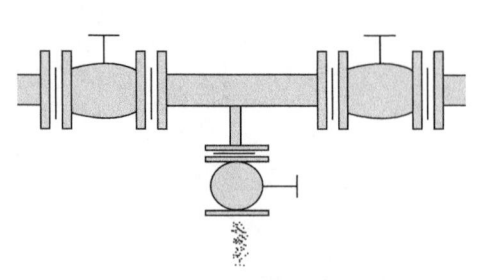

图 2-40 双重隔离示意图

况：双阀－导淋：双截止阀关闭、双阀之间的导淋常开（图2-40）；截止阀加盲板或盲法兰。

——如果双重隔离不可行，应采取适当的防护措施。隔离的优先顺序如下：双截止阀—单截止阀—凝固（固化）工艺介质—其他。

企业生产工艺流程连续性强，设备管道紧密相连，设备与管道间虽有各种阀门控制，但在生产过程中，阀门长期受内部介质的冲刷和化学腐蚀作用，严密性能大大减弱，有可能出现泄漏。所以在设备或管道检修时，如果仅仅用关闭阀门来与生产系统进行能量隔离，往往是不可靠的。在这种情况下，盲板是最有效的能量隔离手段。

（三）主要作业风险

管线打开（盲板抽堵）作业的主要风险涉及多个方面，这些风险可能因操作环境、介质特性、作业条件，以及人员操作等因素而有所不同，见图2-41。

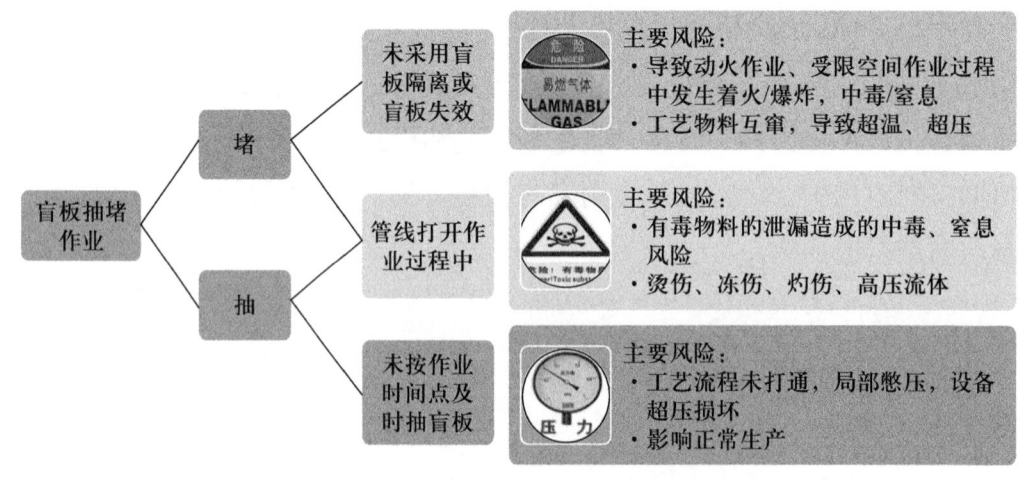

图 2-41 管线打开作业主要风险示意图

1. 介质泄漏风险

盲板质量存在缺陷也可能造成管道内介质泄漏事故。作业部位没有确认、没有绘制盲板分布图可能导致加错盲板，引发事故。

管道或设备内的介质（如气体、液体）可能因盲板抽堵作业不当而泄漏。

泄漏的介质可能对环境和人员造成危害，特别是当介质具有毒性、腐蚀性或易燃易爆性时。

2. 人员伤害风险

中毒与窒息：在含有有毒或窒息性气体的管道上进行盲板抽堵作业时，若未做好通风和个人防护，操作人员可能中毒或窒息。

烫伤与冻伤：管道内的介质可能处于高温或低温状态，操作人员在没有适当的防护措施下可能遭受烫伤或冻伤。

压力伤害：管道系统可能残余有压力，如果未正确释放压力就进行盲板抽堵作业，可能导致盲板飞出或介质喷射，造成人员伤害。

机械伤害：在吊装、搬运和安装盲板的过程中，如果操作不当或设备故障，可能导致夹伤、压伤等机械伤害。

高处坠落：在高处平台或管廊上进行盲板抽堵作业时，若安全防护措施不到位，可能导致高处坠落事故。

电气伤害：如果作业环境中存在电气设备且未进行有效隔离或绝缘，可能发生触电事故。

3. 火灾与爆炸风险

易燃易爆介质：当管道内残留有易燃气体或液体时，若遇到点火源（如明火、静电火花等）可能引发爆炸或火灾。

操作不当：在易燃易爆场所进行盲板抽堵作业时，若操作不当（如使用非防爆工具、未按规定进行置换和清洗等）也可能引发火灾或爆炸事故。

为了降低盲板抽堵作业的风险，应严格遵守安全操作规程，进行风险评估、确保作业人员具备相应技能和经验、使用合适的防护设施、对作业现场进行充分检测和监测、制订详细的作业计划和应急预案等。

二、盲板的管理

企业应根据管道内介质的性质、温度、压力和管道法兰密封面的口径等，选择相应材料、强度、口径和符合设计、制造要求的盲板。盲板从外观上看一般分为8字盲板、插板（单盲板）和垫环。盲板选用应当符合《管道用钢制插板、垫环、8字盲板系列》（HG/T 21547）或者《阀门零部件 高压盲板》（JB/T 2772）的要求。

（一）盲板的选择

对于高压盲板有系列的产品可供选购，并在使用前应经超声波探伤。而对于中低压盲板，一般可以用气割制作一块圆形的铁板作为盲板来使用。盲板选材和制作要尽可能薄，又要保证盲板在使用过程中不发生变形，需注意以下几点：

——盲板选材要适宜，平整、光滑，经检查无裂纹和孔洞，禁止使用铸铁、铸钢材质，严禁用石棉板或白铁皮代替盲板。

——盲板的材质和厚度应与介质性质、压力、温度相适应，厚度要经强度计算，一般其厚度不应小于管壁的厚度。其压力承压能力应不低于压力源侧的管道压力等级。

——盲板的直径应大于或等于法兰密封面直径，并应按管道内介质性质、压力、温度选用合适的材料制作盲板垫片。

——临时性使用部位（如试压、吹扫）及管线和设备的对空排气口、排污口的隔断宜选用插板（垫环）。

——在流体温度低于 -5℃或大气腐蚀严重的场合，宜使用插板或垫环，不宜使用"8"字盲板。

——盲板除按照相关规范设计、制造，进场时应进行强度试压。

——盲板应有一个或两个手柄，便于辨识、安装、拆卸和加挂盲板标识牌。

——管线末端的封堵宜选用法兰盖，不需拆卸的可选用封头。

如果盲板本身有缺陷或者其材质、厚度达不到要求，或者安装不规范，就有可能起不到有效的隔离作用。另外，如果盲板强度不够，在使用过程中可能会发生破裂，失去隔离的作用，所以对盲板本身的检查尤其应该引起注意，切不可认为加了盲板就万无一失了。

（二）盲板的设置

企业应对每个盲板设标牌进行标识和编号，并建立盲板台账，标牌编号应与盲板位置图上的盲板编号一致（图 2-42）。盲板设置应满足如下要求：

——多列并列的装置，进、出装置的各种工艺物料管道，应在装置界区切断阀处装置侧设置盲板。装置分期建设时，预留的连接管道应在切断阀处设置盲板或盲法兰，以便后续工程施工。

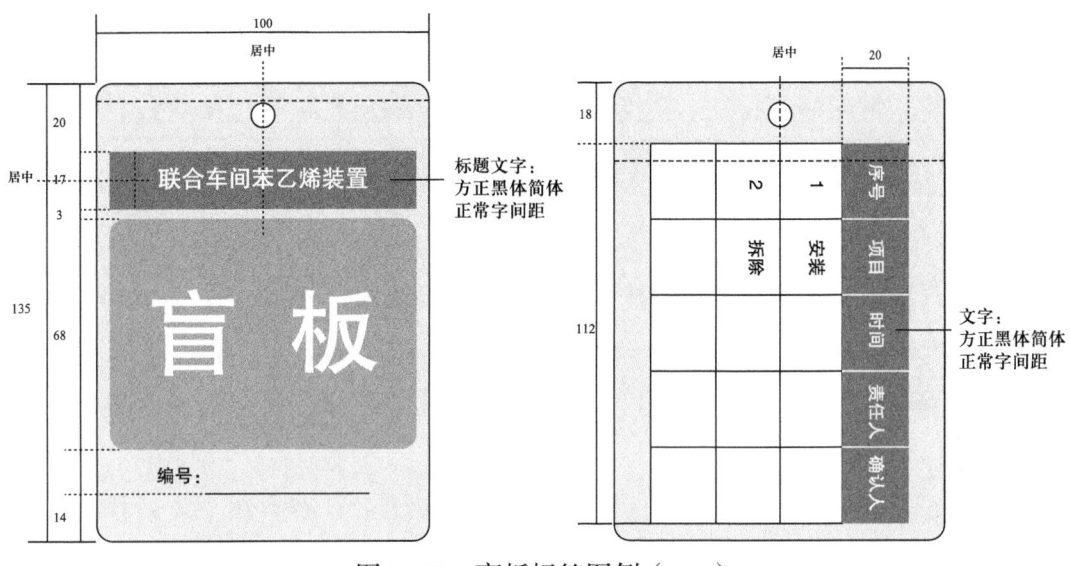

图 2-42　盲板标签图例（mm）

——设备管道进行强度试验或严密性试验时，如不能和所相连的设备（如压缩机、反应器、加热炉等）同时进行，应在设备与管道的连接处设置盲板，有截断阀的，盲板应设置于设备侧。

——检修或开停工用的充压管道、置换气管道（如氮气管道、压缩空气管道）与工艺管道和设备相连时，在切断阀处靠辅助管线一侧设置盲板。

——装置在检维修或切换流程过程中，所涉及的设备须完全隔离生产介质时，应在切断阀处设备侧设置盲板。

——装置内仅检维修或开停工时使用的排污口、排气口应设置盲板，不宜在排污口、排气口设置丝堵或螺纹连接封头进行封堵。

——在与物料或有害介质管线相连的设备（设施）内进行作业，或在物料或有害介质管线相连的设备（设施）/管线上进行动火作业时应设置盲板。

——与易燃易爆、有毒有害、腐蚀性、窒息性、放射性物质或带压气体相连接的设备（设施）及其附件、管线上进行拆除、维护维修作业时应设置盲板。

——长期停运或停用封存装置，应在装置界区设置盲板对进、出装置管道进行隔断，装置内排污管线也应用盲板进行隔断。长期停运或停用封存的容器、设备，用在其配套管线的远端法兰设置盲板进行隔断。

在检维修过程中，应安排专人对盲板进行统一管理，建立盲板动态管理台账，对盲板进行统一登记、编号和现场挂牌。

三、作业前准备

作业前，针对装置停工大检修、局部停工检修及装置开工的管线打开（盲板抽堵）作业，应当组织专项风险评估，制订和落实风险控制措施。

（一）作业方案

针对系统复杂、危险性大的管线打开（盲板抽堵）作业，还应编制专项作业方案，内容包括清理计划、安全措施、影响区域、应急处置措施等。

——清理计划，应具体描述关闭的阀门、排空点和上锁点等，必要时应提供示意图；

——安全措施，包括管线打开过程中的冷却、充氮措施和个人防护装备的要求；

——影响区域，描述管线打开影响的区域，并控制人员进入；

——应急处置，明确应急处置措施，以及救援、监护等人员的要求和职责。

作业前作业方案应与所有相关人员沟通，必要时应专门进行培训，确保所有相关人员熟悉相关的安全要求。

（二）设备清理

管线打开（盲板抽堵）前，应当保持作业现场通风良好，管线或者设备中的介质应当采用排尽、冲洗、置换、吹扫等方法除尽，并符合以下要求：

——系统温度处于正常工作环境温度，特殊情况下，不超过60℃；

——系统已达到大气压力；

——与气体、蒸气、雾沫、粉尘的毒性、腐蚀性、易燃性有关的风险已降低到可接受的程度。

设备与管线清理后，若存在残存压力或者介质在死角截留、未隔离所有压力或者介质的来源、未在低点排凝和高点排空等特殊情况，应当停止作业，重新制订作业方案，明确控制措施，消除或者控制风险。

（三）工作交接

作业区域所在单位和作业单位的相关人员在工作交接时，应进行充分沟通。管线打开工作交接的双方共同确认工作内容和作业方案，至少包括以下内容：

——有关安全、健康和环境方面的影响；
——隔离位置、清理和确认清理合格的方法；
——管线（设备）状况；
——管线（设备）中残留的物料及危害等。

抽堵盲板负责人须向作业人员交代任务、工作方法、工艺过程及安全注意事项，认真检查安全措施是否落实。在不同生产单位共用的管道上进行盲板抽堵作业，作业前应当告知上、下游相关单位。

四、系统隔离要求

管线打开（盲板抽堵）作业前，应进行系统隔离，并遵守以下相关要求。

（一）系统隔离要求

——提供显示阀门开关状态、盲板、盲法兰位置的图表，如上锁点清单、盲板图、现场示意图、工艺流程图和仪表控制图等；所有盲板、盲法兰应挂牌；
——对于存在第二能源的管线，在隔离时应当考虑隔离的次序和步骤；
——对于采用凝固（固化）工艺介质的方法进行隔离时，应充分考虑温度变化等因素可能导致介质重新流动或者蒸发的风险；
——控制阀不能单独作为物料隔离装置，如果必须使用控制阀门进行隔离，应制定专门的操作规程确保安全隔离。

（二）系统隔离方法

隔离方法的选择取决于隔离物料的危险性、管线系统的结构、管线打开的频率、因隔离（如吹扫、清洗等）产生可能泄漏的风险等。

1. 双重隔离

应优先考虑双重隔离，双重隔离是指符合下列条件之一的情况：
——加装盲板或者盲法兰；
——双阀－导淋，即双截止阀关闭、双阀之间的导淋常开。

2. 其他方法顺序

如果双重隔离不可行，应采取适当的防护措施。隔离的方法和优先顺序如下：

——双截止阀；

——单截止阀；

——凝固（固化）工艺介质；

——其他。

采用单截止阀隔离时，应制订安全措施和应急处置措施。可考虑使用手动阀门进行隔离，手动阀门可以是闸阀、旋塞阀或球阀。

注：控制阀不能单独作为物料隔离装置，如果必须使用控制阀门进行隔离，应制定专门的操作规程确保安全隔离。

五、管线打开（盲板抽堵）

管线打开（抽堵盲板）一般由作业单位负责，制订并落实安全措施或方案，指定项目负责人及监护人，预先绘制盲板位置图，对需要抽堵的盲板统一编号，列出系统能量隔离清单，注明抽堵盲板的部位和盲板的规格。

（一）作业时的危害

管线打开（盲板抽堵）作业时，有可能发生物体打击、高空坠落、火灾、爆炸、中毒窒息等事故。

——在作业过程中，如工作人员站位不好、使用工具有缺陷、操作失误、有关人员配合不好等，有可能发生物体打击事故。

——在高处作业时，若使用的劳动防护用品不合格或使用不正确，如安全带、脚手架缺陷等，有可能发生高处坠落事故。

——高处作业时，操作失误也可能发生高处坠物，砸坏下部的设备、管线，或者砸伤人员。

——若系统置换、清洗不彻底，残留易燃易爆或有毒有害介质，使用的工具不防爆或者所穿戴劳动保护用品不合格，在作业过程中有可能发生火灾、爆炸或者中毒窒息事故。

（二）个人防护装备

所有进入受管线打开影响区域内的人员，应根据作业现场及被打开管线（盲板抽堵）介质的危险特性，穿戴防静电工作服、工作鞋，采取防酸碱化学灼伤、防烫及防冻伤等个人防护措施。

——在易燃易爆场所进行盲板抽堵作业时，作业人员应穿防静电工作服、工作鞋，并应使用安全电压防爆灯具和防爆工具；不得使用铁器敲打管道和管件，必须敲打时，应使用防爆工具。

——从事酸、碱等腐蚀性介质的设备、管道的盲板抽堵作业人员，须穿戴防酸面具、手套及衣靴。

——从事有毒介质设备、管道的盲板抽堵的作业人员，必须佩戴隔离式防毒面具，作业过程中不得脱下面具。确认无漏时，方可离开现场，摘下面具。

——在涉及硫化氢、氯气、氨气、一氧化碳及氰化物等毒性气体的管线、设备上作业时，除满足上述要求外，还应佩戴移动式或者便携式气体检测仪，必要时佩戴正压式空气呼吸器。

管线打开（盲板抽堵）作业时，选择和使用个人防护装备应符合《个体防护装备配备规范 第1部分：总则》（GB 39800.1）的要求。

（三）基本管理要求

——明确管线打开的具体位置。盲板抽堵作业时，应当按位置图作业，并对每个盲板进行标识，标牌编号应当与盲板位置图上的盲板编号一致，逐一确认并做好记录。

——同一盲板的抽、堵作业，应分别办理盲板抽堵作业许可证。

——不应在同一管道上同时进行两处或者两处以上的管线打开（盲板抽堵）作业。

——一张作业许可证只能进行一块盲板的一项作业（装置停工大检修期间的盲板抽堵作业，经充分风险评估，确认安全后，可除外）。

——作业人员应当在上风向作业，不应正对被打开管线的介质或者能量释放部位。

——通风不良作业场所应当采取强制通风措施，防止可燃气体、有毒气体积聚。

——必要时在受管线打开影响的区域设置路障或者警戒线，控制无关人员进入。

——核验盲板抽堵作业点流程的上下游阀门已进行有效隔断,并上锁挂签。

内部状况不明时不应进行作业,发现现场条件与作业方案不一致时(如导淋阀堵塞或者管线清理不合格),应当停止作业,并进行再评估,重新制订作业方案,办理相关作业许可证。

(四)安全措施要求

——涉及热分解的管线打开,其作业步骤和方法应当符合《石油工业带压开孔作业安全规程》(SY/T 6554—2019)的要求。

——在易燃易爆场所进行盲板抽堵作业时,作业人员应穿防静电工作服、工作鞋,并应使用防爆灯具和防爆工具;距盲板抽堵作业地点30m内不应有动火作业。

——盲板抽堵作业如果是在高处或受限空间内进行,需按要求办理相关作业许可证,落实各项安全措施,遵守相关作业许可规定。

——在强腐蚀性介质的管道、设备上进行盲板抽堵作业时,作业人员应采取防止酸碱灼伤的措施。

——在介质温度较高或较低、可能造成人员烫伤或冻伤的管道、设备上进行盲板抽堵作业时,作业人员应采取防烫、防冻措施。

——加盲板的位置应在有物料来源的阀门的另一侧,盲板两侧均应安装垫片,所有螺栓都要紧固,以保持严密性。

——8字盲板的安装应不阻碍与之相邻的阀门和设备的操作,同时应避免阻碍巡检通道。水平管道上,8字盲板宜斜上45°安装。

——在拆盲板及法兰时,应先搞清楚内部是否有压力。拆卸螺栓应隔一个或两个松一个,缓慢进行,以防管道内余压或残料喷出伤人,确认无气无液时,方可拆下螺栓。

——拆卸法兰的管道,如距支架较远,应加临时支架或吊架,防止拆开法兰螺栓后管线下垂伤人。

——盲板抽堵完成后,须经抽堵盲板负责人确认盲板抽堵作业结束,由作业单位和作业区域所在单位双方按盲板图核对共同确认无误,方可交出修理或投入生产。

相关链接：爆炸危险环境

一、区域划分

根据爆炸性气体混合物出现的频繁程度和持续时间见表 2-9，爆炸性气体环境分为 0 区、1 区、2 区（图 2-43），分区应符合下列规定：

——0 区，应为连续出现或长期出现爆炸性气体混合物的环境。例如油罐内部液面上部空间。

——1 区，应为在正常运行时可能出现爆炸性气体混合物的环境。例如油罐顶上呼吸阀附近。

——2 区，应为在正常运行时不太可能出现爆炸性气体混合物的环境，或即使出现也仅是短时存在爆炸性气体混合物的环境。例如油罐防火堤围堰内。

表 2-9 区域划分和爆炸性混合物出现频率的典型关系

区域	爆炸性混合物出现频率
0 区	1000h/a 及以上：10%
1 区	大于或等于 10h/a，且小于 1000h/a：0.1%～10%
2 区	大于或等于 1h/a，且小于 10h/a：0.01%～0.1%
非危险区	小于 1h/a：0.01%

注：表中的百分数为爆炸性混合物出现时间的近似百分比（一年 8760h，按 10000h 计算）。

符合下列条件之一时，可划为非爆炸危险区域：

——没有释放源且不可能有可燃物质侵入的区域；

——可燃物质可能出现的最高浓度不超过爆炸下限值的 10%；

——在生产过程中使用明火的设备附近，或炽热部件的表面温度超过区域内可燃物质引燃温度的设备附近；

——在生产装置区外，露天或开敞设置的输送可燃物质的架空管道地带，但其阀门处按具体情况确定。

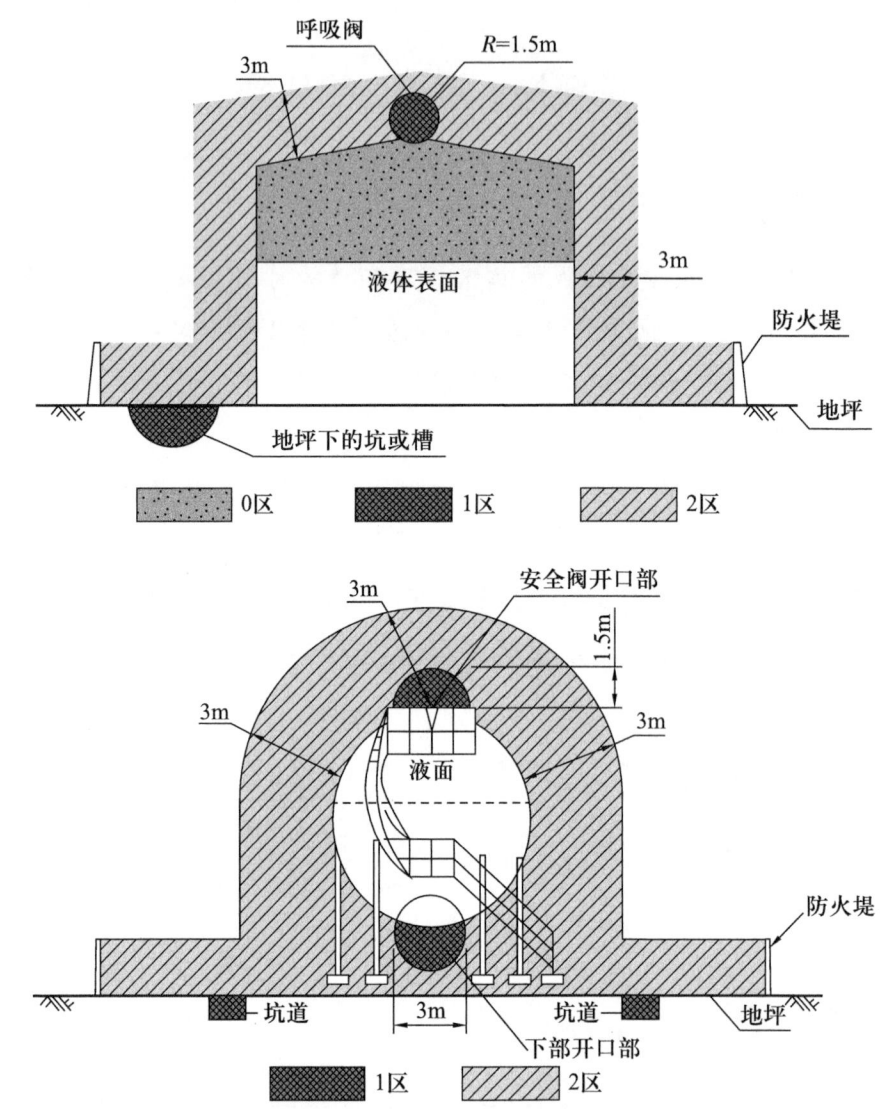

图 2-43 拱顶罐和球罐可燃液体储罐爆炸危险区域划分示例

二、释放源分级

释放源应按可燃物质的释放频繁程度和持续时间长短分为：连续级释放源、一级释放源、二级释放源，释放源分级应符合下列规定：

（1）连续级释放源：应为连续释放或预计长期释放的释放源。下列情况可划为连续级释放源：

——没有用惰性气体覆盖的固定顶盖储罐中的可燃液体的表面；

——油、水分离器等直接与空间接触的可燃液体的表面；

——经常或长期向空间释放可燃气体或可燃液体的蒸气的排气孔和其他孔口。

（2）一级释放源：应为在正常运行时，预计可能周期性或偶尔释放的释放源。下列情况可划为一级释放源：

——在正常运行时，会释放可燃物质的泵、压缩机和阀门等的密封处；

——贮有可燃液体的容器上的排水口处，在正常运行中，当水排掉时，该处可能会向空间释放可燃物质；

——正常运行时，会向空间释放可燃物质的取样点；

——正常运行时，会向空间释放可燃物质的泄压阀、排气口和其他孔口。

（3）二级释放源：应为在正常运行时，预计不可能释放，当出现释放时，仅是偶尔和短期释放的释放源。下列情况可划为二级释放源：

——正常运行时，不能出现释放可燃物质的泵、压缩机和阀门的密封处；

——正常运行时，不能释放可燃物质的法兰、连接件和管道接头；

——正常运行时，不能向空间释放可燃物质的安全阀、排气孔和其他孔口处；

——正常运行时，不能向空间释放可燃物质的取样点。

三、通风条件

当爆炸危险区域内通风的空气流量能使可燃物质很快稀释到爆炸下限值的25%以下时，可定为通风良好，并应符合下列规定：

（1）下列场所可定为通风良好场所：

——露天场所；

——敞开式建筑物，在建筑物的壁、屋顶开口，其尺寸和位置保证建筑物内部通风效果等效于露天场所；

——非敞开建筑物，建有永久性的开口，使其具有自然通风的条件；

——对于封闭区域，每平方米地板面积每分钟至少提供 $0.3m^3$ 的空气或至少 1h 换气 6 次。

（2）当采用机械通风时，下列情况可不计机械通风故障的影响：

——封闭式或半封闭式的建筑物设置备用的独立通风系统；

——当通风设备发生故障时，设置自动报警或停止工艺流程等确保能阻止可燃物质释放的预防措施，或使设备断电的预防措施。

四、区域的调整

爆炸危险区域的划分应按释放源级别和通风条件确定，存在连续级释放源的区域可划为0区，存在一级释放源的区域可划为1区，存在二级释放源的区域可划为2区，并应根据通风条件按下列规定调整区域划分：

——当通风良好时，可降低爆炸危险区域等级；当通风不良时，应提高爆炸危险区域等级。

——局部机械通风在降低爆炸性气体混合物浓度方面比自然通风和一般机械通风更为有效时，可采用局部机械通风降低爆炸危险区域等级。

——在障碍物、凹坑和死角处，应局部提高爆炸危险区域等级。

——利用堤或墙等障碍物，限制比空气重的爆炸性气体混合物的扩散，可缩小爆炸危险区域的范围。

第六节 吊装作业安全管理

吊装作业是指利用各种吊装机具将设备、工件、器具、材料等吊起，使其发生位置变化的作业。临时性移动式的吊装作业应当办理作业许可；对于常规的有操作规程或者操作卡的固定作业场所吊装作业可不办理作业许可，但应当进行风险分析，并确保措施可靠。

企业起重机械主要用于设备装卸、安装、拆卸之用，也有用于工艺生产中物料的输送。这里说的起重机械是指流动式起重机、塔式起重机、臂架起重机、桥式和门式起重机、缆索起重机、轻小型起重设备，不包括浮式起重机、矿山井下提升设备、升降机、载人工作平台和钻井提升设备。

一、吊装作业常识

吊装作业是指使用起重机械及吊装索具将重物吊起，并使重物发生水平、垂直位置变化的作业过程。在作业中容易发生吊物坠落、挤压碰撞、机体倾翻、物体打击等事故。

（一）常见起重事故

1. 吊物坠落

吊物坠落造成的伤亡事故占起重伤害事故的比例最高，其中因吊索具有缺陷（如钢丝绳拉断、平衡梁失稳弯曲、滑轮破裂导致钢丝绳脱槽等）导致的伤亡事故最为严重，其次是吊装时捆扎方法不妥（如吊物重心不稳、绳扣结法错误等），超载等原因也可导致吊物坠落。

2. 挤压碰撞

吊装作业人员在起重机和结构物之间、或在两机之间作业时，因机体运行、回转挤压、吊物或吊具在吊运过程中晃动、被吊物件在吊装过程中或摆放时倾倒，可导致挤压碰撞事故。

3. 机体倾翻

当操作不当（如超载、臂架变幅或旋转过快等）、支腿未找平或地基沉陷等原因，使倾覆力矩增大时，可导致起重机倾翻。另外由于安全防护设施缺失或失效，在坡度或风载荷作用下，使起重机沿路面滑动也可导致倾翻。

4. 触电事故

在使用移动式起重机的作业场合，如起重臂或吊物意外触碰高压架空线路，还可发生触电事故。另外，建设项目的大型吊装安装过程中，往往使用多台大型吊装机具及辅助工具，多工种交叉作业，施工难度大，危险性大，任何一个环节的问题都可能导致机毁人亡的恶性事故。所以必须对吊装过程进行危害识别，从人员、管理、技术装备等多方面制订可靠的防范措施并严格执行。

（二）吊物坠落原因

1. 脱绳

脱绳事故是指重物从捆绑的吊装绳索中脱落溃散发生的伤亡毁坏事故。造成脱绳事故的主要原因是重物的捆绑方法与要领不当，造成重物滑脱；吊装重心选择不当，造成偏载起吊或因吊装中心不稳造成重物脱落；吊载遭到碰撞冲击、振动等而摇摆不定，造成重物失落等。

2. 脱钩

脱钩事故是指重物、吊装绳或专用吊具从吊钩钩口脱出而引起的重物失落事故。造成脱钩事故的主要原因是：吊钩缺少护钩装置；护钩保护装置机能失效；吊装方法不当及吊钩钩口变形导致开口过大等。

3. 断绳

造成起升绳破断的主要原因有：超载起吊拉断钢丝绳；起升限位开关失灵造成过卷拉断钢丝绳；斜吊、斜拉造成乱绳挤伤切断钢丝绳；钢丝绳长期使用缺乏维护保养造成疲劳变形、磨损损伤已达到或超过报废标准仍然继续使用等，见图2-44。

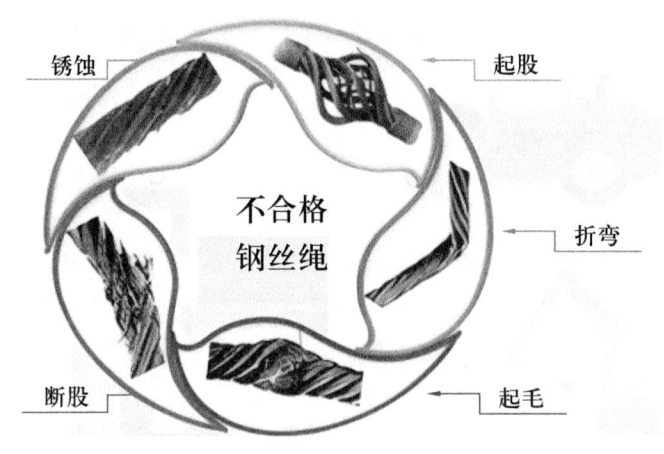

图 2-44 钢丝绳报废要求

造成吊装绳破断的主要原因有：吊装角度大于120°，使吊装绳抗拉强度超过极限值而拉断；吊装钢丝绳品种规格选择不当，或仍使用已达到报废标准的钢丝绳捆绑吊装重物造成吊装绳破断；吊装绳与重物之间接触处无垫片等保护措施，棱角割断钢丝绳而出现吊装绳破断。

4. 吊钩破断

吊钩破断事故是指吊钩断裂造成的重物失落事故。造成吊钩破断事故原因多为吊钩材质有缺陷；吊钩因长期磨损断面减小已达到报废极限标准却仍然使用或经常超载使用，造成疲劳破坏以至于断裂破坏。

5. 吊鼻断裂

临时吊鼻焊接强度不够。如焊接母材表面锈蚀，施焊前清除锈斑不彻底，造成焊肉外表美观丰实，而实际焊肉与母材根本没有熔结在一起，载荷增加或受到冲击，便发生断裂。吊鼻受力方向单一。在吊立或放倒长柱形物体时，随着物体角度的变化，吊鼻的受力方向也在改变，而这种情况在设计与焊接吊鼻中考虑不足，致使有缺陷的吊鼻在起重作业中突然发生折断（掰断）。这类情况需要事先在吊鼻两侧焊接立板，立板大小厚度最好由技术人员设计。

6. 其他方面

起重机械坠落事故主要是发生在起升机构取物缠绕系统中。除了脱绳、脱钩、断绳和断钩外，每根起升钢丝绳两端的固定也十分重要，如钢丝绳在卷筒上的极限安全圈是否能保证在两圈以上，是否有下降限位保护，钢丝绳在卷筒装置上的压板固定及楔块固定结构是否安全合理。另外钢丝绳脱槽（脱离卷筒绳槽）或脱轮（脱离滑轮）事故也会发生失落事故。还有滚筒缠绳不紧，大件吊装拆除，吊车或机动卷扬机滚筒上缠绕的钢绳排列较松，致使受大负荷的快绳勒进绳束，造成快绳剧烈抖动，极易失稳，往往导致继续作业危险，停又停不下来的尴尬局面。

（三）起重机械常识

起重机械应当具有产品合格证和安全使用、维护、保养说明书，安全和防护装置应当齐全、完备。生产厂家或者改造、安装、维修单位应当具有政府主管部门颁发的相关资质。

设计、制造、安装、改造、维修、使用、检查、报废、拆除起重机械应当符合《起重机械安全规程》（GB 6067）的基本要求，改造、安装后的起重机械，应当在取得政府相关部门颁发的使用许可证后，方可报用。

1. 标准负载能力

是由制造商标明的最大吊升能力，与吊臂的长度及半径有关。如：标定为50t吨的吊车，是指作业半径在3m以内时的起重能力。起吊重量，是在货物起吊过程中，货物及所有吊臂顶端悬挂的提升器械的最大总重量。

2. 额定起重量

是在各种臂杆长度和工作半径的条件下，以额定起重量表中规定的吊重区和支腿伸出状态能允许起吊的最大载荷值。如：标定为50t吨的吊车，在臂全伸，吊装半径为20m时的起重能力仅为3.2t。

3. 起吊半径与作业半径

起吊半径是指吊挂货物重心与吊臂转动中心之间的距离；作业半径，是指吊挂货物最远边缘的垂线与吊臂转动中心之间的距离，见图2-45。

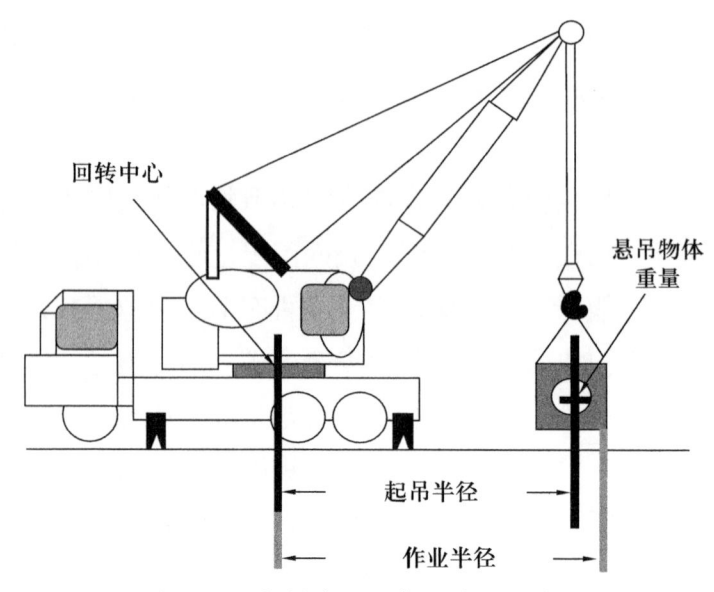

图 2-45　起吊半径和作业半径示意图

4. 起重臂倾角

是吊车平面与臂架中心线夹角，一般在 30°～75°。倾翻角，是吊臂完全伸出臂倾角达到一定小角度时，即使起重机空载也可造成起重机倾翻。不同起重机倾翻角不等。例如：25t 吊车的倾翻角为 35°，50t 吊车的倾翻角为 37°，50t 吊车加副臂倾翻角为 54°。

5. 吊装载荷

是指工件、吊钩组件、索具、吊具及加强措施等重量的总和。吊装高度，是指吊装作业时，吊装工件顶部需起升的最大高度。上限位装置，是指起重机上的一种能防止吊物或吊钩提升过高的安全装置。

6. 溜绳

是指吊装作业中连接工件，控制并保持工件状态的绳索，又称"引绳"或"牵引绳"。

注：吊装时使用溜绳可控制工件，防止自转发生碰撞。如果就位时需控制一定角度或速度，溜绳也可以在人力控制下使工件定位，一般选用化纤绳和棕绳。

7. 索具

是指起重用绳索及与其配合使用的起重部件，如绳夹、滑轮组、卸扣、吊索等的总称。卸扣使用时只应承受纵向拉力，卸扣不得横向受力。力的作用点在卸扣本身的弯曲部分和横销上，见图 2-46。

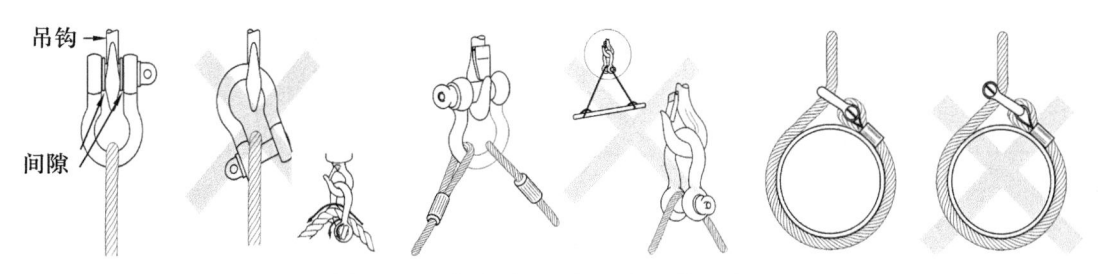

图 2-46　卸扣的正确和错误使用方式

吊索的上端有时会有主吊环连接索具与起重机或其他吊装工具。当用于三肢或三肢以上的组装吊索，可用中间环将单肢或多肢吊索与主吊环连接。索具末端固结形成的环形端头叫索扣。将钢丝绳末端弯成索扣状，其索扣内为自然状态，不带套环的形式叫软索扣；将钢丝绳末端弯成索扣状，其索扣内带套环式的形式叫硬索扣，见图 2-47。公称长度（nominal length, L）是指钢丝绳吊索在无载荷状态下，两个实际工作承载点（含端配件）之间的距离。

图 2-47　单支吊索、索吊与吊环等配件类型

多肢组装吊索由多个单肢吊索（见图 2-48）组合而成，各肢吊索规格、结构及公称抗拉强度应相同。两肢组装吊索是由两支单肢吊索的上端用一个主吊环连接而成；三肢组装吊索中的两肢由一个中间环与主吊环连接，另一肢应由第二个中间环连接；四肢组装吊索的中间两肢应由一个中间环与主吊环连接。

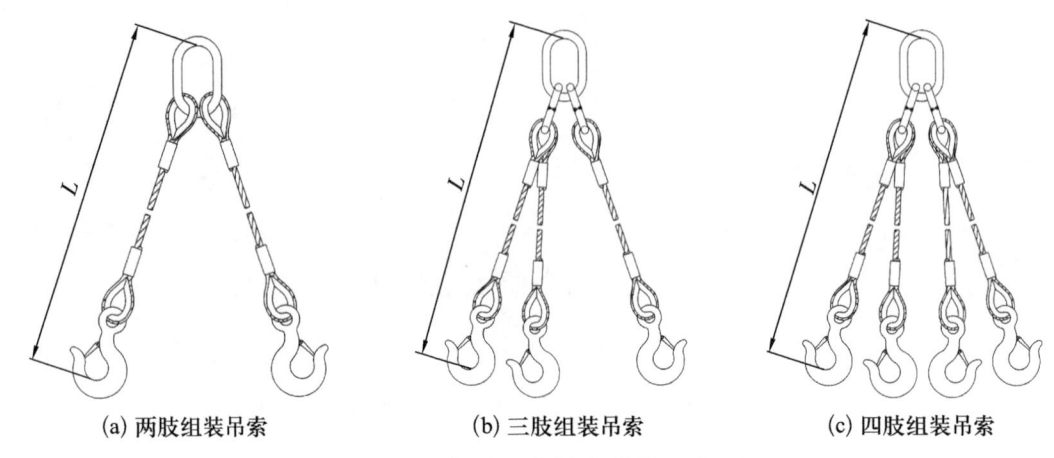

(a) 两肢组装吊索　　(b) 三肢组装吊索　　(c) 四肢组装吊索

图 2-48　多肢组装吊索结构示意图

8. 试吊

是指正式吊装前，起升工件，使工件离开支撑适当距离（通常为100～200mm）时，检查各个部位受力情况的吊装作业。

二、吊装作业概述

（一）吊装作业分级

吊装作业按照吊装重物重量或者长度不同，分为一级、二级、三级。

——吊装重量大于100t或者长度大于60m（含60m），为一级吊装作业；实际起重量超过额定起重能力的80%，以及两台及以上的起重机联合起吊的，按一级吊装作业管理；

——吊装重量在40～100t（含40t和100t），为二级吊装作业；

——吊装重量小于40t，为三级吊装作业。

（二）方案编制要求

以下情况作业申请人应当编制吊装作业方案，作为申请作业许可的资料。

——一、二级吊装作业；

——吊装物体重量虽不足40t，但形状复杂、刚度小、长径比大、精密贵重；

——在作业条件特殊的情况下的三级吊装作业；环境温度低于-20℃的吊装作业；

——其他吊装作业环境、起重机械、吊物等较复杂的情况。

吊装区域影响范围内如有含危险物料的设备、管道时，还应当制订含相应防控措施的详细吊装方案，必要时停车、放空物料、置换后再进行吊装作业。

（三）作业方案内容

——基本情况说明：吊装作业开始和结束时间，作业地点和作业单位，主要工作内容的描述，并解释确定为关键性起吊的原因；

——起吊设备重量：被吊物件净重/空重、未估算到的材料重量、盛装或残留液体重量及其他，以及被吊物件总重量和被吊物件总重量的确定方法；

——起重机数据：起重机的型号和生产厂家，额定起重量，吊臂的长度，吊臂的角度，工作半径，占制造商载荷表的百分比，货物的实际重量，货物的规模尺寸，吊装的绑缚点，起吊过程中的各种阻碍，起吊所必需的吊、索具的类型等；

——起重机的就位：地面基础情况，是否需要垫板，垫板尺寸，否有电气危险，是否有障碍物等。

（四）作业安全距离

——起重机与周围设施的安全距离不应小于0.5m；吊物的吊装路径应当避开油气生产设备、管道；

——在沟（坑）边作业时，起重机临边侧支腿或者履带等承重构件的外缘应当与沟（坑）保持不小于其深度1.2倍的安全距离，且起重机作业区域的地耐力满足吊装要求；

——不应靠近输电线路进行吊装作业，确需在输电线路附近作业时，起重机械的安全距离应当大于起重机械的倒塌半径，并符合《电业安全工作规程 电力线路部分》（DL/T 409）的要求，见图2-49。不能满足时，应当停电后再进行作业。

三、作业人员要求

（一）吊装指挥

——严格执行吊装作业方案，核实吊物重量与起重机械额定起重量是否相符，确认索具、吊具的选择；

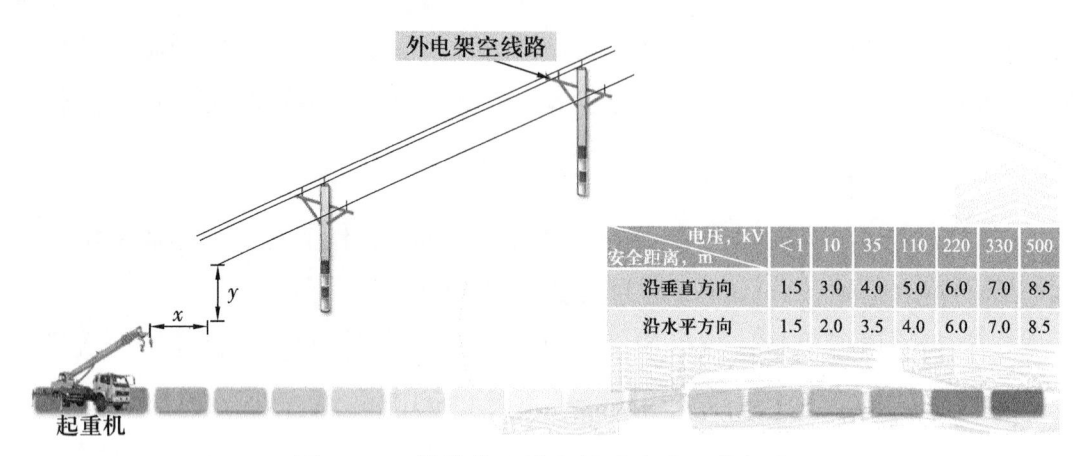

图 2-49　吊装作业输电线路安全距离要求

电压，kV 安全距离，m	<1	10	35	110	220	330	500
沿垂直方向	1.5	3.0	4.0	5.0	6.0	7.0	8.5
沿水平方向	1.5	2.0	3.5	4.0	6.0	7.0	8.5

——佩戴明显的标志，并按规定的联络信号进行指挥；

——两台或多台起重机械吊运同一吊物时，应当确保起重机械吊运保持同步；

——超载，吊物重量不清，与其他吊物相连，埋在地下，不应指挥起吊；

——吊物捆绑、紧固、吊挂不牢，吊挂不平衡，索具打结，索具不齐，斜拉重物，棱角吊物与钢丝绳之间无衬垫的，不应指挥起吊；

——起重臂吊钩或者吊物下有人、吊物上有人或者浮置物的，不应指挥起吊；

——及时判断和处理异常情况，发现安全措施落实不完善，应当立即暂停作业。

（二）司索人员

——根据吊物的重量、体积和形状等情况使用合适的索具；

——检查吊具、吊索与吊物的捆绑或者吊挂情况，吊钩防脱装置损坏、钢丝绳或者吊带损伤达到报废标准的不应起吊；

——听从指挥人员的指挥，并及时报告险情；

——不应用吊钩直接缠绕吊物及将不同种类或者不同规格的索具混在一起使用；

——吊物捆绑应当牢靠，吊点和吊物的重心应当在同一垂直线上；除具有特殊结构的吊物外，严禁单点捆绑起吊；

——起升吊物时应当检查其连接点是否牢固、可靠；吊运零散件时，应当使用专门的吊篮、吊斗等器具，吊篮、吊斗等不应装满；

——吊物就位时，应当与吊物保持一定的安全距离，用拉绳或撑杆、钩子辅助其就位；

——吊物就位前，不应解开吊装索具。

（三）起重机司机

——按指挥人员发出的指挥信号进行操作；任何人发出的紧急停车信号均应立即执行；吊装过程中出现故障，应当立即向指挥人员报告；

——吊物接近或者达到额定起重吊装能力时，应当检查制动器，用低高度、短行程试吊后，再起吊；

——两台或者多台起重机械吊运同一重物时，按照指令保持吊运同步，各台起重机械所承受的载荷不应超过各自额定起重能力的80%；

——下放吊物时，不应自由下落（溜）；不应利用极限位置限制器停车；

——不应在起重机械工作时对其进行检修；不应在有载荷的情况下，调整起升变幅机构的制动器；

——停工和休息时，不应将吊物、吊篮、吊具和吊索悬在空中；

——无法看清场地、吊物，指挥信号不明的，不应起吊；

——起重机支垫不牢、安全装置失灵、制动器失效的，不应起吊；

——操作手柄未复位、手刹未处于制动、起重机未熄火关闭时，操作人员不得离开操作室。

（四）监护人员

——监护人员应确保吊装过程中警戒范围区内，没有非作业人员或车辆经过；

——吊装过程中吊物及起重臂移动区域下方，不应有任何人员经过或停留。

四、吊装作业要求

作业前，作业单位应当对起重机械、吊具、索具、安全装置等进行检查，确保其处于完好、安全状态，并签字确认。用定型起重机械（例如履带吊车、轮胎吊车、桥式吊车等）进行吊装作业时，还应当遵守该定型起重机械的操作规程（图2-50）。

图 2-50　吊装作业

（一）基本吊装要求

——起吊前应当进行试吊，货物离开地面 20～30cm，停留 60s，试吊中检查全部机具、地锚受力情况，发现问题应当将吊物放回地面，排除故障后重新试吊，确认正常后方可正式吊装。

——吊臂回转范围内应采用警戒带或其他方式隔离，设置安全警示标志，并设专人监护，无关人员不得进入该区域内。

——起重指挥人应佩戴标识，并与起重机司机保持可靠的沟通，指挥信号应明确并符合《起重机　手势信号》（GB/T 5082—2019）的规定。

——沟通方式的优先顺序如下：视觉联系—有线对讲装置—双向对讲机。当联络中断时，起重机司机应停止所有操作，直到重新恢复联系。

——操作中起重机应处于水平状态。在操作过程中可通过引绳来控制货物的摆动，禁止将引绳缠绕在身体的任何部位。

——任何人员不得在悬挂的货物下工作、站立、行走，不得随同货物或起重机械升降。

——在货物处于悬吊状态，操作手柄未复位，手刹未处于制动状态，起重机未熄火关闭，门锁未锁好等情况下，司机不得离开操作室。

——起重作业应考虑其周围的障碍物，如附近的建筑、其他起重机、车辆、堆垛的货物、公共交通区域。

——不应忽视通向或来自地下设施的危险，如天然气管道或电缆线。应采取措施使起重机避开任何地下设施，如果避不开，应对地下设施实施保护措施。

——大雪、暴雨、大雾、六级及以上大风时，不应露天吊装作业。

（二）联合吊装要求

——所使用的起重机必须具有相同的性能、特性和足够的吊载能力。

——确认各台起重机的臂长、吊臂角度和钢丝绳倍率数都相同。

——与有关人员共同商定恰当的作业方法和吊装对策。

——指定一个作业负责人，并且服从他的指挥。

——为各有关人员配备适当的通信工具。

——做好力矩测算和吊点的选择，起吊点必须在物资横向和纵向中心，起升载荷时要使各台起重机的钢丝绳都只承受垂直的拉力。

——仅使用起升机构和吊臂来改变载荷的位置，应当避免回转操作，不要同时进行起升、吊臂变幅（或伸缩）或回转。

——吊挂载荷时要使所有的起重机都均衡承载；为了防止倾翻，必须同时操作各起重机。

（三）吊装过程要求

——作业前应检查其连接点是否牢固、可靠，安全插销和安全舌片处于良好状态，发现的任何不安全因素应立即进行修正。

——提升时应遵照下列提倡的做法：提升物品前，应对悬挂、提升和下降操作进行计划。

——旋转操作平稳，不要快速回转，防止载荷偏离，载荷偏离的角度会在回转时增大，并会在起重臂上产生冲击载荷及转矩作用，同时还会增加作业半径，见图 2-51。

——起升或下放操作时，要控制好速度，平衡缓慢操作，防止升降速度过快产生冲击载荷，见图 2-52。

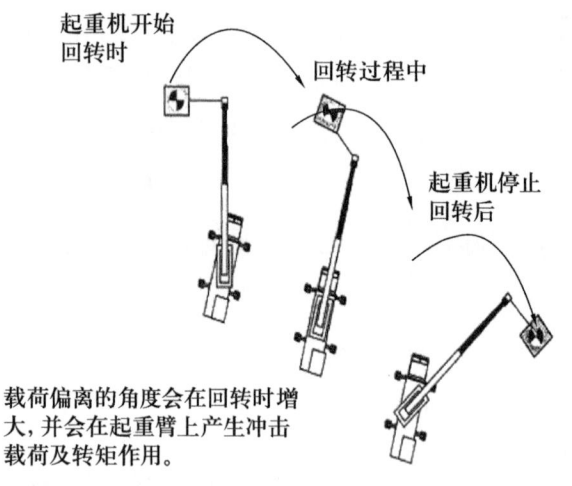

图 2-51 带吊物旋转速度过快的危害

图 2-52 吊物快速升降的危害

——起重机操作员与指挥员应始终保持听觉或视觉上的联系；在货物吊装的调整、升降或起重机的移动过程中应持续鸣笛。

——吊点和吊物的重心应在同一垂直线上，确保起吊钢索始终保持垂直，确保起重机水平度。

——通过引绳（遛绳）、拉钩来控制货物的摆动，并注意站位，禁止用肩背、腿脚去扛、蹬吊物。

——使用软物、填料或木块防止伤害钢绳并阻止吊索打滑，见图 2-53。穿式结索起重倾斜角度较大时，应增加钢丝绳缠绕的圈数防止断裂。

——采用穿套结索法应选用足够长的吊索，以确保挡套处角度不超过 120°；双支穿式结索法起重时，两吊索之间夹角不大于 90°，见图 2-54。

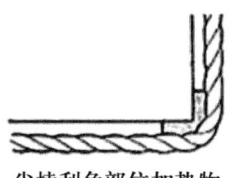

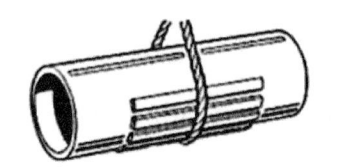

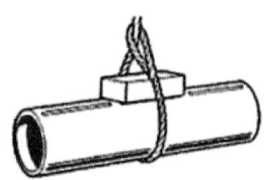

图 2-53　起吊加垫物（尖棱利角部位加垫物　光滑部位加垫物　单圈穿套结索）

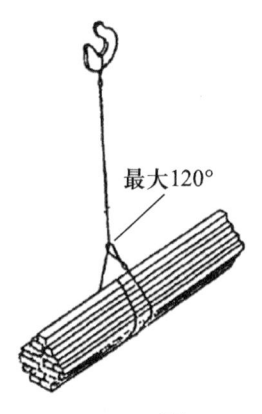

图 2-54　结索方式和角度（最大120°　最大90°）

——不应用吊钩直接缠绕重物，及将不同种类或不同规格的索具混在一起使用。

——当起吊散装金属物体或工件时，必须捆扎牢固防止脱落，吊物上有零散杂物不得吊装；吊运零散件时，应使用专门的吊篮、吊斗等器具，吊篮、吊斗等不应装满。

——吊臂伸缩、回转和吊钩上下三种运动不能同时进行；吊臂应按第二节、第三节、第四节顺序依次伸出，严禁改变出杆顺序，见图 2-55。

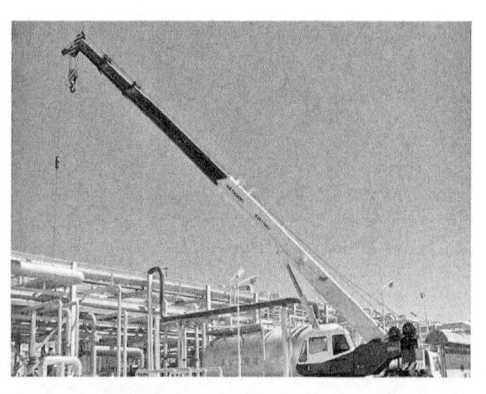

图 2-55　吊臂出杆顺序（左错右对）

——起吊重物就位时，应与吊物保持一定的安全距离，用拉伸或撑杆、钩子辅助其就位；起吊重物就位前，不应解开吊装索具。

——作业完毕后，将起重臂和吊钩收放到规定位置，所有控制手柄均应放到零位，电气控制的起重机械的电源开关应当断开。对在轨道上作业的吊车，应当将吊车停放在指定位置有效锚定。

（四）"十不吊"要求

——吊物重量不清或超载不吊；

——指挥信号不明不吊；

——捆绑不牢、索具打结、斜拉歪拽不吊；

——吊臂吊物下有人或吊物上有人有物不吊；

——吊物与其他相连不吊；

——棱角吊物无衬垫不吊；

——支垫不牢、安全装置失灵不吊；

——不清场地或吊物起落点不吊；

——吊篮、吊斗物料过满不吊；

——恶劣天气不吊。

起重机械对于实现自动化、减轻繁重的体力劳动和提高劳动生产率有着重要作用。在日常作业过程中，除了移动式起重机外，还有大量轻小型起重机械，如千斤顶、手拉葫芦、电葫芦及简易起重设备等，虽然不需办理作业许可证，但在使用过程中同样存在各种起重危害，在使用时同样要需要注意安全，采取相应的风险控制措施。

相关链接：起重机手势信号

起重机手势信号应清晰简洁、合理使用，并被起重机操作人员完全理解。非特殊的单臂信号可以使用任何一只手臂表示，特殊信号可以用一只左手或右手表示。指挥人员应处于安全位置，并被操作人员清楚看见，且便于清晰观察载荷或设备。操作人员接收的手势信号只能由一个人给出，紧急停止信号除外。必要时，信号可以组合使用。

一、通用手势信号

通用手势信号见表 2-10。

表 2-10　通用手势信号

序号	指挥信号	指挥动作	动作图解
1	操作开始（准备）	手心打开、朝上，水平伸直双臂	
2	停止（正常停止）	单只手臂，手心朝下，从胸前至一侧水平摆动手臂	
3	紧急停止（快速停止）	两只手臂，手心朝下，从胸前至两侧水平摆动手臂	
4	结束指令	胸前紧扣双手	
5	平稳或精确的减速	掌心对扣，环形互搓。这个信号发出后应配合发出其他的手势信号	

二、垂直运动

垂直运动手势信号见表 2-11。

表 2-11　垂直运动

序号	指挥信号	指挥动作	动作图解
1	指示垂直距离	将伸出的双臂保持在身体正前方，手心上下相对	

续表

序号	指挥信号	指挥动作	动作图解
2	匀速起升	一只手臂举过头顶，握紧拳头并向上伸出食指，连同前臂小幅水平划圈	
3	慢速起升	一只手给出起升信号，另外一只手的手心放在它的正上方	
4	匀速下降	向下伸出一只手臂，离身体一段距离，握紧拳头并向下伸出食指，连同前臂小幅地水平划圈	
5	慢速下降	一只手给出下降信号，另外一只手的手心放在它的正下方	

三、水平运动

水平运动手势信号见表2-12。

表2-12 水平运动

序号	指挥信号	指挥动作	动作图解
1	指定方向的运行/回转	伸出手臂，指向运行方向，掌心向下	
2	驶离指挥人员	双臂在身体两侧，前臂水平地伸向前方，打开双手，掌心向前，在水平位置和垂直位置之间，重复地上下挥动前臂	

续表

序号	指挥信号	指挥动作	动作图解
3	驶向指挥人员	双臂在身体两侧，前臂保持在垂直方向，打开双手，掌心向上，重复地上下挥动前臂	
4	两个履带的运行	在运行方向上，两个拳头在身前相互围绕旋转，向前或向后	
5	单个履带的运行	举起一个拳头，指示一侧的履带紧锁。在身体前方垂直地旋转另外一只手的拳头，指示另外一侧的履带运行	
6	指示水平距离	在身前水平伸出双臂，掌心相对	
7	翻转（通过两个起重机或两个吊钩）	水平、平行地向前伸出两只手臂，按翻转方向旋转90°。 注：足够的安全余量是每台起重机或吊钩能够承受瞬时偏载的保证	

四、相关部件的运行

相关部件的运行见表 2-13。

表 2-13　相关部件的运行

序号	指挥信号	指挥动作	动作图解
1	主起升机构	只保持一只手在头顶，另一只手在身体一侧。在这个信号发出之后，任何其他手势信号用于指挥主起升机构。当起重机具有两套或以上主起升机构时，指挥人员可通过手指指示的方式来明确数量	

续表

序号	指挥信号	指挥动作	动作图解
2	副起升机构	垂直地举起一只手的前臂，握紧拳头，另外一只手托于这只手臂的肘部。在这个信号出后，任何其他手势信号只用于指挥副起升机构	
3	臂架起升	水平地伸出手臂，并向上竖起拇指	
4	臂架下降	水平地伸出手臂，并向下伸出拇指	
5	臂架外伸或小车向外运行	伸出两只紧握拳头的双手在身前，伸出拇指，指向相背	
6	臂架收回或小车向内运行	伸出两只紧握拳头的双手在身前，伸出拇指，指向相对	
7	载荷下降时臂架起升	水平地伸出一只手臂，并向上竖起拇指。向下伸出另一只手臂，离身体一段距离，连同前臂小幅地水平划圈	
8	载荷起升时臂架下降	水平地伸出一只手臂，并向下伸出拇指。另一只手臂举过头顶，握紧拳头并向上伸出食指，连同前臂小幅地水平划圈	

第七节 动土作业安全管理

动土作业是指在生产、作业区域挖土、打桩、钻探、坑探、地锚入土深度在 0.5m 以上，或者使用推土机、压路机等施工机械进行填土或者平整场地等可能对地下隐蔽设施产生影响的作业，见图 2-56。危险性较大的分部分项工程的动土作业，应当按照国家有关危险性较大的分部分项工程安全管理规定相关要求执行。

图 2-56 常见的动土作业方式

一、危害与事故

由于动土作业活动类型复杂多化，引发的事故危害也是多种多样的，动土作业许可管理就是要有效控制这些危害，减少和避免事故的发生。

（一）主要的危害

——土壤不稳定，动土作业可能存在垮塌、滑坡、掩埋的风险，应注意识别土壤的类型、干湿、松软等方面，可考虑采取支护、放坡和阶梯等措施。

——地下公用设施，动土作业可能破坏地下电力线路、通信线路、仪表线路、工艺管线、消防管线、油气管线、水管线、下水道管网，以及其他隐蔽设施。

——高架公用设施，动土作业周边环境可能存在架空电线、管架，以及挖机的摆动范围的其他障碍物。

——交通，动土作业可能会对道路造成破坏，影响机动车、人员通行，应设置路障，夜间应设置照明和明显的警示标志，必要时进行断路施工，封闭道路。

——掘出材料，动土作业掘出材料堆放离明沟距离是否足够远，堆放区是否足够大，是否需运送到场地外处理。

——相邻结构，动土作业有没有可能破坏周边建筑物的地基、电杆、脚手架基础，应采取必要的防护和支护措施。

——人员安全进入，动土作业如需人员进行沟槽或基坑时，应确认挖掘处是否成为受限空间，如是受限空间，还应按受限空间的管理要求，办理受限空间作业许可，识别相关风险并采取相应的风险管控措施。

——自然环境和气候，动土作业时是否存在地表水和地下水，以及对土壤和水的污染；作业期间气候特征，如高温、低温、冻土、冰冻、暴雨、山洪、泥石流等。

——机器和操作员，是否对挖掘机具进行了初始/日常检查，是否能够使用正确的机器进行作业，操作员是否有经验、是否经过了许可。

（二）引发的事故

——在动土作业的过程中，因边坡太陡，没有按规定放坡或将坡挖亏，或者没有做好防水，地表水、施工用水、渗出地下水浸入施工现场，易发生坍塌事故。

——在厂区进行动土作业，由于厂区地下生产设施复杂隐蔽，既有工艺管线，又有多种电缆，如动力电缆、仪表电缆、通信电缆等，在开挖过程中，就有可能损坏电缆或管线，造成装置停工等事故。

——动土作业的危害因素不仅有坍塌、坠落，还有可能发生触电、装置停工，如果挖破工艺管线，还会发生着火、爆炸、中毒窒息等事故。

——在挖过的坑道周边，若不设围栏或其他警示标志，天黑视线不好时容易发生人员或车辆的坠落事故。

二、隐蔽设施交底

地下隐蔽设施可能包括但不限于：油气生产设施、公用工程（水、电、油、气、汽、通信、燃料和其他产品的管线）、隧道、地下室、基础，以及其他在挖掘坑或沟期间可能碰到的地下装置或设备。

——动土作业前，应当由作业区域所在单位组织水、电、气（汽）、通信、工艺、设备、消防等相关单位和部门，对施工区域地质、水文、地下供排水管线、埋地油气管道、埋地电缆、埋地通信线路、测量用的永久性标桩等情况进行现场交底。

——作业前，作业单位应当了解地下隐蔽设施的分布情况。作业临近地下隐蔽设施时，应当使用适当工具人工挖掘，必要时可采用探测设备进行探测，避免损坏地下隐蔽设施。如暴露出电缆、管线及不能辨认的物品时，应当立即停止作业，妥善加以保护，报告动土审批单位，经采取保护措施后方可继续作业。

三、安全作业要求

（一）放坡与支撑

——应视土壤类型、湿度、挖掘动土深度，决定坑或沟的斜坡、支撑或台阶类型，确定是否需要临时支撑。确保使用必要的设备，例如挡土板、支撑件、防护物等。

——作业前，应当检查工器具、现场支撑是否牢固、完好，发现问题应当及时处理。

——根据对土质地基承载力的分析，确定挖掘机械与坑槽边沿之间的距离，且不应小于1.5m。

——危及邻近的建（构）筑物、道路、管道等安全时，必须对建（构）筑物、道路、管道等采取支撑或者其他保护措施，加强观测，防止位移和沉降。

——作业过程中应对坑、沟槽边坡或固壁支撑架随时检查，特别是雨雪后和解冻等天气变化的时期，如发现边坡有裂缝、松疏或支撑有折断、走位等异常情况，应立即停止工作，并采取相应措施。

（二）排水

——在动土开挖前，应当先做好地面和地下排水，防止地面水渗入作业层面造成塌方。

——作业过程中，如果有积水或者正在积水，应当采用导流渠、构筑堤防或者其他适当的措施，防止地表水或者地下水进入挖掘处，并采取适当的措施向邻近区域排水。

——暴雨天气应当停止露天动土作业。雨后复工，应当确认土壁稳定或者支撑等措施符合要求后方可作业。

（三）防护措施

——深度大于2m时，应当设置人员上下的梯子、台阶或坡道等能够保证人员快速进出的设施；作业人员之间应当保持2.5m以上的安全距离。

——作业现场应当根据需要设置护栏、盖板和警告标志；作业现场在人行道或者车行路线附近时，应当设置维护和警告标志；夜间必须悬挂警示灯。

——机械开挖时，应当避开构筑物、管线，在距管道边1m范围内应当采用人工开挖；在距直埋管线2m范围内宜采用人工开挖，避免对管线或电缆等地下设施造成影响。

——动土作业人员在沟（槽、坑）下作业应当按规定坡度顺序进行，使用机械挖掘时，人员不应进入机械旋转半径内。

——在生产装置区、罐区等场所动土时，监护人员应当与所在区域的生产人员建立联系。当生产装置区、罐区等场所发生突然排放有害物质的情况时，监护人员应当立即通知作业人员停止作业，迅速撤离现场。

——动土作业区域周围发现异常时，作业人员应当立即撤离作业现场。

——动土时遇有埋设的易燃易爆、有毒有害介质管线、窨井等可能引起燃烧、爆炸、中毒、窒息危险时，且挖掘深度超过1.2m时，应当执行受限空间作业相关规定。

——动土作业结束后，按照相应标准规范要求回填，恢复地面设施。若地下隐蔽设施有变化，作业单位应当将变化情况向作业区域所在单位通报，以完善地下设施布置图。

四、动土作业要求

挖掘坑、槽、井、沟等作业，应当遵守下列规定：

——挖掘土方应当自上而下逐层挖掘，不应采用挖底脚的方式挖掘；

——使用的材料、挖出的泥土应当堆在距坑、槽、井、沟边沿至少1m处，堆土高度不应大于1.5m（见图2-57），挖出的泥土不应堵塞下水道和窨井；

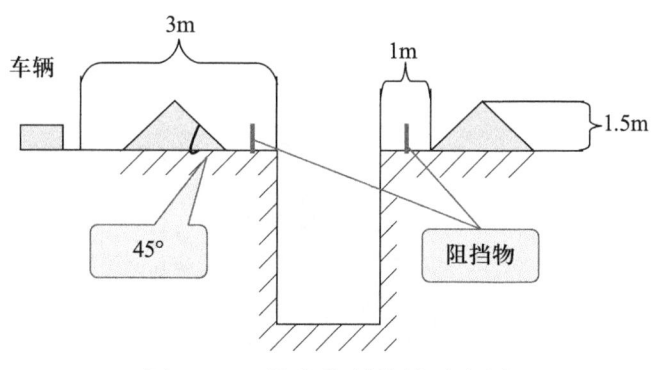

图2-57 挖出物料堆放示意图

——不应在土壁上挖洞攀登；不应在坑、槽、井、沟上端边沿站立、行走；不应在坑、槽、井、沟内休息；

——应当根据土壤类别、力学性质、开挖深度、荷载等因素采取防止滑坡和塌方措施；

——作业过程中应当对坑、槽、井、沟边坡或者固壁支撑架随时检查，特别是雨雪后和解冻时期，如发现边坡有裂缝、松疏或者支撑有折断、走位等异常情况时，应当立即停止作业，并采取相应措施；

——在坑、槽、井、沟的边缘安放机械、铺设轨道及通行车辆时，应当保持适当距离，采取有效的固壁措施；

——在拆除固壁支撑时，应当从下往上进行；更换支撑时，应当先装新的，后拆旧的；

——确认1.2m以内的任何地下设施的正确位置和深度，只可人工使用手工工具挖掘。在防爆区域挖掘时，应当使用防爆工具。

第八节 断路作业和射线作业管理

除了上述七种特殊作业外,还有断路作业和射线作业两类特殊作业类型,因涉及内容相对较少,将在本节中一起进行说明。

一、断路作业

断路作业是指生产区域内,在交通主、支路与装置引道上进行工程施工、吊装、吊运等各种影响正常交通的作业(图2-58)。断路作业分临时占道(临时封路吊装、运输等)作业和施工占道(含破坏道路、占道施工等)作业两种情况。

图2-58 断路作业

(一)断路相关单位

(1)断路申请单位。是指在生产区域内交通主干道、次干道、支道,以及消防通道、装置引道上进行各种影响正常交通作业和消防应急处置的生产、维修、电力、通信等的单位。

(2)断路作业单位。是指在生产区域内交通主干道、次干道、支道,以及消防通道、装置引道上进行各种影响正常交通和消防应急处置的工程施工和检维修作业等单位。

(二)断路作业实施

断路申请单位负责管理作业现场,断路作业实施应当满足以下要求:

——断路作业单位接到并确认作业许可证后,即可在规定的时间内,按规定的作业内容进行断路作业；

——断路作业单位应当制订交通组织方案，并能保证消防车和其他重要车辆的通行，满足应急救援要求；

——用于断路作业的工件、材料应当放置在作业区域内或者其他不影响正常交通的场所；

——在消防通道上的断路作业，必须分步施工，确保消防车顺利通行。如影响消防通道，必须向上级业务主管部门与消防主管部门报告。

（三）相关情况报告

在施工过程中出现下列情形，应及时报告作业区域所在单位，采取有效措施后方可继续进行作业：

——需要占用规划批准范围以外场地；

——可能损坏道路、管线、电力、邮电通信等公共设施；

——需要临时停水、停电、中断道路交通；

——需要进行爆破的。

（四）交通标志和设施

断路作业交通警示标志和设施应当满足以下要求：

——作业单位应当根据需要在断路的路口和相关道路上设置作业标志、限速标志、距离辅助标志、导向标等交通警示标志，在作业区域附近设置路栏、锥形交通路标、道路作业警示灯等交通警示设施（图2-59）。

图2-59 断路作业交通标志

——在道路上进行定点作业，白天不超过2h、夜间不超过1h即可完工的，由现场交通指挥人员指挥交通，作业区域设置了锥形交通路标、路栏或者道路作业警示灯等交通警示设施，可不设标志牌。

——在夜间或者雨、雪、雾天进行断路作业时，在作业区域周围的锥形交通路标处设置并开启道路作业警示灯，并能发出至少自 150m 以外清晰可见的连续、闪烁或者旋转的红光，且能反映作业区域轮廓；设置高度离地面 1.5m，或不低于 1.0m；在爆炸危险区域内警示灯应当符合防爆要求（图 2-60）。

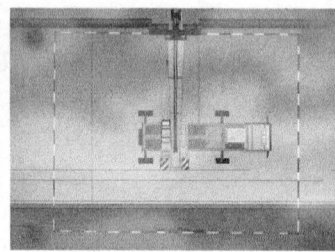

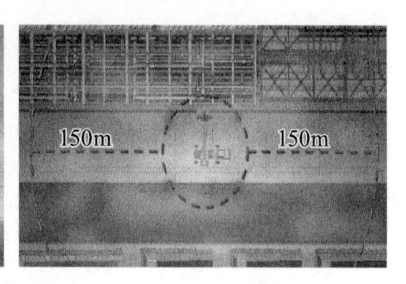

图 2-60 道路作业警示灯

作业结束后，作业单位须清理现场，撤除作业区域、路口设置的路栏、道路作业警示灯、导向标等交通警示设施，并报告相关部门恢复交通。

二、射线作业

射线作业是指使用放射性同位素（源机）或者射线装置进行的工业射线探伤作业（图 2-61）。射线作业的风险主要包括辐射伤害（外照射急性放射病），以及由于夜间作业较多引起的高处坠落、触电和其他伤害等。在经环评审批合格的固定透照室内进行射线作业时，一般不需要办理作业许可证。

图 2-61 射线作业

（一）作业前检查

射线作业人员应当按照源机或者射线装置的管理规定、操作规程等进行源机或者射线装置的运输、领取、操作和维护保养。射线作业前，应当对下列内

容进行检查,包括但不限于:

——辐射防护负责人及工作人员上岗前,应当取得辐射安全培训合格证书或者核技术利用辐射安全与防护考核成绩合格;

——人员职业照射有效剂量应当符合连续 5 年年平均有效剂量不超过 20mSv,且任何一年中的有效剂量不超过 50mSv;

——射线作业人员应当在左胸前或者锁骨对应领口处佩戴个人剂量片和个人剂量报警仪,见图 2-62;

图 2-62 个人剂量片和个人剂量报警仪

——射线装置应当保证完好;

——至少配备一台便携式辐射剂量仪;

——作业现场应当在醒目位置设置职业危害警示和警示说明;

——监督区边界设置警戒线、警示灯、辐射标识等警示设施,悬挂警告牌,设专人监护巡视;

——控制区设置明显的辐射标志,应当在入口处设置安全和防护设施,以及必要的防护安全联锁、报警装置或者工作信号;

——使用源机作业时,应当配置至少两套专用防护服、铅罐和长柄钳等应急处置工具。

(二)作业安全要求

——射线作业前,应当确保告知所有受影响的相关方。告知信息包括作业时间、作业地点及监督区范围等。

——应当使用计算法确定控制区和监督区范围。控制区剂量当量率应当小于 15μSv/h,监督区应当小于 2.5μSv/h,最终以实测进行调整。

——射线作业过程中，个人剂量报警仪和辐射剂量仪应当一直处于开机状态，监测周围剂量当量率。

——任何无关人员进入控制区时，源机或者射线装置操作人员应当立即停止作业，将源快速摇回源机或者关闭电源，上报属地负责人或者作业批准人。

——射线作业过程中，任何作业人员、监护人员不得擅自离岗。若须离岗或者作业完毕，应当检查确认源处于源机中或者关闭射线装置电源，并使用辐射剂检测无辐射。

（三）监测与应急

——应当对放射源出库、放射源作业、退库等关键过程进行摄像监测，确保操作正确和放射源安全。

——作业单位应当针对源机操作中突发卡源、源（辫）脱落、人员遭受外照射急性放射病等风险，编制应急处置方案。

第三章 能量隔离与 JSA 数据库

在各类生产设备设施全生命周期中,在设计、制造、安装、建造、测试、运行、保养、维护、检查、疏通、清洗、维修、故障排查、拆卸阶段,因没有完全释放的能量,如势能、机械能、电能、热能等的意外释放,或者机器运动部件与能量源的意外接通,都可能造成危害。需要对其进行彻底隔离,而上锁挂牌是一种常见的控制危险能量有效方法。

第一节 能量隔离

能量(energy)主要指电能、机械能、热能、化学能、辐射能等,以及作业过程中的有毒有害危险物料等。隔离(isolation)指将阀件、电气开关、蓄能配件等设定在合适的位置或借助特定的设施,使设备不能运转或危险能量和物料不能释放,包括工艺隔离、电气隔离、机械隔离、放射源隔离等,本章主要对工艺隔离和电气隔离进行说明。

一、能量隔离概述

(一)危险能量分析

能量隔离可以有效控制各种能量的意外释放或危险物质的意外泄漏,包括但不限于以下几种:电能、动能、势能、压力、辐射、化学能、热能等。

——电能:各种类型的带电设备,如电动机、电线圈、电容器、电缆/电线、电池、阴极防护;

——动能:运动的能量,如飞轮、翼片、输送带、吊车负重、移动车辆等;

——势能：物体储存的并有可能释放的能量，如被提升的重物或物体、配重、弹簧等；

——压力：特殊势能，如带压液体或气体，如储罐、搅拌罐、输送管线、气压系统、液压系统；

——辐射：工业用放射源、液面指示器、流量计、激光、微波；

——化学能：氧化剂、易燃物、腐蚀品、有毒物质等危险物料；

——热能：蒸汽、液态氮、热表面、冷表面、点火装置等。

（二）能量隔离方法

隔离或控制危险能量和物料的方式，包括但不限于以下几种：

——断开电源或对电容器放电；

——隔离压力源或释放压力；

——停止转动设备并确保它们不再转动；

——释放（容器、管线等）贮存的能量和物料；

——放低设备，确保其不因重力而移动；

——防止设备可能受外力的影响而移动。

（三）忽视能量隔离的原因

——设计的因素。在某些机器、设备或系统中，尤其是一些老设备上，可能难以或无法进行能量隔离和上锁挂牌，也可能是隔离装置被封锁或难以接近。

——人员的因素。员工缺少对能量隔离的了解，没有意识到能量隔离和上锁挂牌程序的存在；员工存在盲目自信的现象，认为其能够在接通能量的系统上，完成任务没有什么风险；员工存在贪图省事的心理，认为若不花时间去解除和隔离能量源，可以更快或更好地完成任务。

——管理因素。企业内部缺少培训和执行力，甲方相关的制度或计划没有得到执行；没有贯彻安全第一，解除和隔离系统的能量后再进行维护，会造成利益、时间损失、成本增加等。

（四）造成伤害的原因

根据能量意外释放理论，导致事故的原因就是能量和危险物质的无控制释放。据有关数据统计，在众多设备维修伤害（重伤和死亡）事故中，绝大多种事故原因都和能量隔离有关，导致事故的原因主要有如下几个方面：

——没有把机器或设备完全停止；

——没有将能量来源确实切断或隔离；

——外力将已经关闭的能量源开启；

——没有将设备及机器的剩余能量和危险物料排除；

——重新启动机器前没有清理作业现场。

二、能量隔离要求

所有能量和物料的有效隔离是上锁挂牌成功的必要条件。隔离就是将阀件、电气开关、蓄能配件等设定在合适的位置或借助特定的设施使设备不能运转或危险能量和物料不能释放，采用非管理的方式确保物料和能量不被意外释放。

（一）通用要求

根据能量和危险物料性质及隔离方式，选择相匹配的断开、隔离装置。隔离装置的选择应考虑以下内容：

——满足特殊需要的专用能量隔离装置；按钮、选择开关和其他控制线路装置，不能作为危险能量隔离装置；

——控制阀和电磁阀不能单独作为物料隔离装置；如果必须使用控制阀门和电磁阀进行隔离，应制定专门的操作规程确保安全隔离；

——应采取措施防止因系统设计、配置或安装等原因，造成能量可能再积聚（如有高电容量的长电缆）；

——系统或设备包含贮存能量（如弹簧、飞轮、重力效应或电容器）时，应释放贮存的能量或使用组件阻塞；

——在复杂或高能电力系统中，应考虑安装防护性接地；

——可移动的动力设备（如燃油发动机、发动机驱动的设备）应采用可靠的方法（如去除电池、电缆、火花塞电线或相应措施）使其不能运转。

（二）隔离确认

隔离完成后，必须采取有效措施确定能量已全部停止、释放、消散或排出，必须确保机器、设备、管线或电路处于"零能量状态"。确认隔离有效性的方式包括但不限于：

——观察压力表、视镜或液面指示器，确认容器或管道等贮存的危险能量已被去除或阻塞；

——目视确认连接件已断开，转动设备已停止转动；

——对暴露于电气危险的工作任务，应检查电源导线已断开，所有上锁必须实物断开且经测试无电压存在；

——有条件进行试验的，应通过正常启动或其他非常规的运转方式对设备进行试验；

——有测试按钮的设备，应在切断电源箱开关之前，先按测试按钮以确认按钮正常，上锁后，再进行确认测试，以确保电源被确实切断。

作业前，属地单位与作业单位在执行工作界面交接时，应对照隔离方案共同确认能量已隔离或去除并实行上锁挂牌。作业人员对隔离和上锁的有效性有怀疑时，均应现场核查隔离方案并确认隔离有效性。

（三）电气隔离

鉴于电气工作的特殊危害性，对重要的电气隔离需履行专门的审批手续，见表3-1，并由电气专业人员进行操作。电气设备电源隔离应有明显断开点，电源设备应断开全部电源，对可能存有残余电荷的电气设备应逐相充分放电，确认隔离有效后上锁挂牌。

表 3-1 电气隔离审批单

电气隔离作业	
场站/装置：	
潜在危害：	控制措施/劳动保护：
电压等级：　□低压（必须是授权的电气人员）　　□高压（必须是授权的高压电气专业人员）	
指定＿＿＿＿为首次隔离执行人，＿＿＿＿负责现场监护并确认。 　　　签发人：　　＿＿年＿＿月＿＿日＿＿时＿＿分	执行人： ＿＿月＿＿日＿＿时＿＿分
签发人指定＿＿＿＿为再次隔离执行人，＿＿＿＿负责现场监护并确认。 　　　属地监督：　　＿＿年＿＿月＿＿日＿＿时＿＿分	执行人： ＿＿月＿＿日＿＿时＿＿分

续表

	确认项目	监护人确认
电气隔离作业要求、监督确认	1. 去现场检查，确认指定的电气设备已停止运行	
	2. 将现场开关设置在"停"的位置，确认电源指示信息为"停止"状态	
	3. 进入变电站配电间，找到需要被隔离电气设备的配电柜，确认指示灯显示电气设备处于停机状态	
	4. 将电气设备电源开关设定到断开位置，确认电气隔离：（1）停机指示灯灭；（2）对电气设备电源开关输出端检测，确认电压为零；（3）在隔离标签上填写电气隔离单编号；（4）加上锁挂签	
	5. 返回现场，启动指定电气设备，确认：（1）电气设备不会运行；（2）现场操作开关重新设回停机位置；（3）在电气隔离单白色和粉色联上签字，将白联电气隔离单放置在塑料夹内，并附在现场操作装置上	

我已按电气隔离作业要求，完成指定设备首次停电隔离	执行人： ___月___日___时___分	监护人： ___月___日___时___分
我已按电气隔离作业要求，完成指定设备再次停电隔离	执行人： ___月___日___时___分	监护人： ___月___日___时___分

受本隔离保护的作业（每次隔离后填写）			
作业许可编号	作业申请人	作业活动说明	许可关闭日期

解除电气隔离

我确认所有作业活动全部完成，具备隔离解除条件。　签发人/属地监督：　___月___日___时___分
我确认已按要求解除隔离。　　　　　　执行人：　　　　监护人：　　　　___月___日___时___分

	确认项目	监护人确认
解除电气隔离要求	1. 到电气设备处检查，确保白色和粉色隔离单的编号相同，从现场操作开关上取下电气隔离单白色联	
	2. 进入配电室，解除电气隔离，确保设备编号、隔离标签编号与电气隔离单上的编号一致	
	3. 返回中心控制室，在电气隔离单上签字，表明隔离解除作业完成	
	4. 对于井站，作业许可证关闭后，可由属地监督请示签发人同意，通知电气专业人员解除隔离	

我确认返修作业活动全部完成，具备隔离解除条件。　签发人/属地监督：　___月___日___时___分
我确认已按要求解除隔离。　　　　　　执行人：　　　　监护人：　　　　___月___日___时___分

三、工艺隔离要求

工艺隔离应首先切断物料来源，考虑到工艺隔离的特殊危害性，应制订专门的能量隔离方案，根据能量和物料性质选择相匹配的断开、加装盲板、双重隔离、单阀隔离或其他有效隔离方式。工艺隔离优先选取截断、加盲板或盲法兰等方式实现有效隔离，偏离此标准的隔离方式应增加有效控制措施并得到批准。

（一）单阀隔离条件

如果符合以下所列危险性因素特征，可以使用单阀进行能源隔离，见图 3-1：

——用作替代盲板起隔离作用的单阀历史上没有泄漏过；

——压力不超过 0.4MPa，且阀门不大于 6in（150mm），但泄压装置的隔离阀除外；

——确定管道或设备内没有酸、碱、有毒、易燃等液体或气体；

——管道不会长期打开。

图 3-1 单阀隔离示意图

（二）双阀隔离限制

——双阀隔离原则上不适用于动火作业、受限空间作业前的有毒、有害介质隔离，当工艺条件限制而采取此类方式进行隔离时，应增加额外的控制措施。

——当使用双阀隔离有毒、有害或压力大于 0.4MPa（表压），温度高于闪点或大于 60℃的介质时，应增加额外的控制措施。

（三）双重隔离限制

不满足单阀或双阀隔离条件时，可考虑采用双重隔离的方法：双阀－导淋，即双截止阀关闭、双阀之间的导淋常开（图 3-2）；或截止阀加盲板或盲法兰（详见盲板抽堵章节），两种方法可任选其一。但要注意的是，无论如何双阀加导淋的方法不能用于进入受限空间的隔离。

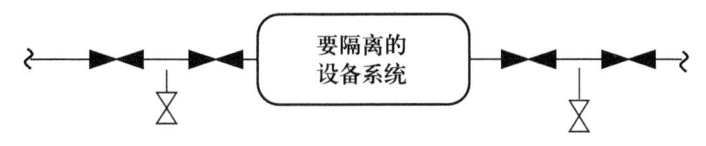

图 3-2 "双阀-导淋"隔离示意图

受限空间因为作业人员要在其中作业，隔离的方法必须安全可靠，见图 3-3。为确保万无一失，应按如下顺序选择采用的隔离方式：

——首先：物理隔断，即拆除或断开，这是最安全的方式；
——其次：采用盲板，加双隔离排放阀；
——最后：采用盲板，加单隔离排放阀，这是最低要求。

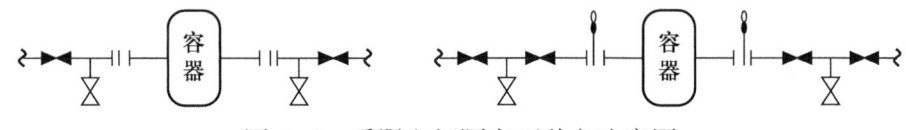

图 3-3 受限空间隔离两种方法意图

（四）隔离方案编制

为避免能量和危险物料意外释放可能导致的危害，作业区域所在单位应组织作业单位在作业前辨识作业区域内设备、系统或环境内所有的能量和危险物料的性质及可能产生的危害，编制隔离方案，明确隔离方式、隔离点和上锁点清单，示例见表 3-2。

需确认工艺流程图或 PID 图与作业现场一致，若现场工艺情况发生变更应及时更新。对于复杂的工艺隔离，方案中还可明确隔离实施及解除的操作步骤、隔离有效性的确认、作业区域警戒设置要求等内容。根据能量和危险物料性质及隔离方式选择相匹配的断开、隔离装置。

能量隔离点即安装能量隔离装置位置，应选择在容易接近的地方。如果可行，应尽量位于在作业过程中方便上锁的位置。且能量隔离点最好位于危险区之外，方便操控的高度（即不在高处、不在梯子上、也不在机器下面），且在邻近的步行可达区域。

表 3-2　工艺隔离方案示例

隔离方案编号：						
编制人：		年　月　日		批准人：		年　月　日

工艺隔离要求：

本次作业对 ×× 至 ×× 段流程进行隔离。　　　　　　附：有效的 PID 图或工艺流程图
　（一）实施隔离操作步骤
　1. 流程倒换：根据隔离清单要求关闭 ×× 阀，记录实施时间。
　2. 放空：打开 ×× 放空阀实施放空。
　3. 锁关：放空回零后，关闭 ×× 阀，对 ×× 加装盲板，并进行上锁挂签，记录实施时间。
　4. 氮气置换天然气：本次作业利用氮气瓶 / 车注方式，以 ×× 处为注氮点及氮气检测口，采取容积法（容积法置换时，需反复 3～5 次开展）/ 吹扫法进行置换，直至合格，并记录检测数据。置换合格后关闭 ×× 放空阀。
　（二）隔离有效性确认
　属地监督通过观察压力表、低点导淋、高点放空、气体测试等多种方式，综合确认隔离有效（根据现场情况明确具体要求）。
　（三）作业安全技术措施
　1. 作业过程中，气体检测员对作业环境进行连续检测 / 每 2h 复测并记录检测数据，确保施工作业环境安全无天然气泄漏。若气体检测数据不合格，立即停止施工作业。对于非隔离失效引起的泄漏，待查明泄漏点并进行有效处理后继续作业。
　2. 作业区域拉警戒线并设置明显警戒标识，无关人员禁止入内。
　（四）解除隔离操作步骤
　1. 氮气置换空气：作业完成后，打开 ×× 放空阀，以 ×× 处为注氮点及氮气检测口，采取容积法（容积法置换时，需反复 3～5 次开展）/ 吹扫法进行置换，直至合格，并记录检测数据。
　2. 解锁：作业许可签发人沟通确认后，根据调度指令，对 ×× 阀解锁；
　3. 解锁步骤：××。

隔离清单及状态确认					
序号	设备位号	设备状态	实施时间	隔离执行人	解除时间	解除执行人

作业许可签发人：	作业申请人：	作业申请人：
	属地监督：	属地监督：
日期：	日期：	日期：

第二节 上锁挂牌

上锁挂牌（lockout-tagout，LOTO）就是通过安装上锁装置及悬挂警示标牌，来防止能量和危险物质的意外释放而造成的人员伤害或财产损失的做法。上锁就是能量隔离，挂牌就是挂一个"危险，禁止操作"标签。要实现为能量点实现上锁挂牌，必需一套特制的工具，包括安全锁、锁具、多锁锁定装置，来实现这一目的。锁具要简单、实用、量无须太多。员工除非经过培训并授权，否则不允许执行上锁挂牌程序。

一、概述

推行上锁挂牌目的是为了防止已经隔离的能量和危险物质被意外释放；对系统或设备的隔离装置进行锁定，保证作业人员免于安全和健康方面的危险。现场双方每一位属地员工及作业人员应对其自己的安全负责；每一位作业人员应亲自执行上锁挂牌程序，这是"为生命上锁，为安全挂牌"。

（一）基本要求

上锁挂牌适用于各类设备、装置和系统，在安装、建设、修理、调整、检验、开通、测试、清扫、拆除、维护、维修等作业可控制能量和危险物料。

——作业人员在作业时，为避免设备设施或系统区域内蓄积能量或危险物料的意外释放，对所有能量和危险物料的隔离设施均应上锁挂牌。

——作业前，参与作业的每一个人员都应确认隔离已到位并已上锁挂牌，并及时与相关人员进行沟通。整个作业期间（包括交接班），应始终保持上锁挂牌。

——上锁挂牌应由操作人员和作业人员本人进行，并保证安全锁和标牌置于正确的位置上。特殊情形下，本人上锁有困难时，应在本人目视下由他人代为上锁。安全锁钥匙须由作业人员本人保管。

——为确保作业安全，作业人员可要求增加额外的隔离、上锁挂牌。任何作业人员对隔离、上锁的有效性有怀疑时，都可要求对所有的隔离点再做一次测试。

——使用安全锁时,应随锁附上"危险,禁止操作"的警示标牌,上锁必挂牌。在特殊情况下,如特殊尺寸的阀或电源开关无法上锁时,经确认并获得书面批准后,可只挂上警示标牌而不用上锁,但应采用其他辅助手段,达到与上锁相当的效果。

——上锁挂牌后,应通过检测确认危险和能量物料已去除或已被隔离,否则所有能量和危险物料的来源都应认为是没有被消除的。对所有存在电气危害的,断电后应实施验电或放电接地检验。

——隔离点的辨识、隔离及隔离方案制订等应由属地单位操作人员、作业单位作业人员或双方共同确认。

(二) 安全锁

工业用安全锁和日常生活用的普通挂锁有什么区别呢?首先是其在使用的功能上有很大的区别,安全锁的使用是为了起到保护和警示的作用,而普通锁具则是为了防盗。

安全挂锁与普通挂锁在材质上也有很大的差异,普通的锁具是一般都金属制造的,虽然结实耐用,但抗腐蚀性差,容易生锈。而安全锁多为 WBS 材料制成,虽然硬度难以和金属相比,但具有极好抗酸碱性、抗腐蚀性、抗拉能力,且轻盈方便、颜色艳丽、易于辨识,适用于恶劣的生产环境中,不会生锈且有更长的使用寿命。除一般的工程安全锁外,还有缆绳安全锁、防尘安全锁、防水安全锁等,见图 3-4。

| 工程安全挂锁 | 缆绳安全挂锁 | 防尘安全挂锁 | 防水千层锁 | 防尘安全挂锁(透明防尘套) |

图 3-4 工业用安全锁

(三) 各类锁具

因为工业生产中存在各种各样的能量,能量隔离点也是千差万别,要对这些隔离点上锁,就要配合使用各种各样保证能够上锁的辅助设施,如锁扣、阀门锁套、链条、锁箱等。如阀门锁具能预防阀门状态不慎变动而造成伤害，还有另一种目的是起警示作用。有些阀门常开，有些阀门常关，阀门锁可以避免对阀门的误操作（图3-5）。

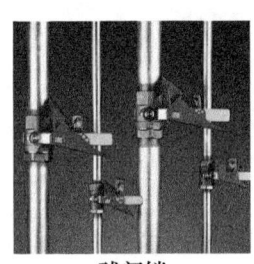

缆绳锁一　　　　闸阀锁　　　　球阀锁　　　　缆绳锁二

微型断路器锁POS　简易断路器锁具CBL01-2　小号断路器锁TBLO　插头锁具

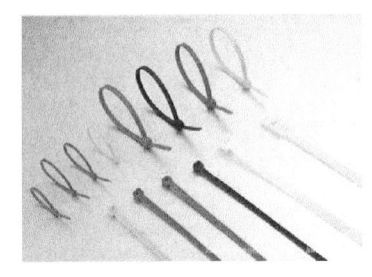

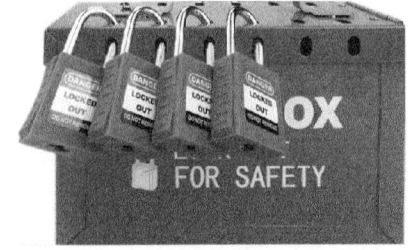

图 3-5　各类电器锁具与实例

（四）标牌要求

使用安全锁时，应随锁附上"危险，禁止操作"的警示牌，上锁必须挂牌。危险警示标牌的设计应与其他标牌有明显区别，警示标牌应包括标准化用语（如"危险，禁止操作"，图3-6）。

危险警示标牌应标明员工姓名、联系方式、上锁日期、隔离点及理由。危

图 3-6　警示标牌

险警示标牌不能涂改，一次性使用，并满足上锁使用环境和期限的要求。使用后的标牌应集中销毁，避免误用。危险警示标牌除了用于指明控制危险能量和物料的上锁挂牌隔离点外，不得用于任何其他目的。

每个上锁挂牌装置应唯一标识，只用于控制危险能量的装置，不得用作他途。挂牌装置应能承受恶劣环境（气候条件、潮湿场所或腐蚀性环境）的侵蚀，并在预期的最长暴露时间内保持清晰可辨，且坚固牢靠，可防止不经意或意外地移除。

在配电室、配电柜进行电气隔离时，按电力行业相关安全要求进行能量隔离并进行挂牌，见图 3-7。注意电气作业挂牌应正反面一致。

图 3-7 电气作业挂牌示例

二、管理流程

上锁挂牌本身并不能隔离能量，而是对隔离点和隔离措施的最后确认和验证，防止误操作。工艺隔离上锁挂牌和电气隔离上锁挂牌往往同时存在。

（一）辨识

作业前，为避免能量和危险物料意外释放可能导致的危害，应使用工作安全分析等方法辨识作业区域内设备、系统或环境内所有的能量和危险物料的来源及类型，并确认有效隔离点。

（二）隔离

所有能量和物料的有效隔离是上锁挂牌成功的必要条件。隔离就是将阀件、电气开关、蓄能配件等设定在合适的位置或借助特定的设施使设备不能运转或危险能量和物料不能释放,采用非管理的硬性方式确保能量和物料不被意外释放。根据辨识出的能量和危险物料性质及可能产生的危害,编制隔离方案,明确隔离方式,选择相匹配的断开、隔离装置、隔离点及上锁点清单。

(三) 上锁

根据能量隔离清单,对已完成隔离的隔离设施选择合适的锁具、填写危险警示标签,对上锁点上锁挂牌。

上锁时应当按照"先电气,后工艺"和"先高压,后低压"的顺序进行;解锁时的顺序与上锁顺序正好相反,要按照"先工艺,后电气"和"先低压,后高压"的顺序进行。

属地人员与作业人员应相互协作与制约。在上锁程序中应当由属地人员"最先上锁,最后解锁";作业人员"最后上锁,最先解锁"。测试确认程序遵循"不检测确认不操作"的原则。

正确使用上锁挂牌,以防止误操作的发生,应有程序明确规定安全锁钥匙的控制;上锁同时应挂牌,标签上应有上锁者姓名、日期、单位、简短说明,必要时可以加上联络方式。

(四) 确认

危险能量和物料已被完全隔离或去除。确认试验前,清理该设备周围区域内的人员和设备。屏蔽所有可能会阻止设备启动或移动的限制条件(如联锁)。

三、上锁方式

(一) 安全锁分类

——个人锁,标有个人姓名,每人只有一把,只供个人专用,用于锁住单个隔离点或锁箱的安全锁。个人锁和钥匙归个人保管并标明使用人姓名,个人锁不得相互借用。

——集体锁,用于锁住隔离点并配有锁箱的安全锁,集体锁可以是一把钥匙配一把锁,也可以是一把钥匙配多把锁。

集体锁应集中保管,存放于便于取用的场所。集体锁应在锁箱的上锁清单上标明上锁的系统或设备名称、编号、日期、原因等信息，锁和钥匙应有唯一对应的编号。

（二）单点上锁

有两种形式：单人单个隔离点上锁和多人单个隔离点的上锁。

——单人单个隔离点上锁：属地人员和作业人员用各自的个人锁对隔离点进行上锁挂牌；

——多人共同作业对单个隔离点的上锁：所有作业人员和属地人员通过锁扣，将个人锁锁在同一隔离点上，见图3-8；或者使用集体锁对隔离点上锁，集体锁钥匙放置于锁箱内，所有作业人员和属地人员个人锁上锁于锁箱，见图3-9。

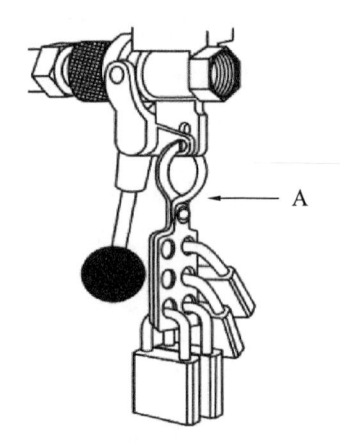

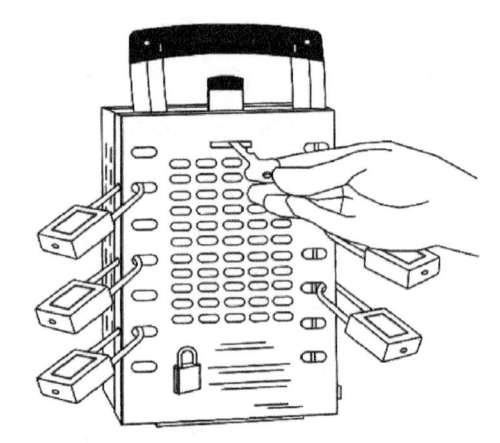

图3-8 锁扣多人单点上锁　　图3-9 锁箱多人单点或多点上锁

（三）多点上锁

用集体锁对所有隔离点进行上锁挂牌，集体锁钥匙放置于锁箱内，所有作业人员和属地单位操作人员用个人锁对锁箱进行上锁挂牌，见图3-9。

（四）电气上锁

（1）因电气上锁的危险性，有如下特殊要求：

——确认所有电源得到控制。

——上锁人员应有能力进行电气危害评价和处理。

——对可能进行的带电作业或在带电设备附近作业，上锁时要采取附加的安全措施。

——电气专业人员在隔离电源点上锁挂牌及测试后，将钥匙放入集体锁箱，作业人员在确认隔离点上锁挂牌后，在集体锁箱上锁。

（2）电气上锁，还应注意以下方面：

——主电源开关是电气驱动设备主要上锁点，附属的控制设备，如现场启动/停止开关不可作为上锁点。

——若电压低于220V，拔掉电源插头可视为有效隔离，若插头不在作业人员视线范围内，应对插头上锁挂牌，以阻止他人误插。

——采用保险丝、继电器控制盘供电方式的回路，无法上锁时，应装上无保险丝的熔断器并加警示标牌。

——若必须在裸露的电气导线或组件上工作时，上一级电气开关应由电气专业人员断开或目视确认开关已断开，若无法目视开关状态时，可以将保险丝拿掉或测电压或拆线来替代。

——具有远程控制功能的用电设备，不能仅依靠现场的启动按钮来测试确认电源是否断开，远程控制端必须置于"就地"或"断开"状态，并上锁挂牌。

四、解锁方式

（一）正常解锁

由上锁者本人进行的解锁。

——所有工作完成，操作人员确认设备、系统符合运行要求，每个上锁挂牌的人员应亲自去解锁，他人不得替代；

——涉及多个作业人员的解锁，应在所有作业人员完成作业并解锁后，操作人员按照上锁清单逐一确认，并解除集体锁及标牌。

（二）非正常拆锁

上锁者本人不在场或没有解锁钥匙时，且其警示标牌或安全锁需要移去时的解锁。拆锁程序应满足以下两个条件之一：

（1）与锁的所有人联系，并取得其允许。

（2）经作业单位和属地单位双方主管确认下述内容后，方可拆锁：

——确知上锁的理由；

——确知目前工作状况;

——检查过相关设备;

——确知解除该锁及标牌是安全的;

——在该员工回到岗位,告知其本人。

注:"上锁"及"危险,禁止操作牌"仅能防止人员不经意操作,对于一些蓄意行为,并不能产生作用,所以应将"上锁"及"危险,禁止操作牌"视为一种高压线,未经授权擅自移去标签或拆锁,视为严重违反安全规范的行为。

第三节 JSA 数据库

随着作业许可信息化系统在各企业中的推广和应用,为充分发挥信息化管理优势,彻底解决作业许可管理在 JSA 分析方面存在的难点和痛点问题。通过事前建立特殊作业清单和非常规作业清单,开展 JSA 分析形成基础的 JSA 数据库;作业申请人在提交作业申请之前,从 JSA 数据库中提取对应的 JSA 分析结果,根据实际作业情况进行组合、补充和完善形成实用的 JSA。

目前各企业正在积极推广使用电子作业许可证,建设信息化作业许可系统,基本上具备作业预约报备、风险数据库、线上会签、电子定位(确保现场审批)、数智分析及归档等功能,提升了特殊作业和非常规作业风险管控效率和水平。但目前 JSA 风险分析数据库的建设并不理想,都没有建立起科学、系统、完整并便于更新维护的 JSA 数据库。

一、JSA 数据库的建设

企业日常生产经营存在各式各样的作业活动,有些作业活动往往会包括一种或多种特殊作业,多种特殊作业又相互交叉同步进行,这给 JSA 分析工作带来一定的困难,特别是在如何建立信息化 JSA 数据方面带来很大的挑战。

(一)基础 JSA 数据库

面对各式各样纷乱复杂的作业活动,如何抽丝剥茧,发现事物的核心和本质,需把各项复杂的作业活动拆解为最基本的单项特殊作业,针对每一项特殊作业开展基础的 JSA 分析,这样才便于建立和维护科学、全面、系统、单一的基础 JSA 数据库,更便于发挥信息化管理的优势,见表 3-3。

表 3-3 基础 JSA 数据库清单（示例）

序号	特殊作业	说明	基础 JSA 分析项目	备注
1	动火作业	根据产生火焰、火花或者炽热表面的作业方式的不同，对动火作业进行了分类，各企业可根据自身实际情况对可能涉及的动火作业方式进行补充或删减	1. 气焊（割）作业	
			2. 电焊作业	
			3. 铅焊作业	
			4. 塑料焊作业	
			5. 喷砂除锈作业	
			6. 打磨、锤击作业	使用磨光机、铁锤击物件和产生火花的作业
			7. 钻孔作业	使用电钻，不包括带压开孔、热分接
			8. 离子切割作业	使用离子切割机
			9. 机械切割作业	使用砂轮机
			10. 使用喷灯作业	
			11. 使用液化气炉	包括其他火炉
			12. 使用电炉作业	
			13. 熬沥青作业	
			14. 使用非防爆电动工器具	
			15. 其他动火作业	实际工作中不断完善
2	受限空间	根据可能存在进出口受限，通风不良，易燃易爆、有毒有害物质或缺氧的封闭、半封闭的设施及场所，对各类反应器、塔、釜、槽、罐、炉膛、锅筒、管道，以及地下室、窨井、坑（池）管沟或其他封闭、半封闭场所进行分类	1. 进入阀井作业	各类输送管道阀井
			2. 进入低位罐区作业	
			3. 进入基坑作业	基坑深度超 1.2m
			4. 进入管沟作业	管沟深度超 1.2m
			5. 进入储罐、容器作业	充装过易燃易爆、有毒有害介质
			6. 进入冷却水塔、水箱作业	出入受限、通风不良，无易燃易爆、有毒有害介质
			7. 进入化粪池、污水池作业	出入受限，存在易燃易爆、有毒有害气体
			8. 进入消防、应急水池作业	出入受限，无易燃易爆、有毒有害介质
			9. 其他受限空间	实际工作中不断完善

续表

序号	特殊作业	说明	基础JSA分析项目	备注
3	高处作业	根据高处作业使用的工作平台、登高工具、防护措施等方面的不同，对高处作业进行分类	1. 使用固定式脚手架	
			2. 使用移动式脚手架	
			3. 使用高空作业车	
			4. 使用升降机	
			5. 使用人字梯	
			6. 使用直梯	
			7. 使用吊篮	
			8. 使用座板式单人吊具	
			9. 使用锚固点与生命线	可能涉及斜坡、斜屋顶、悬空作业、攀爬作业等
4	盲板抽堵管线打开	根据采取改变封闭管线或设备及其附件的完整性方式不同进行分类，除盲板抽封外，还包括其他类型的管线打开方式	1. 盲板抽堵作业	
			2. 管线带压开孔	
			3. 打开管线连接件、阀盖	
			4. 去掉堵头、管帽	
			5. 收发球筒快开盲板开启	
			6. 拆除阀门	
			7. 解开法兰（含螺栓）	
			8. 开启检查孔	
			9. 其他形式管线打开	可包括手孔、人孔
5	动土作业	根据挖土、打桩、钻探、坑探、地锚入土，或者使用推土机、压路机等施工机械进行填土或者平整场地等方式进行分类	1. 管沟开挖	深度在0.5m以上
			2. 作业坑开挖	深度在0.5m以上
			3. 基坑开挖	深度在0.5m以上
			4. 推土机施工	
			5. 压路机施工	
			6. 其他动土作业	深度在0.5m以上
6	吊装作业	根据各种吊装机具不同进行分类	1. 移动式吊装	包括各类轮胎式、履带式起重机
			2. 单梁式吊装	通过事先安装泵房内，便于设备安装维修时使用
			3. 其他吊装作业	实际工作中不断完善

续表

序号	特殊作业	说明	基础JSA分析项目	备注
7	临时用电	在正式运行的电源上所接的非永久性用电	1. 临时用电作业	
			2. 移动式发电机	严格讲不属于临时用电
8	断路作业	在生产区域内道路进行各种影响正常交通的作业进行分类	1. 吊运封路	因吊运作业临时封路
			2. 吊装封路	因吊装作业临时封路
			3. 施工占道	包括道路破坏

（二）实用 JSA 数据库

建立起各项基础 JSA 数据库以后，在日后的应用过程中，一项实际的作业活动可能会包括多个不同类型的特殊作业时，就可以从基础的 JSA 数据库中抽取出各项基础 JSA，通过作业许可系统后台自动组合成一个针对实际作业活动的 JSA 数据，然后再由作业申请人根据实际进行适当补充和完善，就形成实用的 JSA 数据。还有一种更为简单的情况，就是一项作业活动仅包括一种特殊作业，但作业对象可能会更加明确。这时如有必要，可以对原有基础 JSA 数据进行修订和完善。如焊接接地扁铁作业，可从基础 JSA 中调出电焊作业，进行修订完善后，形成焊接接地扁铁的实用 JSA，见表 3-4。

表 3-4 企业实用 JSA 数据库清单（示例）

序号	日常作业活动	涉及类型	调取基础 JSA 数据库	生成实用 JSA
1	接地扁铁焊接	单一	焊接动火作业 JSA	接地扁铁焊接 JSA
2	管线防腐作业	单一	打磨动火作业 JSA	管线防腐作业 JSA
2	管线碰口作业	复合	1. 作业坑开挖动土作业基础 JSA； 2. 电焊动火作业基础 JSA； 3. 坑内受限空间作业基础 JSA	管线碰口作业 JSA
3	罐内防腐作业	复合	1. 打开人孔管线打开作业 JSA； 2. 罐内受限空间作业 JSA； 3. 脚手架高处作业 JSA； 4. 机械打磨动火作业 JSA； 5. 临时用电作业 JSA	罐内防腐作业 JSA
...	......	......	......	......

这个实用的 JSA 分析表将在系统中保存起来，下次再做同样作业时，可再次从数据库中调取。每次使用实用的 JSA 数据之前，同样还需根据实际情况进行进一步的完善与修订。

这样一来，随着时间的推移，随着作业活动逐渐增加且次数增多，系统中的实用的 JSA 数据库就自然而然得到了不断完善和维护，实用 JSA 数据也越来越多、越来越完善、越来越实用、越来越好用。只有这样才能充分发挥作业许可系统信息化所带来的优势，解决当下作业许可管理中 JSA 难分析、难保存和难维护的难点和痛点问题。

二、问题的反馈和改进

作业任务完成后，作业项目负责人应组织作业人员总结经验，若发现安全分析过程中的缺陷和不足，应向 JSA 小组回馈。

（一）总结和存档

JSA 总结是指在 JSA 分析结果出来之后，应尽力测试以确保它的有效性，使之可以被使用。知道 JSA 分析结果的人越多，该工作被安全进行的概率就越大。应提倡企业将 JSA 分析表进行信息化处理，建设电子许可证审批系统，建立 JSA 分析风险数据库，进行数智分析及数据归档，确保工作程序是标准和规范的，使 JSA 分析数据方便大家查找和使用，进而提升特殊、非常规作业风险管控效率和水平。

企业内各级组织所有实用的 JSA 都应该在数据中存档，再经审核后纳入作业许可信息化系统风险数据库中。对于已经使用过的实用 JSA，下次有相同作业的时候，可以直接从数据库中调出。但是在使用这些 JSA 之前，必须组织相关的 JSA 小组对实用的 JSA 进行重新分析和确认，确保以前识别的风险及其控制措施有效，并且与当前确定的工作场所和工作任务相适应，不能拿来就用。因为相同的工作可能由于某些其他因素的变化带来新的安全风险或隐患并被忽视，需根据当下作业的实际情况进行必要的选择与完善。

（二）JSA 的改进

JSA 是进行安全作业、防止事故的一个非常重要的风险管理工具，需要每年定期对各级组织当年实用过的 JSA 的进行评审，选择确定 JSA 数据库模板范例，使之在整个企业内得到推广使用。主管部门也应该每年定期审阅基础JSA，JSA分析小组应和所在企业的团队一起评审JSA数据库，从而确保达成安全工作方式的共识，使每个人都理解安全进行工作的方式。

企业和承包商的各级管理人员和作业人员有义务来创建和维护基础JSA和实用JSA数据库。记住，将实际进行该作业活动的人员纳入是最重要的，这是JSA过程的一个重要反馈环路，并通过评审寻找风险防控过程中的缺陷或不足。如果发生了事故、事件，应该重新审查相关的JSA。事故调查发现的情况、隐患报告，以及体系审核报告都是汲取经验教训的良好来源，都可以应用到JSA数据库的持续改进过程中。

第四章　承包商安全监督管理

"承包商管理执行统一的健康安全环境标准"是HSE九项管理原则之一，将承包商HSE管理纳入企业内部HSE管理体系，承包商的HSE管理必须满足企业HSE管理要求，实行统一管理标准。将承包商当作自己的队伍，把承包商员工当作自己的员工，将承包商事故事件纳入企业的事故事件统计系统中。企业应加强承包商安全监督管理工作，严把承包商的"五关"，包括单位资质关、HSE业绩关、队伍素质关、施工监督关和现场管理关，做到统一制度、统一标准、文化融合，承包商相对固定，防止和减少承包商事故发生，保障人身和财产安全。

承包商安全监督管理工作遵循以下原则：安全第一、预防为主；统一领导、分级负责，直线责任、属地管理；谁发包、谁监管，谁用工、谁负责；建设单位安全生产责任不可替代。企业应当履行外包项目安全生产主体责任，对承包商实施全过程安全管理，严格落实承包商选用、合同签订、培训教育、作业过程、绩效评价等各环节的安全管理职责。

第一节　承包商的选用

承包商是指依据有关合同或者协议在企业管理的场所内开展工程建设、装置设备检维修、油气工程技术服务、生产运输及其他作业活动的单位。除特定说明外，一般包括总承包单位和分包商，企业的产品、物资、设备等供应商，以及劳务外包、技术外包、服务外包等服务商。

一、企业主要责任

企业是承包商安全监督管理的责任主体，对总承包单位的安全生产负有监管责任，总承包单位承担对分包单位的安全监管职责，并对分包单位的安全生产承担连带责任。企业应履行以下主要职责：

（1）落实国家和上级单位承包商安全监督管理相关要求，制修订本单位承包商安全监督管理制度；明确所使用的各类承包商的业务管理部门及全过程安全监督管理职责、程序和标准要求，并保障落实。

（2）负责承包商选用、合同协议、培训教育、作业过程、考核评价等各环节的安全管理。

（3）保证外包项目所需的安全生产投入、工期、施工环境、安全监管人员配备等资源。

（4）负责组织开展外包项目和作业活动安全风险识别、安全交底，督促、组织开展承包商关键岗位人员专项安全（HSE）培训、作业人员入场培训和属地现场安全教育。

（5）负责组织、督促开展承包商施工方案安全审查，开展承包商作业过程安全监督管理，清退不合格承包商队伍和人员。

（6）负责承包商生产安全事故报告，组织事故应急救援，组织、参与或者配合开展事故调查，落实事故整改和处理措施。

企业在外包项目的招标文件中，或者对按规定可不招标的外包项目的谈判阶段，应当明确承包商应当遵守的安全标准与要求、具备的资质及等级、执行的工作标准、关键岗位人员、专业技术人员和特种作业人员专业要求及配置条件、安全工作目标、主要安全风险等内容，并列出安全生产专项费用项目清单。

二、安全资格审查

建设单位在招标选商阶段对拟选用的承包商、总承包单位对拟选用的分包商，应当依据有关法律法规和安全管理要求进行基本安全资格条件审查，不符合基本资格条件要求的承包商和分包商不得进入现场开展作业。承包商基本安全资格条件主要包括以下内容：

（1）依法应当取得相应业务的安全生产许可证和业务资质证，以及许可范围与承担项目的符合性。

（2）近三年安全生产业绩的第三方书面证明或者主要负责人签字的自我证明材料，主要负责人签署的安全生产承诺书。

（3）安全生产管理机构设置情况，安全规章制度和操作规程清单，以及能体现安全管理状况或者安全管理体系有效运行的第三方证明材料，如 HSE 管理体系或者职业健康安全管理体系认证证书，或者行业内有关企业的书面证明。

（4）主要负责人、项目负责人、安全管理负责人的安全资质证书或者有关安全培训合格证明。

（5）项目所必需的特种作业和专业技术人员配置及相关资质证书材料，安全管理人员的配置情况。

（6）项目所使用的大型装备、特种设备、监测检测探测设备器材等检验合格证明材料。

（7）与项目有关的其他安全要求和条件。

承包商及相关人员有关资质、证书（证明）的有效期不满足外包项目合同期限的，建设（总包）单位应当及时提出，并督促承包商及时开展延期换证，对换证情况重新开展审查。

总承包单位对拟选用的分包商开展的基本安全条件审查情况，应当向建设单位报备，建设单位应当组织备案审查。

三、分包管理要求

建设单位不得将应当由一个承包商完成的项目肢解后发包给多个承包商。按规定允许分包的项目，建设单位应当在与承包商签订的合同中明确分包内容，但不得指定分包商。禁止承包商将工程转包、主体工程分包、将工程肢解后分包，以及分包给不具备相应资质要求的分包商，不得以劳务作业分包代替专业工程分包。依法分包的项目不得再次分包。

建设（总包）单位应当按照企业安全生产费用提取和使用管理制度或者国家有关规定，将外包项目的安全生产专项费用及时拨付给承包商，不得挪作他用，不得擅自削减。承包商的工程报价中应当单列安全生产专项费用及使用计划，且在竞标时不得删减。

第二节　承包商合同签订

建设单位与承包商、总承包单位与分包商之间应当针对外包或者分包项目签订安全生产（HSE）合同。安全生产（HSE）合同应当采用企业的示范文本，并根据外包或者分包项目安全风险和管理责任补充针对性条款。

一、合同的内容

安全生产（HSE）合同一般应当包括下列内容：
——安全投入保障，安全设施和施工条件。
——双方的安全（HSE）责任、权利和义务。
——人员安全（HSE）培训和教育。
——隐患排查治理和事故应急救援。
——安全检查与特殊作业监护。
——违约责任。
——其他与安全生产有关的约定。

安全生产（HSE）合同中应当约定承包商在项目实施期间项目主要负责人等关键岗位人员现场在岗时间不得低于项目施工总工期70%，且关键作业必须在现场等要求，明确作业人员上岗条件，并列出项目实施期间禁止变更或者需经建设（总包）单位书面同意后方可变更的关键岗位人员、作业队伍、关键装备设施的名单。行业对承包商关键岗位人员在岗时间有明确特定要求的，执行行业要求。

二、合同的签订

安全生产（HSE）合同应当与主体合同同时谈判、同时报审、同时签订、同时履行、同时验收。主体合同变更涉及安全生产（HSE）合同有关内容的，安全生产（HSE）合同应当同时变更。

建设（总包）单位不得通过安全生产（HSE）合同或者条款免除自身的安全生产管理责任，不得通过与承包商之间的内部协议、承诺、约定等形式转移自身应当承担的安全生产监督管理责任、安全生产违法违规责任或者生产安全事故责任。

总承包单位与分包商签订的安全生产（HSE）合同应当报建设单位备案。按照有关规定不需要单独签订安全生产（HSE）合同的外包或者分包项目，建设（总包）单位应当在主体合同中专门设置安全生产（HSE）条款，明确各方的安全生产职责。

三、合同的履行

建设（总包）单位应当加强外包、分包项目安全生产（HSE）合同履行情况的检查，确保各方安全责任和义务落实到位。对违反合同约定的行为，应当及时予以纠正和处理。

两个及以上承包商在同一作业区域内进行作业，可能危及对方生产安全的，在作业开始前，建设（总包）单位应当组织区域内的承包商互相签订安全生产合同，明确各自的安全管理职责和安全措施，并指定专人负责协调和检查。

第三节　建设（总包）单位项目管理

企业应当正确处理效率、效益与安全的关系，统筹发展与安全，坚持安全第一、以人为本理念，依法依规履行外包项目的安全生产主体责任和义务。

一、提供安全条件

建设（总包）单位应当提供满足安全要求的承包商作业场所、环境、作业界面，必要的设备设施和劳动防护用品等基本安全条件，以及与外包项目相关的基本信息、风险识别评价等文件资料、检修装置有关工艺变更和调整改造等信息，建设（总包）单位应当开展外包项目安全交底，配置满足相应要求的项目管理人员、安全监督管理人员和应急救援资源，对存在较大安全风险的作业场所设置安全风险告知（公示）牌、安全标识等设施。

建设（总包）单位应当科学、合理安排外包项目的施工工期和作业时间，不得擅自压缩项目合同约定的工期，不得违章指挥或者强令承包商及相关人员冒险作业、违规作业。

根据安全生产（HSE）合同或者有关条款约定需由承包商、分包商配置的资源、设施和应当满足的安全生产条件，建设（总包）单位应当在开工前验证通过后方可允许开工。

建设（总包）单位应当组织开展承包商施工方案审查，突出作业工序、施工组织、机具设备、资源配置、应急措施等方面的风险识别，检查并督促落实风险防范措施。施工方案应当针对具体施工项目、作业活动等进行针对性的编制和审查，未经审查、批准的施工方案不得实施。

二、施工过程管理

对于装置设备检维修项目，建设单位应当保障待检维修装置设备进出物料有效隔离并吹扫置换干净，合理划分检维修作业单元，明确生产交检维修、检维修交生产的管理职责和界面。

建设单位应当严格限制连续生产工艺的非停产检维修作业，必须开展的应当严格审批作业方案，升级风险防控措施，确认能量隔离的有效性，识别能量隔离失效风险，落实应急处置措施。对无法明确判定原因且安全风险不明确的异常工况，应当优先采取停工停车措施、有序释放介质和能量后再予以处置。

建设单位应当严格控制承包商带压带料作业。除厂外油气长输管道在稳定状态下的紧急抢修外，对存在易燃、易爆、高温、高压、有毒、有害等介质的管道、容器、储罐等设施不得开展带压开孔、密封、堵漏、包焊补强等作业，不得开展高压疏堵、解冻作业。对特殊原因必须开展的带压带料作业，其作业方案及应急处置措施应当经过专门评估，并至少经属地单位负责人或者建设单位业务部门负责人审批同意后方可实施。

建设（总包）单位对存在易燃、易爆、高温、高压、有毒、有害等介质或者能量集中的作业场所和装置设施附近、受限空间、异常工况分析处理现场、应急处置现场等危险场所，应当按照最小化原则控制人员数量。原则上，同一时间段内同一危险作业面或者聚集场所的总人数不得超过6人。现场作业、指挥、监测、监督监护等人员应当按规定佩戴个体防护装备和劳保用品。

三、施工现场管理

建设（总包）单位应当明确承包商自用设备设施工器具集中存放区、人员办公区,并优先设置在所属单位厂(场)区之外。因场地限制确需设置在所属单位厂(场)区内部的,必须与建设(总包)单位生产生活区和作业区进行有效隔离,并明确各自安全管理责任。

承包商自用自备设备设施的检维修、装卸、预制和清洗等作业,以及非必须在所属单位厂(场)区内进行的作业,不得在所属单位厂(场)区内进行;所属单位同意在厂(场)区内进行的,应当对其作业活动参照特殊作业管理。

建设(总包)单位应当对承包商作业场所实施封闭式管理,设置围挡、围栏等设施或者门禁系统,采取实名登记或者身份识别等措施。严禁承包商作业人员在所属单位厂(场)区内集中居住。

存在多个独立作业单元的项目,建设(总包)单位应当针对每个作业单元明确各自边界,必要时可针对每个作业单元或者分项目设置围栏、门禁或者身份识别等措施,保障承包商作业人员在规定的作业区域、作业时间及作业范围内开展作业和活动。

门岗管理及执勤人员应当严格履行承包商人员及设备设施出入的安全核查职责,对不满足安全要求的人员和设施、不在规定作业时间内的作业人员禁止进入作业场所。

建设(总包)单位应当对海上设施、野外无人区、大型地下空间的人员生产作业,以及大型受限空间、重大危险源人员聚集性作业配置人员定位装置和紧急呼救系统,设置应急救援和医疗救助绿色通道。

四、其他管理要求

高风险工程建设项目应当成立由建设单位主导、承包商参与的项目 HSE(安全生产)委员会,统一领导和协调项目各方安全生产工作。工程建设、装置设备大检修项目 HSE(安全生产)委员会按项目或者区域单元成立,油气工程技术服务项目 HSE(安全生产)委员会按生产区块成立。

项目 HSE(安全生产)委员会应当定期召开会议,结合项目进展和重大风险,及时梳理、界定并压实各方安全生产责任,通报重大安全生产问题,健全并督导落实安全生产约束考核机制,提高建设单位对承包商作业过程和安全风险的管控能力。

建设(总包)单位应当推行"智慧工地"建设,推进承包商作业现场智能化音视频监控设施配置和系统应用,采用信息化、智能化技术提高作业现场安全管理和风险防控能力。

建设(总包)单位应当对承包商开展的特级动火作业、特殊情况受限空间作业、一级吊装作业、Ⅳ级高处作业等现场按要求全面配置视频监控系统,全程采集作业影像。对情况复杂、风险高的非常规作业现场、其他特殊作业现场、钻修井作业现场,以及具备条件的其他施工作业现场配置视频监控系统,实时采集有关影像信息。

建设(总包)单位应当严控特殊敏感时段承包商特殊作业、非常规作业及高风险作业活动,必须开展的应当按规定进行升级管理。

建设(总包)单位应当对按规定列支的安全生产专项费用使用计划落实情况进行监督检查,确保按规定使用。

建设(总包)单位应当建立外包项目安全监督管理机制,对承包商关键岗位人员现场履职情况进行监督检查,落实承包商作业过程及关键环节安全监督管理措施。对专业性强、自身管控能力薄弱的专项作业,应当借助外部专业力量提高安全监督管理能力,履行建设(总包)单位的安全生产主体责任。

第四节　承包商安全培训教育

承包商安全培训教育旨在全面提升承包商人员的安全意识与技能,使其深刻理解并遵守项目所在地及作业场所的安全规章制度,清晰掌握各类作业活动中的潜在风险及相应防范措施,熟练运用安全设备与工具,减少因违规操作、安全知识匮乏导致的安全事故,保障承包商人员在项目施工过程中的人身安全,同时确保项目顺利推进,避免因安全问题造成工期延误、经济损失,以及不良社会影响,实现建设(总包)单位与承包商的双赢。

一、关键岗位人员培训

建设(总包)单位应当在与承包商签订合同后并在项目开工前,组织、督促承包商关键岗位人员参加专项安全(HSE)培训。承包商关键岗位人员包括:

(1)从事工程建设、装置设备检维修服务的承包商中标单位主要负责人、分管安全负责人、安全管理部门负责人和施工项目负责人。

（2）从事油气工程技术服务的承包商队伍主要负责人、分管安全负责人和安全管理人员。

（3）结合项目实际确定的其他关键岗位负责人。

承包商安全生产关键岗位人员培训时间不得少于16学时，考核合格后颁发培训合格证书，有效期2年。培训内容和考核方式按承包商安全（HSE）培训管理有关规定执行。

承包商作业人员调整作业岗位、离岗6个月后重新上岗、岗位作业环境发生重大变化的，建设（总包）单位应当组织或者督促承包商对其进行专门安全（HSE）培训，经项目属地单位考核合格后方可上岗作业。

二、入厂（场）安全培训

建设（总包）单位应当对进入现场开展施工作业和管理活动的所有承包商人员开展入厂（场）安全（HSE）培训，将人员培训考核合格作为入厂（场）作业的前置条件之一，并突出强化对项目各级负责人、施工负责人、专业管理和技术负责人、安全管理负责人、特种作业人员、施工作业队长的安全（HSE）培训。

工程建设和装置设备检维修项目的承包商人员，每个项目开工前应当接受针对性的安全（HSE）培训；油气工程技术服务项目承包商人员，在合约期内每年至少接受一次安全（HSE）培训。

承包商作业人员入厂（场）安全（HSE）培训的组织形式、培训内容及时长、考核方式等应当结合岗位安全风险、人员文化素质及接受能力等进行针对性设置，具体执行承包商安全（HSE）培训管理有关要求。对连续两次考核不合格的承包商人员应当更换或者调整岗位。

总承包单位对分包商人员的入厂（场）安全（HSE）培训由总承包单位负责组织，并将人员培训考核结果报备建设单位；委托建设单位开展的，总承包单位应当对培训过程履行管理职责。

三、属地现场安全教育

承包商作业队伍和人员首次进入现场开展作业活动前，建设（总包）单位的项目属地管理单位应当对所有作业人员开展不少于1个学时的属地现场安全教育，建立安全教育人员清单，采取适当方式组织签订安全生产承诺书。

作业前属地现场安全教育主要内容包括：

（1）项目及作业活动总体情况。

（2）区域总体布置、功能分布及应急通道。

（3）作业区域和人员活动范围，作业时间和劳动纪律。

（4）作业中涉及的主要危害因素和安全风险，以及对应的风险防控和应急处置措施，应急疏散路线，典型事故案例。

（5）作业区域及附近开展的其他可能存在相互影响的生产作业活动及其安全风险。

（6）个人防护用品的规范使用、安全规定及禁令、变更管理和特殊作业许可管理要求，特殊作业现场监护要求。

（7）人员"三违"行为的处罚和处理措施。

（8）属地有关负责人的联系信息及方式。

（9）结合作业风险应当告知的其他信息和管理要求。

严禁仅以发放风险告知单等书面形式代替属地现场安全教育。高风险施工作业的属地现场安全教育时间可适当延长，并采取适当的考核评估方式。项目开工后新入厂（场）或者变更调整的人员应当接受针对性的属地安全教育后方可从事作业。

对于作业安全风险相对较低、施工工期短且承包商作业人员少的项目，作业前属地现场安全教育可与入厂（场）培训合并进行，且时间不得少于1个学时，并采取灵活的考核方式，确保作业人员熟知作业安全风险，具备必要的风险识别、防范和应急处置能力。

承包商施工作业期间，建设（总包）单位的属地管理单位应当组织或者督促承包商作业人员定期召开安全专题班前会。安全专题班前会应当针对当前作业任务进行安全技术交底，确保作业人员清楚作业程序、熟知安全风险、掌握防范和应急措施。原则上，安全专题班前会应当每日召开，每次时间不少于15min。作业任务、方案或者风险发生重大变化时应当及时召开。

第五节　队伍与人员评估

建设（总包）单位项目管理部门应当结合外包项目安全风险，制定承包商作业队伍施工安全能力评估标准。在项目开工作业前对使用的承包商作业队伍牵头组织开展施工安全能力评估。评估结论为不合格的作业队伍，不得开展施工作业。

一、作业安全能力评估

承包商作业队伍施工安全能力评估内容应当考虑以下内容：

（1）队伍名称及主要负责人等与合同约定的一致性，队伍资质，以及近三年施工业绩和安全生产绩效。

（2）队伍人员数量、组成及结构，人员社会保险、安全生产责任险、健康体检等证明，队伍自有人员与外雇人员的比例。

（3）队伍负责人、技术和安全等负责人的有关资格和综合素质及工作经历，项目必需的特种作业和专业技术人员资质证书。

（4）安全监督管理人员和特殊作业监护人员配置情况。

（5）队伍主体装备与合同约定的一致性，工器具、劳动防护用品、工程车辆等设施配置及完好性、安全性能等，特种设备、监测检测探测设备器材的检验合格证明，项目必备的应急设施、急救设施和药品、生活营地设置等。

（6）作业方案和主要流程，关键环节管理及人员安排。

（7）队伍管理及安全制度规程的符合性及可操作性。

（8）应急处置预案或者措施的科学性和可操作性。

（9）队伍管理单位对其管理状态和资源分配调度情况。

（10）其他与施工安全能力和项目相关的评估内容。

总承包单位对分包商队伍开展的安全能力评估结果应当向建设单位报备，建设单位应当组织抽查。

二、作业人员上岗评估

建设（总包）单位项目管理部门应当根据项目管理要求和岗位作业安全风

险，设置必要的作业人员基本上岗条件，牵头组织开展承包商作业人员上岗评估。不满足基本上岗条件的人员不得上岗作业。

承包商作业人员基本上岗条件的设置应当考虑：

（1）经过入厂（场）安全（HSE）培训并通过考核。

（2）特种作业、专业技术人员具备有效的资格证。

（3）人员年龄、健康状况与作业岗位的符合性。

（4）岗位职业禁忌。

（5）特殊作业岗位健康负面清单。

（6）其他与岗位相关的安全和健康风险因素。

总承包单位对分包商开展的人员上岗条件评估结果应当向建设单位报备，建设单位应当组织抽查。

三、发放两类许可证书

经评估满足施工安全能力标准，且符合项目其他管理要求的承包商作业队伍，由建设单位统一发放队伍施工许可证。经评估符合条件的承包商作业人员，由建设单位统一发放人员入厂（场）许可证，持证上岗。

注：对于作业安全风险相对较低、施工工期短且承包商作业人员少的项目，承包商作业队伍施工安全能力评估和人员上岗条件评估，可以与承包商基本安全资格条件查验工作合并进行，不强制要求再次进行安全能力和人员上岗条件评估。

这类作业一般是指该项目仅涉及一种作业类型或者单个专业领域、作业时间不超过7d、作业人员固定且每次作业人数不超过6人，且不包含下列特殊作业：

（1）特级、一级动火作业。

（2）特殊情况受限空间作业。

（3）Ⅲ级、Ⅳ级高处作业。

（4）一级、二级吊装作业。

（5）带压进行管线打开（盲板抽堵）作业。

（6）深度2m以上的动土作业，在生产装置区、储罐区、地下管道、暗沟上方的机械挖掘或者深度1.2m以上的动土作业。

（7）情况复杂、风险高的非常规作业及其他高风险作业。

第六节　监督检查与考核

建设单位和总承包单位应当对承包商作业全过程组织制订安全监督检查计划，明确监督检查工作负责人、检查频次和组织方式，明确关键作业环节和重要时间节点，并配置满足要求的监督检查人员。委托第三方开展安全监督检查的，应当明确安全监督检查的归口管理部门，对监督检查情况进行管理。

一、旁站监督

关键作业环节、危险性较大的非常规作业、紧急抢修和重大变更作业等应当组织现场旁站监督，特殊作业应当按规定设置监护人。旁站监督人员、特殊作业监护人应当避开相应的危险场所和施工作业面，严防危险场所和同一作业面人员聚集。

二、过程监督

对承包商作业过程的安全监督检查，包括且不限于以下重点内容：

（1）抽查施工作业、监理、工程监督等单位队伍资质，队伍施工许可证，人员入厂（场）许可证，专业人员技术资格证，作业人员劳保用品配置及使用，同一作业区内多个承包商间安全生产合同执行情况，现场施工管理及危险场所人数控制，现场安全监督管理人员和特殊作业监护人员配备等情况。

（2）了解施工作业进展，评估作业工序中的风险，检查工作前安全分析（JSA）、安全交底等落实情况，检查作业环境和布局，检查现场设备设施完整性及问题整改情况。

（3）检查安全技术措施落实、制度规程和方案执行、作业许可审批与执行等情况，核查能量隔离措施的有效性，以及关键岗位人员、作业方案及现场关键设施等变更管理及风险控制措施。

（4）核查有关问题隐患的整改及预防措施落实，检查有关违章行为查处、事故事件报告及处理、应急资源配置等情况。

（5）其他需要监督检查的重点内容。

工程监理、工程监督、检测评价等单位和人员应当按照《中华人民共和国安全生产法》（中华人民共和国主席令2021年第88号）等有关法律法规履行相应的安全生产法定职责，开展作业过程安全监督检查，并对因履职不到位所造成的重大风险、隐患和生产安全事故承担责任。

建设单位和总承包单位应当按照特殊作业安全生产挂牌制等管理制度，明确特殊作业区域安全"区长"负责人，落实属地安全监督管理责任。工程建设和装置大检修项目作业现场宜采取安全网格化安全监督管理的方式。

三、考核机制

建设（总包）单位应当依据外包项目合同、安全承诺、制度标准和管理要求等，建立承包商人员考核管理机制。

对作业现场发现或者视频监控发现违反有关安全规定的承包商人员，建设（总包）单位应当及时对其予以告知，并督促采取纠正措施。发现作业现场存在重大隐患或者不具备安全生产条件，或者发现危及人员生命安全的紧急情况时，应当责令立即停止作业或者停工整顿。

建设（总包）单位应当对发生违章作业、违章指挥和违反劳动纪律等"三违"行为的承包商作业人员、不有效履行职责的承包商关键岗位人员及时提出处理措施，并通报其所在单位。对拒不服从属地管理、多次故意"三违"、严重"三违"或者造成重大隐患、险情、事故事件的承包商人员应当清理出项目现场，收回入厂（场）许可证，纳入"人员黑名单"管理。

对被清理出项目现场的承包商人员，建设（总包）单位应当建立清单，及时通告其所在队伍和单位，并在本项目完成前禁止其再次进入项目现场；纳入"人员黑名单"管理的承包商人员，自清退之日起2年内禁止进入建设（总包）单位的所有项目现场从事作业活动；对性质恶劣或者造成严重负面影响的事故事件的直接责任人，实行终身禁入措施。

建设（总包）单位应当按照企业全员安全生产记分管理办法的要求，与承包商单位联合建立并实施承包商人员安全生产记分管理措施，明确记分事项、分值和处罚规定，组织开展宣贯培训，并督导落实。

四、绩效评估

企业单位应当结合所使用承包商的类型及外包项目实际，制定相应的承包商安全绩效评估标准和处置措施，开展承包商安全绩效评估。建设（总包）单位应当在项目实施期间、项目竣工后分别开展承包商项目安全绩效评估，并结合项目安全绩效评估结果开展年度综合安全绩效评估。

（一）绩效评估内容

安全绩效评估宜实行量化评分方式，并结合项目实际考虑以下评估内容：

（1）安全生产（HSE）合同、安全承诺等履行情况，关键岗位人员在岗履职情况。

（2）作业队伍施工安全能力评估不符合项的整改情况。

（3）安全生产专项费用使用情况及现场安全设施配置、标准化管理等情况。

（4）项目的安全管理、安全监督、特殊作业安全监护等人员配置及与项目安全风险的匹配性。

（5）作业人员上岗培训考核一次通过率。

（6）因安全问题导致的停工次数或者停工时间占比。

（7）发生一般B、C级工业生产安全责任事故和风险事件情况，以及监督检查发现的典型问题数量及通报频次。

（8）安全生产记分人数、比例及分值。

（9）基层属地管理单位和安全监督机构及安全管理人员的意见和总体评估（评分）。

（10）结合项目安全要求确定的其他需要评估的内容。

对具有独立业务资质、队伍编号、固定人员编制的承包商作业队伍，可单独开展安全绩效评估并形成评估结论。

（二）绩效评估结果

对承包商年度综合安全绩效评估结论依次分为优秀、良好、合格、观察使用和不合格等5个等级。

对年度综合安全绩效评估为"观察使用"的承包商予以黄牌警告，对评估为"不合格"或者连续两次黄牌警告的承包商予以清退。

对发生一般A级及以上工业生产安全责任事故，或者因安全、环保、质量等管理失职、违法违规等造成严重负面影响的承包商应当直接判定为"不合格"，并列入"黑名单"。

对承包商的项目安全绩效评估结果和年度安全绩效评估结果应当形成清单，及时录入承包商管理有关信息系统。

相关链接：特殊作业岗位健康负面清单

为强化健康风险预判预警，减少非生产亡人事件，推进健康企业建设，中国石油组织编制了特殊作业岗位健康负面清单，清单内容如下：

（1）未控制的高血压或低血压等疾病禁止从事电工作业、高处作业、压力容器作业、职业机动车驾驶作业、高原作业。

（2）器质性心脏病或各种心律失常等疾病禁止从事电工作业、高处作业。器质性心脏病禁止从事职业机动车驾驶作业、高原作业。

（3）红绿色盲禁止从事电工作业、压力容器作业、职业机动车驾驶作业。

（4）四肢关节及运动功能障碍禁止从事电工作业、高处作业。

（5）癫痫、晕厥、眩晕症等疾病禁止从事电工作业、高处作业、压力容器作业、职业机动车驾驶作业。

（6）恐高症禁止从事高处作业。

（7）双耳语言频段平均听力损失＞25dB 禁止从事压力容器作业。

（8）中枢神经系统器质性疾病、慢性阻塞性肺病、慢性间质性肺病、伴肺功能损害的疾病、贫血、红细胞增多症、职业性慢性高原病等疾病禁止从事高原作业。

（9）腕管综合征、类风湿关节炎、颈椎病、矫正视力小于4.5、颈肩腕综合征等疾病禁止从事视频作业。

（10）双耳语频平均听阈（纯音气导）＞30dB、暗适应＞30s、复视、立体盲、严重视野缺损、梅尼埃病、癔病、震颤麻痹、各类精神障碍疾病、痴呆、影响肢体活动的神经系统疾病、长期服用依赖性精神药品成瘾尚未戒除者等疾病禁止从事职业机动车驾驶作业。

企业要高度重视并严格执行特殊作业岗位健康负面清单。健康安全管理部门要加强对已从事和拟从事特殊作业人员在岗期间和上岗前职业健康检查，人力资源部门要加强日常监督管理，杜绝新入职人员从事健康负面清单相关作业，对违反健康负面清单的在岗人员及时进行岗位调整。

随 堂 练 习

1. 《危险化学品企业特殊作业安全规范》（GB 30871—2022）规定了8类纳入特殊作业安全管理的危险作业，分别是：（　　）。

   A. 动火作业、受限空间作业　　　　B. 盲板抽堵作业、高处作业

   C. 吊装作业、临时用电作业　　　　D. 动土作业、断路作业

2. 动土作业时挖出物或其他物料至少应距坑、沟槽边沿（　　）m，堆积高度不得超过（　　）m，坡度不大于（　　），不得堵塞下水道、窨井，以及作业现场的逃生通道和消防通道。（　　）

   A. 0.5、1.5、45°　　　　　　　　B. 1、1.5、45°

   C. 0.5、1、50°　　　　　　　　　D. 1、1.5、50°

3. 在动土作业挖掘开始之前，技术负责人应根据土质类型确定是否需要支撑和挡板。可选择的支撑和挡板有（　　）。

   A. 液压支撑　　　　　　　　　　　B. 沟槽千斤顶

   C. 金属挡板　　　　　　　　　　　D. 胶合板

4. 焊接作业时，使用的气瓶不得靠近热源，可燃、助燃气体气瓶与明火间距应大于（　　）。

   A. 5m　　　　B. 10m　　　　C. 15m　　　　D. 20m

5. 用气焊（割）动火作业时，氧气瓶与乙炔气瓶的间隔不小于（　　），且乙炔气瓶严禁卧放，二者与动火作业地点距离不得小于10m，并不准在烈日下曝晒。

   A. 1m　　　　B. 3m　　　　C. 5m　　　　D. 10m

6. 动火前气体检测时间距动火时间不应超过（　　）。

   A. 10min　　　B. 15min　　　C. 30min　　　D. 60min

7. 动火作业前应当清除距动火点周围（　　）之内的可燃物质或用阻燃物品隔离，半径（　　）内不准有其他可燃物泄漏和暴露，距动火点（　　）内不准

- 198 -

有液态烃或低闪点油品泄漏。（　　）

A. 5m、10m、15m
B. 5m、10m、20m
C. 5m、15m、30m
D. 10m、10m、20m

8. 下列关于动火作业监护人的说法正确的是（　　）。

A. 根据现场作业的类型和作业的复杂程度，现场可由1名作业人员进行作业，无须监护

B. 刚调整到新工作岗位，未经相关培训的现场负责人

C. 接受监护培训、考试合格的人员

D. 动火作业过程中，因动火监护人临时有其他紧急任务，可直接指派下属员工代为监护动作作业现场

9. 动火作业许可证是动火作业的操作依据，一份动火作业许可证只限在（　　）使用且不得涂改、代签。

A. 同类介质
B. 同一场站
C. 同一设备（管线）
D. 指定的措施范围内

10. 下列关于动火作业过程中的安全要求正确的是（　　）。

A. 动火作业人员应当在动火点的上风向进行作业，并采取隔离措施控制火花飞溅

B. 动火监护人应当坚守作业现场，动火监护人变动需经批准

C. 如果动火作业中断超过1h，继续动火前，动火作业人、动火监护人应当重新确认安全条件

D. 在动火作业过程中应当根据规定的气体检测时间和频次进行检测，记录检测时间和检测结果，检测结果不合格时及时停止作业

11. 高处作业坠落防护措施的优先选择顺序是：（　　）。

① 设置固定的楼梯、护栏、屏障和限制系统；
② 使用脚手架或带升降的工作平台；
③ 使用边缘限位安全绳；
④ 配备缓冲装置的全身式安全带和安全绳。

A. ①②③④
B. ②①③④
C. ③①②④
D. ②③①④

- 199 -

12. 坠落范围半径根据作业位置至其底部的垂直距离不同而确定，当高度为5m以上至15m时，坠落范围半径为（　　）m。

　　A. 3m　　　　B. 4m　　　　C. 5m　　　　D. 6m

13. 高处作业风险三步法有消除坠落隐患、预防坠落措施、使用止坠装置，下列哪项属于预防坠落措施？（　　）

　　A. 将工作安排在地面进行　　　　B. 选择带护栏的工作平台作业

　　C. 选择五点双挂安全带作业　　　D. 作业时配备救生索

14. 下列关于高处作业时梯子的使用，正确的有（　　）。

　　A. 使用前应检查所使用的梯子是否牢固

　　B. 禁止在吊架上架设梯子

　　C. 禁止踏在梯子顶端工作

　　D. 同一架梯子最多允许两人同时作业

15. 下列有关高处作业时的要求正确的是？（　　）

　　A. 高处作业过程中，作业监护人应对高处作业实施全过程现场监护，严禁无监护人作业

　　B. 作业人员应按规定正确穿戴个人防护装备，并正确使用登高器具和设备

　　C. 作业人员应按规定系用与作业内容相适应的安全带，系挂后应检查安全带扣环是否扣牢

　　D. 高处作业禁止投掷工具、材料和杂物等，工具应采取防坠落措施，作业人员上下时手中不得持物

16. 当出现下列哪些情况时，应立即停止作业，取消高处作业许可证？（　　）

　　A. 实际高处作业与作业计划的要求不符

　　B. 作业环境和条件发生变化而影响到作业安全时

　　C. 安全控制措施无法实施

　　D. 现场发现重大安全隐患

17. 受限空间作业照明应使用安全电压不大于（　　）的安全行灯。金属设备内和特别潮湿作业场所作业，其安全行灯电压应为（　　）且绝缘性能良好。（　　）

　　A. 36V、24V　　　　　　　　　B. 36V、12V

　　C. 24V、12V　　　　　　　　　D. 24V、36V

18. 进入受限空间作业必须采取通风措施，下列说法错误的是（　　）。
    A. 打开风门、烟门等与大气相通的设施进行自然通风
    B. 必要时，可采取强制通风
    C. 氧含量不足时，可以向受限空间充纯氧气
    D. 进入期间的通风不能代替进入之前的吹扫工作

19. 下列哪项不属于进入受限空间作业人员职责（　　）。
    A. 熟知进入受限空间作业许可中的安全措施
    B. 参加对作业过程中可能发生的条件变化的评估
    C. 负责办理作业许可证
    D. 掌握正确使用进入装备和个人防护装备的方法

20. 按进入受限空间安全管理规范的规定，对可能存在（　　）等受限空间，作业前应进行检测，合格后方可进入。
    A. 缺氧或富氧　　　　　　　　B. 有毒有害气体
    C. 易燃易爆气体　　　　　　　D. 粉尘

21. 依据受限空间安全管理规范，除满足受限空间的物理条件和危险特征外，以下情形可视为受限空间的有（　　）。
    A. 高于1.2m的垂直墙壁围堤，且围堤内外没有到顶部的台阶
    B. 动土或开渠深度大于1.2m，或作业时人员的头部在地面以下的
    C. 用惰性气体吹扫空间，可能在空间开口处附近产生气体危害
    D. 动土或开渠区域内没有撤离通道的

22. 依据作业许可安全管理办法，下列哪些可能属于受限空间？（　　）
    A. 炉、塔、釜、罐　　　　　　B. 管道、烟道、隧道、下水道
    C. 沟、坑、井、池　　　　　　D. 涵洞、仓、槽车、炉膛

23. 当起升车辆装有悬空载荷时，应与其他人员保持至少（　　）m的安全工作距离。任何人员不得在悬空装载物下行走或站立。
    A. 3　　　　　B. 3.5　　　　　C. 4　　　　　D. 2

24. 起升车辆在坡度大于10%的坡道上上行和下行时，载荷应处于车辆的（　　）方向，以保持稳定。在坡度大于10%的坡道上空载行驶时，应将承载装置面处于车辆的（　　）方向，人员与车辆不得同时使用坡道。（　　）
    A. 上坡、下坡　　　　　　　　B. 下坡、上坡

C. 上坡、上坡　　　　　　　　D. 下坡、下坡

25. 吊装作业前，作业单位应根据作业性质选择起重机的类型，优先顺序如下：①液压操纵固定臂轮胎式起重机（或履带式起重机）；②液压操纵伸缩臂轮胎式起重机；③摩擦牵引或机械操纵固定臂轮胎式起重机。（　　）
    A. ①②③　　B. ②①③　　C. ②③①　　D. ③②①

26. 起重作业指挥人应佩戴标识，并与起重机司机保持可靠的沟通，指挥信号应明确并符合规定，沟通方式的优先顺序如下：①视觉联系；②双向对讲机；③有线对讲装置。（　　）
    A. ①③②　　B. ②①③　　C. ②③①　　D. ③②①

27. 下列哪项属于吊装作业中的违章行为（　　）。
    A. 起吊作业时吊索与物件棱角之间未加垫块
    B. 起吊的重物上悬挂重物
    C. 通过引绳、拉钩来控制货物的摆动
    D. 起重机工作时进行检查和维修

28. 需要打开的管线或设备必须与系统隔离，其中的物料应采用排尽、冲洗、置换、吹扫等方法除尽。清理合格的标准：（　　）。
    A. 系统温度介于 –10℃～60℃
    B. 已达到大气压力
    C. 无任何有害物质
    D. 与气体、蒸汽、粉尘的毒性、腐蚀性、易燃性有关的风险已降低到可接受的水平

29. 管线打开工作交接的双方共同确认工作内容和安全工作方案，至少包括以下内容（　　）。
    A. 有关安全、健康和环境方面的影响
    B. 隔离位置、清理和确认清理合格的方法
    C. 管线（设备）状况
    D. 管线（设备）中残留的物料及危害

30. 以下属于管线打开前必须明确的内容是（　　）。
    A. 管线里面的介质及其危害性
    B. 从法兰上去掉一个或多个螺栓

C. 确定风向

D. 警戒区域, 确保与管线打开无关的人员不受意外释放的伤害

31. 根据临时用电安全管理规范, 正常情况下送电操作顺序为（   ）。

    A. 开关箱—分配电箱—总配电箱   B. 总配电箱—分配电箱—开关箱

    C. 开关箱—总配电箱—分配电箱   D. 以上均可

32. 根据临时用电安全管理规范, 正常情况下停电操作顺序为（   ）。

    A. 开关箱—分配电箱—总配电箱   B. 总配电箱—分配电箱—开关箱

    C. 开关箱—总配电箱—分配电箱   D. 以上均可

33. 固定式配电箱、开关箱中心点与地面的垂直距离应为（   ）; 移动式配电箱、开关箱中心点与地面的垂直距离宜为（   ）。（   ）

    A. 1.3~1.5m, 0.6~1.5m   B. 1.3~1.5m, 0.8~1.6m

    C. 1.4~1.6m, 0.6~1.5m   D. 1.4~1.6m, 0.8~1.6m

34. 在生产活动中, 所有临时用电必须安装漏电和接地保护器, 三相动力设备必须实施接地, 接地电阻（   ）。而且生产场所的防雷接地必须每年进行测试, 接地电阻（   ）。（   ）

    A. 不大于4Ω、不大于10Ω   B. 不大于10Ω、不大于4Ω

    C. 不大于10Ω、不大于10Ω   D. 不大于4Ω、不大于4Ω

35. 依据临时用电安全管理规范下列选项中关于临时照明的安全要求正确的是（   ）。

    A. 现场照明应满足所在区域安全作业亮度、防爆、防水等要求

    B. 在潮湿和易触及带电体场所的照明电源电压不得大于24V

    C. 在特别潮湿场所、导电良好的地面、锅炉或金属容器内的照明电源电压不得大于12V

    D. 行灯电源电压不超过36V, 灯泡外部有金属保护罩

36. 依据临时用电安全管理规范, 在下列哪些场所作业时, 必须使用12V的照明电压。（   ）

    A. 特别潮湿的场所   B. 导电良好的地面

    C. 锅炉或金属容器内   D. 存放易燃物品的仓库内

37. 临时用电线路可采用架空或地面走线等方式, 并满足下列哪些要求: （   ）。

A. 架空线路应架设在专用电杆或支架上，严禁架设在树木、脚手架及临时设施上

B. 在架空线路上不得进行接头连接；如果必须接头，则需进行结构支撑，确保接头不承受拉、张力

C. 临时架空线最大弧垂与地面距离，在施工现场不低于 2.5m，穿越机动车道不低于 5m

D. 在起重机等大型设备进出的区域内不允许使用架空线路

38. 临时用电线路可采用架空或地面走线等方式，地面走线应满足以下哪些要求：（   ）。

   A. 所有地面走线应沿避免机械损伤和不得阻碍人员、车辆通行的部位敷设，且在醒目处设置"走向标识"和"安全标识"

   B. 电线埋地深度不应小于 1m，需要横跨道路或在有重物挤压危险的部位，应加设防护套管，套管应固定

   C. 要避免敷设在可能施工的区域内

   D. 当位于交通繁忙区域或有重型设备经过的区域时，应采取保护措施，并设置安全警示标识

39. 对于装有易燃气体的气瓶，在储存场所的（   ）范围以内，禁止吸烟、从事明火和生成火花的工作，并设置相应的警示标志。

   A. 5m   B. 10m   C. 15m   D. 20m

40. 当开启或关闭瓶阀时应缓慢进行，特别是盛装可燃气体的气瓶，目的是为了（   ）。

   A. 防止产生摩擦热   B. 防止物质泄漏
   C. 防止静电火花   D. 防止损坏瓶阀

41. 拆除脚手架时，要符合下列规定（   ）。

   A. 开始拆除前，由单位工程负责人进行拆除安全技术交底

   B. 拆除作业应由上而下逐层进行，严禁上下同时作业

   C. 拆除的各构配件严禁抛掷至地面

   D. 拆除时要设围栏和警戒标志，派专人负责安全警戒

42. 脚手架的搭建、拆除、移动、改装作业应在作业技术负责人现场指导下进行，作业人员应正确使用（   ）等装备。

A. 安全帽　　　　B. 安全带　　　　C. 防滑鞋　　　　D. 工具袋

43. 采用集体锁对多个隔离点实施上锁时，应按下列（　　）顺序实施。
    ① 用集体锁将所有隔离点上锁、挂标签；
    ② 作业单位现场负责人应确保每个作业人员要在集体锁箱上上锁；
    ③ 属地单位监护人和作业单位每个作业人员用个人锁锁住锁箱；
    ④ 将集体锁的钥匙放入锁箱，钥匙号码应与现场安全锁对应；
    ⑤ 属地单位负责人必须亲自到现场检查确认上锁点，才可签发批准相关作业许可证。
    A. ①③②④⑤　　　　　　　　B. ①②③④⑤
    C. ①④③②⑤　　　　　　　　D. ①②④③⑤

44. 下列上锁挂牌方式表达正确的是：（　　）。
    A. 单人作业单个隔离点上锁时操作人员和作业人员用各自的个人锁对隔离点进行上锁挂牌
    B. 多人共同作业对单个隔离点上锁的方式有：所有作业人员和操作人员将个人锁锁在隔离点上
    C. 多人共同作业对单个隔离点上锁的方式有：使用集体锁对隔离点上锁，集体锁钥匙放置于锁箱内，所有作业人员和操作人员个人锁上锁于锁箱
    D. 多个隔离点上锁：用集体锁对所有隔离点进行上锁挂牌，集体锁钥匙放置于锁箱内，所有作业人员和操作人员用个人锁对锁箱进行上锁挂牌

45. 对电气隔离点由电气专业人员上锁挂牌及测试，作业人员确认。关于电气上锁说法正确的是：（　　）。
    A. 主电源开关是电气驱动设备主要上锁点，现场启动/停止开关不可作为上锁点
    B. 若电压低于220V，拔掉电源插头可视为有效隔离，若插头不在作业人员视线范围内，应对插头上锁挂牌，以阻止他人误插
    C. 采用保险丝、继电器控制盘供电方式的回路，无法上锁时，应装上无保险丝的熔断器并加警示标牌
    D. 若必须在裸露的电气导线或组件上工作时，上一级电气开关应由电气专业人员断开或目视确认开关已断开

46. 项目组织实施单位应组织承包商开展三级安全培训，其中一级培训由（　）负责，二级、三级培训由（　）负责。（　　）

    A. 承包商，业主　　　　　　　　B. 承包商，承包商

    C. 业主，承包商　　　　　　　　D. 业主，业主

47. 关于如何使用梯子，下列说法正确的是：（　　）。

    A. 一个梯子上只允许一人站立，并有一人监护

    B. 在平滑面上使用梯子时，应采取端部套、绑防滑胶皮等防滑措施

    C. 直梯和延伸梯与地面夹角以 60°～70° 为宜

    D. 在梯子上工作时，应背对梯子工作，防止身体失去平衡而导致坠落

48. 关于梯子的使用，以下哪些描述正确？（　　）

    A. 人员在上下梯子时，必须背部朝支撑梯子的建、构筑物或支撑物体方向

    B. 只要梯子不是悬空的，最上面一层可以站人

    C. 梯子不应放置在门的向外开方向的前面（除非门被锁住）

    D. 人员在上下梯子时不可以手持工具或物体

49. 关于如何使用梯子，下列说法正确的是：（　　）。

    A. 使用梯子时，人员处在坠落基准面 2m（含 2m）以上时应采取防坠落措施

    B. 有人监护情况下，可以近距离带人移动梯子

    C. 有横档的人字梯在使用时应打开并锁定横档，谨防夹手

    D. 上、下梯子时，应面向梯子，一步一级，双手不能同时离开梯子

50. 以下不属于中国石油天然气集团有限公司承包商安全管理五条禁令内容的是（　　）。

    ① 严禁建设单位未经许可免除或转移自身安全生产责任；

    ② 严禁使用无资质、超资质等级或范围、套牌的承包商；

    ③ 严禁发包、转包、违法分包、挂靠等违法行为；

    ④ 严禁未经危害识别和现场培训开展作业；

    ⑤ 严禁无证从事特种作业、无票从事危险作业。

    A. ①、②　　　B. ①、③　　　C. ③、⑤　　　D. ④、⑤

51. 管理好承包商安全是（　　）的事。

    A. 安全人员　　B. 甲方领导　　C. 乙方领导　　D. 全体人员

52. 建设单位对承包商员工离开工作区域（　　）个月以上、调整工作岗位、工艺和设备变更、作业环境变化或者承包商采用新工艺、新技术、新材料、新设备的，应当要求承包商对其进行专门的安全教育和培训。经建设单位考核合格后，方可上岗作业。

   A. 1　　　　　　B. 2　　　　　　C. 3　　　　　　D. 6

53. 项目组织实施单位应组织承包商开展三级安全培训，其中一级培训由（　　）负责，二级、三级培训由（　　）负责。（　　）

   A. 承包商、业主　　　　　　B. 承包商、承包商
   C. 业主、承包商　　　　　　D. 业主、业主

54. 下列三级安全教育内容中，属于教育项目的内容是（　　）。

   A. 工地安全制度　　　　　　B. 安全操作规程
   C. 劳动纪律　　　　　　　　D. 工程施工特点

55. 承包商员工有以下哪些情况时（　　），建设单位应当要求承包商对其进行专门的安全教育和培训。经建设单位考核合格后，方可上岗作业。

   A. 因生病离开工作区域 1 个月以上
   B. 调整工作岗位
   C. 工艺和设备变更、作业环境变化
   D. 承包商采用新工艺、新技术、新材料、新设备

56. 承包商存在下列情形之一的，由承包商准入审批单位按照有关规定予以清退，取消准入资格，并及时向有关部门和单位公布承包商安全业绩情况及生产安全事故情况（　　）。

   A. 提供虚假安全资质材料和信息，骗取准入资格的
   B. 现场管理混乱、隐患不及时治理，不能保证生产安全的
   C. 承包商安全绩效评估结果为不合格的
   D. 发生一般 B 级及以上工业生产安全责任事故的

57. 依据中国石油天然气集团有限公司承包商安全监督管理办法，承包商进行作业许可申请时，申请人可以是（　　）。

   A. 承包商项目经理　　　　　B. 施工单位负责人
   C. 现场作业负责人　　　　　D. 项目安全监督

58. 承包商投标文件中应当包括以下哪些内容：（   ）。

   A. 施工作业过程中存在风险的初步评估

   B. HSE 作业计划书

   C. 安全技术措施和应急预案

   D. 安全生产施工保护费用使用计划

59. 承包商存在下列哪些情形时，承包商准入审批单位按照有关规定予以清退，取消准入资格。（   ）

   A. 提供虚假安全资质材料和信息，骗取准入资格的

   B. 现场管理混乱、隐患不及时治理，不能保证生产安全的

   C. 发生一般 B 级及以上工业生产安全责任事故的

   D. 承包商安全绩效评估结果为不合格的

60. 针对承包商安全生产中的突出问题，通过总结典型承包商事故教训，制定印发了《承包商安全管理禁令》，提出承包商安全管理"五条禁令"。包括（   ）。

   A. 严禁建设单位免除或转移自身安全生产责任

   B. 严禁违法发包、转包、违法分包、挂靠等违法行为

   C. 严禁未经危害识别和现场培训开展作业

   D. 严禁无证从事特种作业、无票从事危险作业

61. 如果工作场所存在潜在的氮气危害，应设置警示标识并提供足够的控制措施。这些措施可包括但不限于：（   ）。

   A. 具有声光报警功能的测氧仪

   B. 强制通风系统

   C. 警戒线或围栏

   D. 通过上堵头、封头、加盲板等方式隔断氮气来源

62. 高危作业区域安全生产"区长"对本作业区域内的安全生产总负责。主要职责如下：（   ）。

   A. 组织开展安全风险识别，掌握作业区域内相关设备设施、场所环境和作业过程的风险状况、作业队伍和人员资质，以及高危作业实施计划

   B. 组织开展作业许可票证查验，现场督促并检查高危作业安全措施落实情况

C. 组织召开安全分析会议，督促检查作业人员现场安全培训、作业前安全风险分析和安全技术交底

D. 跟踪区域内作业进展，跟踪检查作业方案执行和安全要求落实情况，组织开展高危作业和关键环节现场安全监督监护

63. 高危作业区域安全生产"区长"对本作业区域内的安全生产总负责。主要职责包括：（　　）。

A. 组织开展安全风险识别，掌握作业区域风险状况

B. 组织开展隐患排查，及时消除事故隐患

C. 组织开展作业许可票证查验，检查安全措施落实情况

D. 督促检查作业人员现场安全培训、JSA 和安全技术交底

64. 高处坠落处理方法有：（　　）。

A. 坠落在地的伤员，应初步检查伤情，不乱搬摇动，应立即呼叫救护车

B. 采取救护措施，初步止血、包扎、固定

C. 伤员上下担架应由 3～4 人分别抱住头、胸、臀、腿，保持动作一致平稳，避免脊柱弯曲扭动加重伤情

D. 怀疑脊柱骨折，按脊柱骨折的搬运原则。切忌一人抱胸，一人抱腿搬运

65. 承包商投标文件中，应当包括以下哪些内容：（　　）。

A. 施工作业过程中存在风险的初步评估

B. HSE 作业计划书

C. 安全技术措施和应急预案

D. 安全生产施工保护费用使用计划

66. 承包商存在下列哪些情形时，承包商准入审批单位按照有关规定予以清退，取消准入资格：（　　）。

A. 提供虚假安全资质材料和信息，骗取准入资格的

B. 现场管理混乱、隐患不及时治理，不能保证生产安全的

C. 发生一般 B 级及以上工业生产安全责任事故的

D. 承包商安全绩效评估结果为不合格的

67. 承包商安全管理"五关"包括 HSE 资质关、（　　）。

A. 施工监督关　　　　　　　B. HSE 业绩关

C. 人员素质关　　　　　　　D. 现场管理关

68. 承包商员工有以下哪些情况时，建设单位应当要求承包商对其进行专门的安全教育和培训，建设单位考核合格后，方可上岗作业：（　　）。

    A. 因生病离开工作区域6个月以上

    B. 调整工作岗位

    C. 工艺和设备变更作业环境变化

    D. 承包商采用新工艺、新技术、新材料、新设备

69. 对可能存在（　　）等受限空间，作业前应进行检测，合格后方可进入。

    A. 缺氧或富氧　　　　　　　　B. 有毒有害气体

    C. 易燃易爆气体　　　　　　　D. 粉尘

70. 临时用电作业，在下列哪些场所作业时，必须使用12V的照明电压：（　　）。

    A. 特别潮湿的场所　　　　　　B. 导电良好的地面

    C. 锅炉或金属容器内　　　　　D. 存放易燃物品的仓库内

71. 临时用电作业中，下列关于临时用电线路的安全要求正确的是：（　　）。

    A. 所有的临时用电线路必须采用耐压等级不低于500V的绝缘导线

    B. 在距配电箱（盘）、开关及电焊机等电气设备15m范围内，不应存放易燃、易爆、腐蚀性等危险物品

    C. 临时用电线路的自动开关和熔丝（片）应根据用电设备的容量确定，也可用其他金属丝代替熔丝（片）

    D. 临时用电线路经过有高温、振动、腐蚀、积水及机械损伤等危害部位时，不得有接头，并采取有效的保护措施

72. 企业临时用电埋地敷设线路时，下列说法正确的是：（　　）。

    A. 所有埋地敷设线路应设走向标识和安全标识

    B. 需横跨道路或在有重物挤压危险的部位，应加设防护套，套管应固定

    C. 线路可以敷设在施工区

    D. 域线路埋设深度不应小于0.7m

73. 企业不遵守上锁挂签的"致命"事故原因，可能包括：（　　）。

    A. 没有把机器或设备停下来　　B. 没有将能源确实切断

    C. 没有把残余的能量排除　　　D. 意外地把已关闭的设备开启

74. 企业执行上锁挂牌时，下列上锁挂牌方式，表达正确的是：（　　）。

　　A. 单人作业单个隔离点上锁时，操作人员和作业人员用各自的个人锁对隔离点进行上锁挂牌

　　B. 多人共同作业对单个隔离点上锁的方式有：所有作业人员和操作人员将个人锁锁在隔离点上

　　C. 多人共同作业对单个隔离点上锁的方式有：使用集体锁对隔离点上锁，集体锁钥匙放置于锁箱内，所有作业人员和操作人员个人锁上锁于锁箱

　　D. 多个隔离点上锁：用集体锁对所有隔离点进行上锁挂牌，集体锁钥匙放置于锁箱内，所有作业人员和操作人员用个人锁对锁箱进行上锁挂牌

75. 上锁同时应挂签，标签上应有上锁者（　　）必要时可以加上联络方式。

　　A. 姓名　　　B. 日期　　　C. 单位　　　D. 简短说明

76. 对电气隔离点由电气专业人员上锁挂牌及测试，作业人员确认。关于电气上锁说法正确的是：（　　）。

　　A. 主电源开关是电气驱动设备主要上锁点，现场启动/停止开关不可作为上锁点

　　B. 若电压低于220V，拔掉电源插头可视为有效隔离，若插头不在作业人员视线范围内，应对插头上锁挂牌，以阻止他人误插

　　C. 采用保险丝、继电器控制盘供电方式的回路，无法上锁时，应装上无保险丝的熔断器并加警示标牌

　　D. 若必须在裸露的电气导线或组件上工作时，上一级电气开关应由电气专业人员断开或目视确认开关已断开

77. 高处作业时，如何选择坠落防护措施？（　　）

　　A. 尽可能把工作安排在地面上进行，避免高处作业

　　B. 安装固定的围栏和扶手，防止坠落发生

　　C. 使用工作平台，如脚手架或提升平台

　　D. 使用带缓冲的防坠落装置，如全身式安全带和系索

78. 下列有关高处作业时的要求正确的是：（　　）。

　　A. 作业监护人应对高处作业实施全过程现场监护

　　B. 作业人员应按规定正确穿戴个人防护装备，并正确使用登高器具和设备

C. 作业人员应按规定系用与作业内容相适应的安全带，系挂后应检查安全带扣环是否扣牢

D. 高处作业禁止投掷工具、材料和杂物等，工具应采取防坠落措施，作业人员上下时手中不得持物

79. 关于拆搭脚手架作业，下列说法正确的是：（　　）。

    A. 脚手板除了用作铺设脚手架外，也可以用来临时存放施工材料

    B. 脚手架应正确设置、使用防坠落装置，每一作业层的架体应设置完整可靠的台面、防护栏杆和挡脚板

    C. 不得将模版支架、缆风绳、泵送混凝土和砂浆的运输管等固定在脚手架上

    D. 遇有六级以上强风、浓雾、大雪及雷雨等恶劣气候，不得进行露天脚手架搭设作业

80. 关于高处作业，下列说法正确的是：（　　）。

    A. 搭建脚手架作业前必须应进行工作前安全分析

    B. 脚手架实行绿色和红色标识，其中绿色标识为已经过检查且符合设计要求

    C. 脚手架的搭建、拆除、移动、改装作业应在作业技术负责人现场指导下进行

    D. 作业人员应该正确使用安全带、防滑鞋、工具袋等装备

81. 脚手架的搭建、拆除、移动、改装作业人员应正确使用（　　）等装备。
    A. 安全帽　　　B. 安全带　　　C. 防滑鞋　　　D. 工具袋

82. 吊装作业中，对于（　　）发出的紧急停车信号，司机应立即执行。
    A. 指挥人员　　　　　　　　B. 司索人员
    C. 现场作业监督人员　　　　D. 都不正确

83. 吊装作业时下列哪些情况不允许吊装？（　　）
    A. 指挥信号不明　　　　　　B. 吊车支腿未完全伸出
    C. 吊车未处于水平　　　　　D. 有人发出停止信号

84. 盲板抽堵工作交接的双方共同确认工作内容和安全工作方案，至少包括以下内容：（　　）。

    A. 有关安全、健康和环境方面的影响

B. 隔离位置、清理和确认清理合格的方法

C. 管线（设备）状况

D. 管线（设备）中残留的物料及危害

85. 以下属于管线打开前，必须明确的内容是（　　）。

    A. 管线里面的介质及其危害性

    B. 从法兰上去掉一个或多个螺栓

    C. 确定风向

    D. 警戒区域，确保与管线打开无关的人员不受意外释放的伤害

86. 高处作业人员应当身体健康，凡经诊断患有（　　）癫痫病、晕厥及眩晕症、四肢骨关节及运动功能障碍疾病或者其他相关禁忌证，或者服用嗜睡、兴奋等药物，以及饮酒的人员，不得从事高处作业。

    A. 心脏病　　　　　　　　　　B. 贫血病

    C. 严重关节炎　　　　　　　　D. 未控制的高血压病

87. 挖掘深度超过1.2m时，应在合适的距离内提供（　　）等，用于安全进出。

    A. 梯子　　　B. 台阶　　　C. 坡道　　　D. 安全绳

88. 起重机械重物失落事故是指起重作业中，吊载、吊具等重物从空中坠落所造成的人身伤亡和设备毁坏的事故。下列事故中，属于起重机械重物失落事故的有：（　　）。

    A. 吊钩断裂事故　　　　　　　B. 脱绳事故

    C. 脱钩事故　　　　　　　　　D. 断绳事故

89. 使用手持电动工具时应注意：（　　）。

    A. 所有的导电部分必须有良好的绝缘

    B. 所有的导线必须是坚韧耐用的软胶皮线

    C. 在导线进入电机的壳体处，应用胶皮圈加以保护，以防电线的绝缘层被磨损

    D. 电机进线应装有接地或接零的装置

90. 使用安全帽时，首先要选择与自己头型适合的安全帽。佩戴安全帽前，要仔细检查（　　），并调整帽衬尺寸，帽衬顶端与帽壳内顶之间必须保持20～50mm的空间。有了这个空间，才能形成一个能量吸收系统，使遭受

的冲击力分布在头盖骨的整个面积上,减轻对头部的伤害。

A. 合格证　　　B. 使用说明　　　C. 使用期限　　　D. 颜色

91. 使用安全带时,下列操作中（　　）项不正确。

    A. 安全带应高挂低用

    B. 缓冲器,速差式装置和自锁钩可以串联使用

    C. 绳子过长,可以打结使用

    D. 使用时挂钩应挂在安全绳上使用

92. 下列配电柜（箱）安装要求正确的有：（　　）。

    A. 触电危险性较大的生产场所和办公室,应当安装开启式配电板

    B. 配电柜（箱）应用不可燃材料制作

    C. 落地安装的柜（箱）底面应高出地面 80～160mm

    D. 配电柜（箱）各电气元件、仪表、开关和线路应排列整齐、安装牢固、操作方便,柜（箱）内应无积尘、积水和杂物

93. 下列哪些情况动火作业需要升级许可管理：（　　）。

    A. 夜间的动火作业

    B. 遇有五级风以上（含五级风）的动火作业

    C. 五一节期间动火作业

    D. 周六周日动火作业

94. 作业前安全技术交底内容主要包括：（　　）。

    A. 作业现场和作业过程中可能存在的危险有害因素及采取的具体安全措施与应急措施

    B. 作业开始前组织作业人员到作业现场,熟悉现场环境、应急救援器材的位置及分布

    C. 涉及断路、动土作业时,应当对作业现场的地下隐蔽工程进行交底

    D. 核实安全措施的可靠性,存在的风险和管控措施

95. 对辨识出的受限空间作业场所,应在显著位置设置（　　）,以提醒人员增强风险防控意识并采取相应的防护措施。

    A. 属地管理标识　　　　　　　　B. 安全警示标志

    C. 责任牌　　　　　　　　　　　D. 安全告知牌

96. 在火灾爆炸危险场所进行盲板抽堵作业时,作业人员应穿:(　　)。
   A. 防静电工作服　　　　　　B. 工作鞋
   C. 防爆工具　　　　　　　　D. 安全帽

97. 特殊作业在作业中断后,再次作业前,应重新对(　　)进行确认。
   A. 作业地点　　B. 环境条件　　C. 安全措施　　D. 作业人员

98. 在开关上接引、拆除临时用电线路时,其上级开关应(　　)。
   A. 断电　　　　B. 上锁　　　　C. 挂牌　　　　D. 拆除

99. 断路作业前,(　　)应会同(　　)相关部门制订交通组织方案,应能保证消防车和其他重要车辆的通行,并满足应急救援要求。
   A. 监理单位　　B. 作业单位　　C. 属地单位　　D. 承包商

100. 作业单位应当根据需要,在断路的路口和相关道路上设置(　　)等交通警示标志。
    A. 作业标志　　　　　　　　B. 距离辅助标志
    C. 导向标　　　　　　　　　D. 限速标志

101. 断路作业单位应根据需要,在作业区域附近设置(　　)等交通警示设施。
    A. 锥形路栏　　　　　　　　B. 交通路标
    C. 道路作业警示灯　　　　　D. 限速标志

102. 作业区域所在单位是指组织吊装作业的属地主管单位,安全职责主要包括(　　)。
    A. 组织作业单位开展吊装作业风险分析
    B. 告知作业单位吊装作业现场存在风险
    C. 向作业单位进行安全交底
    D. 告知作业单位吊装作业现场必要的应急处置信息

103. 受限空间作业监护人职责是:(　　)。
    A. 会同作业人员检查安排安全措施,统一联系信号
    B. 对进入受限空间作业人员进行监护
    C. 当发生异常时,向作业人员发出撤离警报
    D. 掌握应急救援的基本知识

104. 下列装置中，属于能量隔离装置的为：（　　）。
    A. 按钮开关　　　　　　　　B. 断路器
    C. 电路控制器　　　　　　　D. 启动/停止开关

105. 设备被锁定后，核实能量隔离有效的方法有：（　　）。
    A. 尝试启动设备　　　　　　B. 查看电压表
    C. 查看液位计　　　　　　　D. 查看压力表

106. 在生产现场，部分危险作业需要进行隔离，隔离的种类主要有：（　　）。
    A. 工艺隔离　　B. 电气隔离　　C. 机械隔离　　D. 人员隔离

107. 下列作业中，需要上锁和挂牌的作业包括：（　　）。
    A. 清理污水池　　　　　　　B. 使用砂轮机
    C. 更换启动开关　　　　　　D. 蒸汽管道堵漏

108. 作业批准人是作业区域所在单位相关负责人，对作业安全负责，安全职责主要包括：（　　）。
    A. 组织对作业申请进行书面审查，并核查作业许可审批级别和审批环节与企业管理制度要求的一致性情况
    B. 组织现场核查，核验风险识别及安全措施落实情况，在作业现场完成审批工作
    C. 负责签发、取消和关闭作业许可证
    D. 指定属地监督，明确监督工作要求

109. 作业许可申请的书面审查内容主要包括：（　　）。
    A. 安全措施或者作业方案
    B. 有关图纸、人员资质证书等支持文件
    C. 确认作业许可证期限
    D. 设备设施准备情况

110. 发生下列何种情况，作业区域所在单位和作业单位都有责任立即中止作业，报告批准人，并取消作业许可证？（　　）
    A. 作业环境、作业条件或者工艺条件发生变化
    B. 作业内容、作业方式发生改变
    C. 紧急情况或者事故状态
    D. 实际作业与作业计划发生偏离

111. 特级动火作业应满足（　　）要求。
    A. 应预先制订作业方案，落实安全防火防爆及应急措施
    B. 在设备或者管道上进行特级动火作业时，设备或者管道内应保持微正压
    C. 所属单位专（兼）职消防队（班组、岗位）负责特级动火作业的消防条件确认和现场监护
    D. 生产装置运行不稳定时，不应进行带压不置换动火作业

112. 受限空间动火作业前，应该采取哪些措施？（　　）
    A. 清除内部物料　　　　　　　　B. 吹扫和置换有毒有害物料
    C. 强制通风换气　　　　　　　　D. 连续监测

113. 管线打开作业前，系统隔离方法优先考虑：（　　）。
    A. 单截止阀　　　　　　　　　　B. 加装盲板
    C. 盲法兰及双阀—导淋　　　　　D. 凝固（固化）工艺介质

114. 作业许可安全管理应当落实安全生产"三管三必须"（管行业必须管安全，管业务必须管安全，管生产经营必须管安全）要求，遵循（　　）的原则，做到依法合规、严格管理、风险受控、持续改进。
    A. 谁主管谁负责　　　　　　　　B. 谁批准谁负责
    C. 谁作业谁负责　　　　　　　　D. 谁的属地谁负责

115. 作业区域所在单位或者作业单位应当根据不同作业类型、风险大小、工作量等综合因素确定作业许可时限，并符合以下要求：（　　）。
    A. 特级动火作业不超过 8h　　　　B. 受限空间作业不超过 24h
    C. 高处作业不超过 7d　　　　　　D. 动土作业不超过 15d

116. 节假日、公休日、夜间，以及其他特殊敏感时期或者特殊情况，应当尽量减少作业数量，确需作业应当实行升级管理。可采取（　　）等方式，其中特级动火作业、一级吊装作业、Ⅳ级高处作业、特殊情况受限空间作业，以及情况复杂、风险高的非常规作业，作业区域所在单位应当有领导人员现场带班。
    A. 审批升级　　　　　　　　　　B. 监护升级
    C. 监督升级　　　　　　　　　　D. 措施升级

117. 作业前，作业相关单位应当对设备、管线内介质有安全要求的作业，采用倒空、隔绝、清洗、置换等方式进行处理，对具有能量的设备设施、环境

应采取可靠的能量隔离措施，包括：（　　）。

A. 机械隔离　　　　　　　　　B. 工艺隔离

C. 电气隔离　　　　　　　　　D. 空间隔离

118. 动火作业是指在直接或者间接产生明火的工艺设施以外的禁火区内，从事可能产生火焰、火花或者炽热表面的作业，包括以下方式：（　　）。

A. 砂轮机金属切割作业　　　　B. 使用电炉明火作业

C. 铁锤打击物件　　　　　　　D. 使用防爆电动工具

119. 吊装作业按照吊装重物质量或者长度不同，分为一级、二级、三级，下列为一级吊装的是：（　　）。

A. 吊装质量大于 100t 物品

B. 吊装长度大于 60m（含 60m）物品

C. 实际起重量超过额定起重能力的 75%

D. 两台及以上的起重机联合起吊的

120. 按照特殊情况下的高处作业分级要求，以下（　　）情形应为Ⅳ级高处作业。

A. 在降雨或降雪时进行的雨雪天高处作业

B. 在室外完全采用人工照明进行的夜间高处作业

C. 在塔、釜、炉、罐等受限空间内进行的高处作业

D. 在无立足点或无牢靠立足点的条件下进行的悬空高处作业

121. 高处作业如存在以下哪一种或者一种以上（　　）可引起坠落的危险因素，则在原等级基础上上升一级管理，最高为Ⅳ级。

A. 阵风风力五级以上

B. 平均气温低于或等于 5℃的

C. 作业环境存在空气中含氧量低于 19.5%（体积分数）的作业环境

D. 作业场所光线不足或者能见度差

122. 动土作业前，应当由作业区域所在单位组织水、电、气（汽）、通信、工艺、设备、消防等相关单位和部门，对施工区域（　　）等情况进行现场交底。

A. 地质、水文　　　　　　　　B. 埋地电缆

C. 地下供排水管线　　　　　　D. 埋地油气管道

123. 进入受限空间作业，气体检测分析合格标准为：（　　）。

　　A. 氧浓度应保持在 19.5%～21%（体积分数），在富氧环境下不应大于 23.5%（体积分数）

　　B. 色谱分析储罐内易燃易爆气体或液体挥发物的浓度都应满足以下条件：当爆炸下限≥4% 时，浓度≤0.5%（体积分数）当爆炸下限<4% 时，浓度≤0.2%（体积分数）

　　C. 便携式检测仪分析可燃气体或可燃液体蒸气浓度应小于其与空气混合爆炸下限的 10%

　　D. 硫化氢浓度小于 10mg/m³（6.59ppm）

124. 在清罐施工作业过程中，涉及硫铁化合物自燃风险的储罐，防硫铁化合物自燃应遵守以下管理要求：（　　）。

　　A. 在清洗前应采用钝化法、隔离法、清洗法等方法进行防控，首选钝化法

　　B. 在罐内集中堆放，防止自燃

　　C. 储罐人孔打开后，应保持罐内湿润状态

　　D. 清罐残渣和拆除的含油部件应保持水润湿

125. 在易燃易爆施工作业场所，施工作业人员防静电应遵守要求说法正确的是：（　　）。

　　A. 应穿防静电工作服和防静电工作鞋，严禁穿化纤服装（含内衣）

　　B. 作业前应触摸静电消除器，消除自身静电

　　C. 严禁携带个人物品（防爆工具除外），禁止穿脱衣服、鞋靴、安全帽，禁止梳头

　　D. 严禁使用化纤抹布、绳索等

126. 在盲板抽堵作业许可管理过程中，以下做法正确的是：（　　）。

　　A. 同一盲板的抽、堵作业，应分别办理盲板抽堵作业许可证

　　B. 不应在同一管道上同时进行两处或者两处以上的管线打开（盲板抽堵）作业

　　C. 一张作业许可证只能进行一块盲板的一项作业（装置停工大检修期间的盲板抽堵作业，经充分风险评估，确认安全后可除外）

　　D. 同一盲板的抽、堵作业，应一次性办理完成，以提高工作效率

- 219 -

127. 作业人员在下图作业区域内作业，离作业区域 5m 左右有一处深达 25m 的枯井，请问此时的办理高处作业许可时，应按（　　）高处作业进行管理。

　　A. Ⅰ级　　　　B. Ⅱ级　　　　C. Ⅲ级　　　　D. Ⅳ级

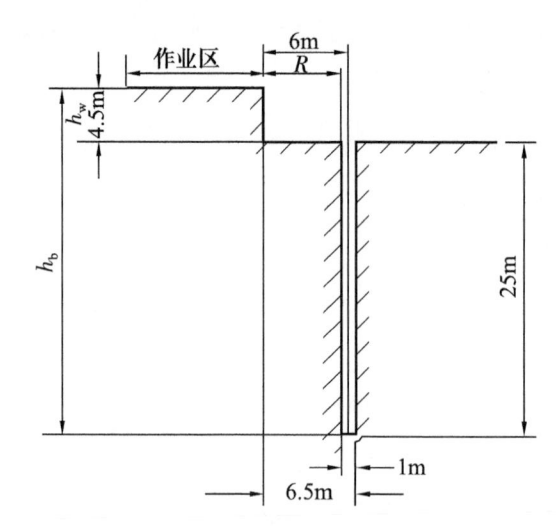

128. 在实际作业许可管理工作中，以下关于临时用电作业许可票中，填写的作业期限正确的可能是：（　　）。

　　A. 超过 15d　　　　　　　　B. 不超过 8h
　　C. 不超过 24h　　　　　　　D. 不超过 72h

随堂练习答案

题号	1	2	3	4	5	6	7	8	9	10
答案	ABCD	B	ABC	B	C	C	C	C	ACD	ABD
题号	11	12	13	14	15	16	17	18	19	20
答案	A	B	B	ABC	ABCD	ABCD	C	C	C	ABCD
题号	21	22	23	24	25	26	27	28	29	30
答案	ABCD	ABCD	A	A	B	A	ABD	ABD	ABCD	ACD
题号	31	32	33	34	35	36	37	38	39	40
答案	B	A	D	A	ABCD	ABC	ABCD	ACD	C	AC

题号	41	42	43	44	45	46	47	48	49	50
答案	ABCD	ABCD	C	ABCD	ABCD	A	ABC	BCD	ACD	B
题号	51	52	53	54	55	56	57	58	59	60
答案	D	D	A	ABCD	BCD	ABC	ABC	ABCD	ABD	ABCD
题号	61	62	63	64	65	66	67	68	69	70
答案	ABCD	ABCD	ABCD	ABCD	ABCD	ABD	ABCD	ABCD	ABCD	ABC
题号	71	72	73	74	75	76	77	78	79	80
答案	ABD	ABD	ABCD	ABCD	ABCD	ABCD	ABCD	ABCD	BCD	ABCD
题号	81	82	83	84	85	86	87	88	89	90
答案	ABCD	ABC	ABCD	ABCD	ACD	ABCD	ABC	ABCD	ABCD	ABC
题号	91	92	93	94	95	96	97	98	99	100
答案	CD	BD	ABCD	ABCD	BD	ABCD	BC	ABC	B、C	ABCD
题号	101	102	103	104	105	106	107	108	109	110
答案	ABC	ABCD	ACD	BC	ABCD	ABC	CD	ABCD	ABC	ABCD
题号	111	112	113	114	115	116	117	118	119	120
答案	ABCD	ABC	BC	ABCD	ABC	ABCD	ABC	ABC	ABD	ABD
题号	121	122	123	124	125	126	127	128		
答案	ABCD	ABCD	ABCD	ACD	ABCD	ABC	A	ABCD		